小巨人

与努力的人一起奔跑

企业跨越式成长的底层逻辑

张 杰 著

广东经济出版社
·广州·

图书在版编目（CIP）数据

企业跨越式成长的底层逻辑 / 张杰著. -- 广州：广东经济出版社, 2025.4. -- ISBN 978-7-5454-9535-5

Ⅰ. F271

中国国家版本馆 CIP 数据核字第 2025PR1970 号

责任编辑：刘　倩
责任技编：陆俊帆
责任校对：赵芳微

企业跨越式成长的底层逻辑
QIYE KUAYUESHI CHENGZHANG DE DICENG LUOJI

出 版 人：	刘卫平
出版发行：	广东经济出版社（广州市水荫路 11 号 11～12 楼）
印　　刷：	佛山市迎高彩印有限公司
	（佛山市顺德区陈村镇广隆工业区兴业七路 9 号）

开　本：	787mm×1230mm　1/16	印　张：	17.25
版　次：	2025 年 4 月第 1 版	印　次：	2025 年 4 月第 1 次
书　号：	ISBN 978-7-5454-9535-5	字　数：	265 千字
定　价：	89.00 元		

发行电话：（020）87393830
广东经济出版社常年法律顾问：胡志海律师
如发现印装质量问题，请与本社联系，本社负责调换。

版权所有 · 侵权必究

推 荐 语

战略是企业的头等大事。战略决定输赢，战略决策至关重要。经营管理不仅要做正确的事，更要正确地做事，提高企业的效益和效率，实现企业战略目标。企业发展需要资金，更需要资本运作，资本市场帮助企业提升竞争力，上市企业的高度和视野与非上市企业完全不一样。企业发展取决于战略决策、经营管理和资本运作，在这本书中我们均能找到相关的理论、方法、工具和实操范例。

中国上市公司协会会长　宋志平

中国企业的数量全球最多，但企业的平均寿命却普遍较短，这就导致了大企业，尤其是超大企业的数量偏少。本书对企业如何实现跨越式成长提出了很有见地的建议，侧重作为企业管理者要从战略决策、经营管理和资本运作方面实现高增长目标的核心关键点。该书具有很强的实操性，因为作者本人长期从事企业经营活动和战略研究，经验丰富。中国经济已经进入存量经济主导的时代，此消彼长、不进则退是企业家们面临的严峻局势，今后企业之间的分化现象会越来越严重。如何把握机遇，借助各种工具和力量让企业实现跨越式增长？该书提供了非常值得借鉴的系统性规划方案。

中国首席经济学家论坛副理事长　李迅雷

阅读这本书让我想到和君参与翻译出版的《3G资本帝国》（原名：*Dream Big*）和《3G之路》（原名：*3G Way*），3G资本发展从投行到投资，再到实业巨头，靠的是梦想和战略、组织和人才、整合和运营、文化和管理，我想这是投资并购的最高层次。而本书不仅为我们讲述了企业成长需要的理念、逻辑、模式、步骤、做法和know-how，更强调了成就事业背后的梦想、情怀、意志和信念。

和君咨询集团董事长、和君商学院院长　王明夫

当前，世界百年未有之大变局加速演进，世界之变、时代之变、历史之变正以前所未有的方式展开，企业发展战略面临一系列新的挑战和机遇。尤其是明确具有竞争力的战略决策和高效的经营管理举措，有效运用资本运作市场，助力企业实现从0到1、从1到N的跨越式转型升级。这本书给我们提供了较好的理论和实践案例，这对创业者、企业管理者、企业投资人，以及金融从业人员，在理解新商业逻辑、核心问题和执行操作策略等方面，均有很好的借鉴价值。

华东师范大学经济与管理学院院长　殷德生

移为通信从2009年成立至今发展迅速，2017年在创业板上市。企业的发展壮大，离不开对市场和客户需求的洞察。寻找到好的商业机会，同时做好公司的战略管理和经营管理，借助资本运作方式和工具，才能实现快速发展。本书是张杰多年学习和实践的经验总结，包含了理论框架、经典案例、翔实步骤、丰富工具、操作细节，值得一读。

移为通信董事长　廖荣华

推 荐 序

"富有激情,广结善缘"。这是我对做好上市公司董事会秘书这一职业的多年感悟,这一点在本书作者张杰身上体现得淋漓尽致。在张杰十年的董秘生涯中,他获得了多届新财富"金牌董秘"称号并进入了"董秘名人堂",也获得了中国上市公司协会、上海上市公司协会的多项董秘履职荣誉,可谓是新生代董秘的榜样。今天,他将这一份激情与善缘推到更高维度,以一个企业管理者的视角,从战略决策、经营管理与资本运作三方面去剖析企业跨越式成长的底层逻辑,这不仅能为上市公司同行提供更多启示和借鉴,更能为那些准备上市的企业在发展格局上提供有益助力。我对这本书的出版表示祝贺,并对其后续影响力寄予厚望。

"战略指引,横贯周期"。行业有其周期,企业也有不同阶段的生命周期,这是客观规律。我们深知,在企业发展的浪潮中,每一次的突破与跨越都离不开对底层逻辑的深刻理解和精准把握。企业的成长如同一次远航,需要坚定的目标方向、科学的决策、精细的管理,以及灵活的资本运作。以中国船舶工业股份有限公司为例:作为船舶工业在资本市场的晴雨表,其发展体现了我国船舶工业的发展层次,是中国船舶工业现代化产业水平和经济高质量发展水平在资本市场的集中体现。回顾公司的产融协同发展历程,中国船舶经历了从兴起到快速成长,再到登顶巅峰的高光时刻,也经历了造船业持续低迷到跌入低谷,再到凤凰涅槃的大周期。同样地,作为认识已久的同行,我很相信张杰的能力与智慧。我们非常清楚,企业的经营不是一蹴而就的,战略决策是企业前行的灯塔，它指引着我们在复杂多变的市场环境中找到正确的路径；经营管理则是确保企业稳步前进的基石，它关乎每一个细节的把控与优化；而资本运作犹如企业的翅膀，助力我们在广阔的天空中翱翔。张杰抓住了这一底层逻辑，将企业发展的路径向我们娓娓道来，具有很强的现实指导意义。正如我们站在海边眺望远处驶来的船只时，总是先看到桅杆，再看到船的一部分，最后看到全部船体。我想，本书的意义应在于此。

"保持热爱，星辰大海"。一路走来，作为一个曾经的老董秘，"董事会秘书"这五个字已成为我的人生烙印和信条。尽管我从事这个职业有很多机缘巧合，但找到一个自己喜欢的工作并且能够长久做下去，对我来说也是一件很幸福的事情，未来我还将为持续活跃资本市场贡献力量。同样地，我也非常开心看到张杰能够把自己对企业经营的理念和经验整理到一起，与广大同道者共同探讨与分享，以便更好地理解企业跨越式成长的内在动力和实现路径。我相信，本书只是一个起点，在张杰未来的职业发展和人生旅途中，他一定会将这份热爱继续保持下去，为我们带来更多的惊喜。

最后，衷心祝愿这本书能够为中国企业的高质量发展带来积极的影响，助力更多的企业实现跨越式成长，为中国经济社会的发展作出更大的贡献！

施卫东

（中国船舶董事、总经理）

2024 年 10 月

自　序

时代瞬息万变，商业浪潮波澜壮阔，而每一个细微的波动之中都可能孕育着无限的希望与机遇。

当前，我国社会进入了新时代，经济发展也进入了新阶段，实现高质量的跨越式发展成为地方经济乃至全国经济的目标。宏观经济的追求如此，企业亦当如此。

在中国，有许多优秀的企业堪称跨越式发展的标杆，如华为、小米、比亚迪、腾讯、字节跳动、京东、拼多多等，还有一众不那么出名却在各自的领域内出类拔萃的中小企业。

它们为何得以迅速发展？为何能够成为行业翘楚？也许每一家企业都有其成功的"独门秘籍"，但有些东西是共有的。例如它们都在战略决策、经营管理和资本运作方面抓住了核心关键点；能够正确设置公司的价值定位、战略目标、商业模式和盈利模式；坚定地以客户为中心，为客户的利益着想，为客户创造价值；知道如何激发内部潜力，提升经营和管理水平，实现提质、降本、增效；懂得借助资本市场，实现经营规模的跨越式发展……这些共有的东西是每一位创业者或企业管理者都可以借鉴使用的，也是本书将要阐释的内容。

在本书中，我将基于第一性原理，尝试讲解企业以需求和价值为起点，从初创到盈利，再到发展壮大，最终借机进入资本市场，实现跨越式发展的路径，以及顺利走完这条路径的具体方法和注意事项，以期为创业者、企业管理者、投资机构、研究机构、上市公司董秘等提供一些参考。

本书共四章：

第一章阐述了需求与商机的内在联系，为创业者讲解如何从市场需求中捕捉到创业机会，继而制订商业计划、组建经营团队、研发产品、开展营销，并简要介绍了一些中小企业融资的途径。或许我们可以这样理解：需求是市场的呼唤，是消费者心底最真实的声音，而商机则是一条黄金矿脉，等待着有心人循着呼唤声前去挖掘开采。如果创业者能够了解影响需求的诸多因素，懂得如何将这些因素转化为推动企业发展的强劲动力，那么就能在商业竞争中站稳脚跟、抢占先机。

第二章阐述了战略管理的重要性及其对企业发展的深远影响，讲解了战略分析、战略制定、战略实施、战略评价与调整的工具和方法。要想让企业成长为行业中的佼佼者，管理者仅有敏锐的市场洞察力是远远不够的，还要有清晰的战略规划、坚定的决心和强大的执行力。只有做好战略管理的一系列工作，才能为企业明确方向、整合资源、优化布局，使企业在激烈的市场竞争中立于不败之地。战略管理既是对管理者智慧的考验，也是对管理者勇气的考验。希望企业的管理者们能够明白这样一个道理——战略是企业的发展蓝图，只有那些眼光超前、敢于梦想、勇于实践的人，才能绘制好这幅蓝图。

第三章从企业管理的定义、对象、内容、层次与结构等多个维度入手，全面剖析企业管理的精髓与要义，并提供一些具体的管理办法。只有从组织管理、人力资源管理、生产质量管理、市场营销管理、财务管理以及风险管理等多个方面综合施策，才能构建起一个高效、和谐、可持续发展的企业管理体系，而这个体系的形成不仅能够提升企业的运营效率和盈利能力，更能够增强企业的凝聚力和向心力，为企业的长远发展奠定坚实的基础。企业管理者一定要掌握管理的奥秘与真谛，在管理上不仅要有科学的理念和方法，更要有强烈的人文关怀意识和责任意识。

第四章围绕资本利用这个核心，探讨资本运作、企业上市、产业扩张与整合等前沿话题。在当下的时代里，资本毫无疑问是企业发展的强大驱动力和坚实后盾。通过科学合理地进行规划和开展资本运作，企业能够迅速扩大规模、提升竞争力、实现跨越式发展。但在追求资本增值的过程中，管理者们也必须坚守诚信底线、遵守法律法规、注重社会责任，以确保企业健康可持续发展。

企业的起源是需求，企业的本质是发现价值、创造价值和交换价值，需求和价值是企业需要研究的永恒课题。企业需要不断探索客户需求，通过创造和交换价值满足客户需求，从而实现自身价值，达到商业目的。创立和发展企业，需求既是起点，也是基点，只有深入研究、分析需求，才能洞察商机，令企业茁壮成长。如果要给本书总结一个中心思想，我想应该是"企业要想实现跨越式发展，就要始终以需求和价值为出发点，走好战略决策、经营管理和资本运作这重要的三步"——战略决策是否得当决定了企业能否抓住商业机会，往正确的方向前进；经营管理是否得当决定了战略决策能否执行落地，企业能否不断稳定发展；资本运作是否得当决定了企业能否更快、更好地扩张壮大。

本书内容是我在多年从业经历中的所思所得，或者可以说是对自己多年来的学习和工作所作的一个阶段性总结。我把这些内容结集成书，有两个目的：一是希望能为有需要的人士提供一些建议和参考，帮助他们在成长的路上少走弯路，让他们取得更大的成就。二是希望借此书与圈内人进行学习交流，进一步提升自己。愿每一位读者都能从这本书中汲取力量与灵感，在商业的海洋中乘风破浪、勇往直前，也愿我们的梦想与努力能够照亮未来的道路，共同创造一个更加繁荣、更加美好的商业世界！

由于是初次写作，加之水平有限，书中错漏在所难免，欢迎读者们批评指正，不吝赐教。

张杰

2024 年 11 月

目录 Contents

第一章
洞察商机，实现赢利

第一节　需求与商机 / 003
　　一、何为需求 / 003
　　二、需求与商机的联系 / 007
　　三、影响需求的因素 / 010
　　四、从需求到商机的转化 / 013

第二节　商业计划的制订 / 017
　　一、商业计划的作用 / 017
　　二、商业计划书的写作要点 / 018
　　三、商业计划书模板 / 022

第三节　经营团队的组建 / 028
　　一、组建经营团队的步骤 / 028
　　二、组建经营团队的基本原则 / 029
　　三、经营团队组建后的管理 / 030
　　四、经营团队领导者的领导艺术 / 031

第四节　产品的研发、创新与质量管理 / 033
　　一、研发产品的路径 / 033

二、产品创新的必要性与步骤 / 034

　　三、产品的质量管理 / 036

第五节　产品的生命周期与营销策略 / 037

　　一、产品的生命周期 / 037

　　二、产品生命周期各阶段的营销策略 / 039

第六节　商业模式的选择 / 041

　　一、商业模式的概念及其重要性 / 041

　　二、商业模式的分类 / 043

　　三、选择商业模式的要领 / 046

第七节　中小企业融资 / 047

　　一、中小企业融资的途径 / 047

　　二、股权融资流程 / 050

第二章
战略先行，筑梦未来

第一节　战略管理概述 / 055

　　一、战略管理的定义与内涵 / 055

　　二、战略管理与企业绩效的关系 / 056

　　三、战略管理的核心原则与特点 / 057

　　四、战略管理的主要阶段 / 058

第二节　战略分析 / 059

　　一、战略分析的定义及其重要性 / 059

　　二、战略分析的关键要素 / 060

　　三、战略分析的工具 / 065

第三节　战略制定 / 092

　　一、战略目标的建立 / 092

　　二、战略选择 / 095

　　三、战略方案的评估 / 102

第四节　战略实施 / 105
　　一、战略实施的前期准备 / 105
　　二、战略实施的关键步骤 / 107

第五节　战略评价与调整 / 111
　　一、战略评价与调整的目的 / 111
　　二、战略评价的方法 / 112
　　三、战略调整的步骤 / 113

第三章
管理有道，稳步前行

第一节　企业管理概述 / 117
　　一、企业管理的定义及其作用 / 117
　　二、企业管理的对象与内容 / 118
　　三、企业管理的层次与结构 / 119
　　四、企业管理的方法与手段 / 123
　　五、企业管理的基本原则 / 125
　　六、优秀管理者的能力和品质要求 / 126

第二节　组织管理 / 127
　　一、组织结构类型的选择 / 127
　　二、组织文化（企业文化）与团队建设 / 130

第三节　人力资源管理 / 134
　　一、人力资源规划 / 134
　　二、招聘与选拔 / 136
　　三、培训与发展 / 138
　　四、绩效管理 / 140
　　五、薪酬与福利管理 / 142

第四节　生产、质量与供应链管理 / 145
　　一、生产管理 / 145

二、质量管理 / 146

三、供应链管理 / 148

第五节　市场营销与客户关系管理 / 150

一、市场营销管理 / 150

二、客户关系管理 / 152

三、CRM 系统的选择 / 154

第六节　财务管理 / 161

一、财务管理的重要性 / 161

二、财务管理的核心内容 / 162

三、强化财务管理的手段 / 163

四、发挥财务管理的价值 / 164

第七节　风险管理 / 166

一、风险管理的作用 / 166

二、风险的类别 / 168

三、风险的识别 / 169

四、风险的评估 / 170

五、风险的监控 / 171

六、风险的应对策略 / 172

第八节　创新与变革 / 174

一、创新之路 / 174

二、创新的途径 / 176

三、变革之路 / 177

第四章

资本为翼，展翅腾飞

第一节　资本运作概述 / 185

一、资本运作的定义及其作用 / 185

二、资本运作战略规划 / 186

三、资本运作涉及的法律法规 / 188

第二节　企业上市与后续的资本运作 / 189
　　一、企业上市的方式 / 189
　　二、上市企业的资本运作工作 / 199

第三节　产业的扩张和整合 / 252
　　一、产业扩张和整合的方式 / 252
　　二、产业扩张和整合的注意事项 / 255

参考文献 / 257

CHAPTER 1

第一章

洞察商机，实现赢利

第一节 需求与商机

一、何为需求

心理学上的需求是指人在某一特定时期或某种场景下,希望被满足的欲望或得到解决的问题。需求产生的原因在于人的预期与现状之间往往存在差异,即人的内外部处于不平衡的状态——这种不平衡包括生理上的不平衡和心理上的不平衡。在生理上,人需要食物、水、空气、睡眠等;在心理上,人需要归属感、爱、尊重等。当这些需要未得到满足时,需求便自然产生了。简单来说,需求的本质就是"缺乏"或"未满足"。

在心理学上,需求被分为多个层次,如表层需求、深层需求、本质需求等,而所有的需求分析方法中,最为经典的就是马斯洛的需求层次理论。马斯洛把人类的需求分为五个层次,自下而上分别为生理的需求、安全的需求、社交的需求、尊重的需求和自我实现的需求,这五种需求呈金字塔形排列。后来,马斯洛将需求层次的数量扩大至八个,加入了认知的需求、审美的需求和自我超越的需求,最终形成马斯洛需求层次八阶模型,如图1-1所示。

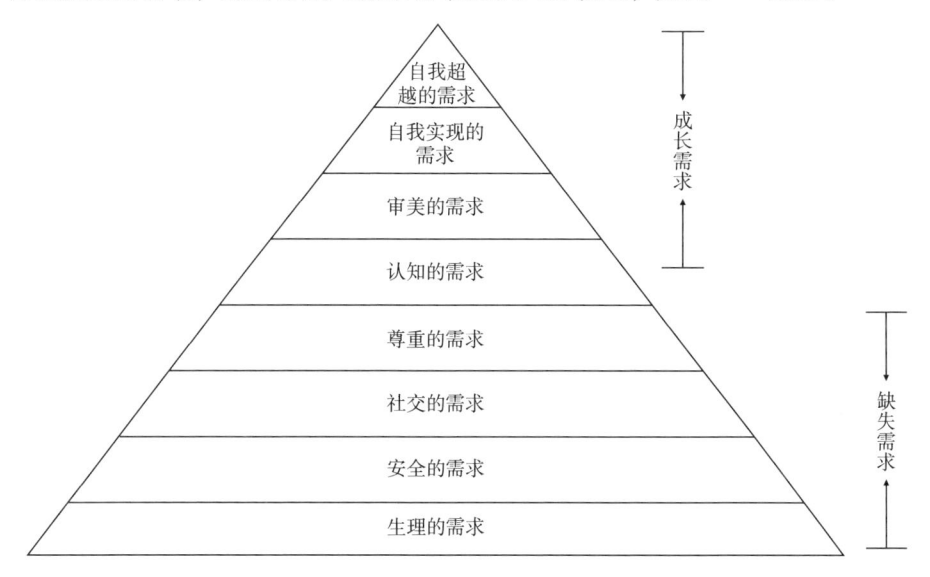

图 1-1 马斯洛需求层次八阶模型

关于各层次需求的简要解释如下：

（1）生理的需求主要包括对食物、衣服、水、空气、健康、睡眠、性等的需求。生理的需求与人的生命本能紧密相关，是各层次需求中最为重要、最有力量的部分。

（2）安全的需求包括对人身安全、财产安全、健康保障、工作等的需求。在生存的基本条件得到满足之后，人们会希望能一直处在稳定、安全、有秩序的环境中，即希望受到保护，免于陷入恐惧和焦虑。

（3）社交的需求包括对友情、爱情、家庭、社交圈等的需求。人是社会性动物，绝大多数的人都希望能够被他人接受、理解和关爱，有与他人建立联系和交往并从中得到情感满足的需求。

（4）尊重的需求包括对自我尊重和他人尊重的需求。每个人都希望自己有尊严、有成就、有地位、有威望，即渴望自己的能力或价值能得到他人的认可，渴望受到重视和尊重。

（5）认知的需求是指个体了解世界、探究真理、追求知识的愿望。认知的需求是个人发展的重要基础，同时也对社会发展具有重要意义。满足认知需求的途径有很多种，包括阅读、学习、社交等。

（6）审美的需求是指个体欣赏美和寻找美的愿望。审美的需求与文化、社会、时代以及个人的经验相关。

（7）自我实现的需求是指个体发挥自身潜能、取得个人成长和发展的愿望，如追求个人目标、寻找人生意义和发挥创造力等。

（8）自我超越的需求是指个体形成一种博爱无私的价值观的愿望。"自我超越"是比"自我实现"境界更高的追求，实现自我超越的人将会更懂得包容，与世界为善，并乐此不疲地服务社会、服务大众。

在马斯洛需求层次八阶模型中，下半部分的四个层次的需求统称为缺失需求，而上半部分的四个层次的需求则统称为成长需求。缺失需求属于外在需求，是可以通过外在条件的获得来满足的，而成长需求则属于内在需求，需要通过内在条件的获得来满足。

一般来说，人的需求将由低层次需求向高层次需求逐渐产生，当某一层次的需求基本得到满足后，才会有更高一层次的需求。但这并非绝对，例如我们总能看到一些自身生活条件并不好，但其行为却令世人仰望的人。但不管怎说，对世界上绝大多数的人而言，在低层次需求得到满足后再去追求高层次需求的满足是常态。在某一时期，一个人可能同时有几种层次的需求，但总会有一种层次的需求占支配地位，对其行为起决定作用。任何一种层次的需求都不会因为更高层次需求的出现而消失——也就是说，高层次的需求出现后，低层次的需求仍然存在，只是对个体行为的影响程度大大减弱。此外，人在一生中的大多数时期，各层次的需求是相互依赖和重叠的。

一个国家中多数人的需求层次结构与该国的经济和科技发展水平、社会文化和人民受教育的程度直接相关。在不发达国家，低层次的需求如生理的需求和安全的需求占主导的民众占比较大，高层次的需求占主导的民众占比较小，而在发达国家，这一情况则刚好相反。在同一国家的不同时期，人们的需求层次会随社会生产力水平的变化而变化。在社会生产力水平较低的时期，人们的主要需求是生理的需求和安全的需求，而在社会生产力水平较高的时期，人们对社交、尊重、自我实现的需求更为在乎。

在经济学上，需求则是一个复杂而多维的概念，它是指在一定时期内，消费者在不同价格水平上愿意并且能够购买的商品或服务的数量。这一概念涉及消费者的购买欲望、支付能力、价格敏感度以及外部影响等多种因素，通过分析和理解这些因素及其相互作用，人们可以较为准确地预测市场行为。

经济学家们认为，需求可以绘制成一条向右下方倾斜的曲线，用以表现在其他条件不变的情况下，商品或服务的价格与需求量之间的反向关系。这条曲线被称为需求曲线。

影响需求曲线的关键要素有以下几点：

（1）购买欲望。需求首先反映了消费者对商品或服务的购买欲望。这种欲望可能源于商品满足消费者某种需求（如食物消除饥饿感、衣物保暖遮羞、娱乐带来精神享受等）的能力。

（2）支付能力。仅仅是消费者有购买欲望还不足以形成经济学意义上的需求，消费者还必须具备相应的支付能力，即能够用货币或其他交易媒介来交换商品或服务。

（3）价格因素。价格是决定需求量的关键因素之一。在其他条件不变的情况下，一种商品的价格下降通常会导致消费者购买该商品的欲望上升，反之，商品的价格上升通常会导致消费者购买该商品的欲望下降。这种价格与需求量之间的反向关系被称为需求法则或需求定律。

（4）其他影响因素。除了价格外，还有许多其他因素可以影响需求，包括消费者的收入水平、偏好、心理预期，消费群体人口统计特征（如年龄、性别、职业），相关商品（替代品和互补品）的价格，社会文化背景以及政府政策等。这些因素的变化可能导致需求曲线发生变化。

在实践层面，企业一方面要深刻理解需求是如何产生的，另一方面要根据需求分析来创造产品。

例如，企业的产品经理的眼光一定要能穿透客户需求的表面，看到客户需求背后的目标和动机，挖掘出客户需求的本质。产品经理在做需求分析时要"深入"，但在转化输出时要"浅出"，力争提出尽可能简单的产品功能方案或解决方案，让产品开发人员都能充分地理解。

企业的产品经理要能够分辨客户的显性需求（表面需求）和隐性需求（深层需求）、真需求和伪需求。显性需求也叫基本需求，它是客户有明确感受并可以用语言描述的需求。当显性需求得到满足时，客户一般不会表现出兴奋或惊喜，但得不到满足时却会抱怨。隐性需求也叫兴奋需求，它是客户难以明确感受和用语言描述的需求。当隐性需求得到满足时，客户一般会表现出兴奋或惊喜，但得不到满足时并不会抱怨。隐性需求是显性需求的拓展，显性需求是隐性需求的基础。产品经理的工作目的就是要满足客户的显性需求，同时发掘客户的隐性需求。能够满足客户显性需求的产品经理只能算合格，能够洞察并满足客户隐性需求的产品经理才算优秀。在满足客户需求的过程中，产品经理还需要辨别客户需求的真伪。具体来讲，就是通过全面调研来判断客户的某种需求是真实存在的还是虚假存在的，只有真实存在的需求才具有商业价值。

因此，企业产品经理的工作内容可归纳为图1-2所示的四个方面。

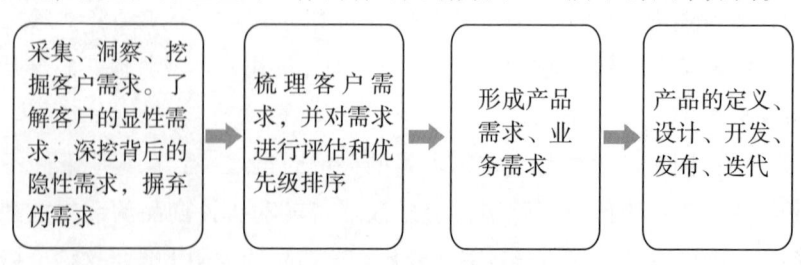

| 采集、洞察、挖掘客户需求。了解客户的显性需求，深挖背后的隐性需求，摒弃伪需求 | → | 梳理客户需求，并对需求进行评估和优先级排序 | → | 形成产品需求、业务需求 | → | 产品的定义、设计、开发、发布、迭代 |

图 1-2　产品经理工作的四方面内容

二、需求与商机的联系

人需要各种物资和服务来满足物质上和精神上的需求，于是生产物资、提供服务的企业便应运而生。物资和服务可以统称为商品，本质上，企业就是一个为社会提供商品以满足社会民众需求的基本单位。企业通过生产和经营活动向社会供应商品，满足社会民众的物质和精神需求，推动社会经济发展和进步。

商业的本质是交易，交易的双方是企业和消费者，交易的标的物是商品。通过交易，消费者获得需求的满足，而企业则获得利润。

企业的天性是逐利（一部分性质特殊的企业除外），从企业诞生的那一天起，企业开展的一切生产活动，其目的都是赢利，而要实现赢利，企业首先要找到商机。商机是企业能否成功的决定性因素之一，也是企业发展的重要动力之一。

我们先来看一下商机的定义——"商机是一系列有利的环境条件孕育出的对产品、服务或者业务的新需求"。很显然，商机来源于需求。需求从何而来，马斯洛已经给出了答案，企业要做的就是做好需求调研和分析，然后从中找到好的商机，并结合自身的资源、能力、优势及竞争对手的情况，进行战略分析，确定战略目标、经营模式，最后制订商业计划并付诸实施。

商机表现为需求的产生与满足在时间、地点、成本、数量、对象等方面呈不平衡状态。旧的商机消失后，新的商机又会出现，交易活动也由此源源不断地产生。

商机可以被具体分类，例如：

（1）按行业分类。如零售业的需求、餐饮业的需求、房地产业的需求、IT（信息技术）行业的需求等。

（2）按市场需求分类。如健康食品市场的需求、健身器材市场的需求等。

（3）按地理位置分类。如某一城市的需求、某一省份的需求、某一国家的需求等。

（4）按消费者群体分类。如儿童的需求、女性的需求、老年人的需求等。

（5）按商业模式分类。如线上购物的需求、线上交友的需求等。

商机也可以按性质进行分类，例如：

（1）短缺性商机。一旦某种商品在短时间内变得紧缺，生产或售卖该种商品获利的机会便会出现。

（2）时间性商机。快递公司推出"次日达"服务、外卖公司推出"同城快送"服务等就是抓住了时间性商机。

（3）价格与成本性商机。当市场中的某种需求可以用更低成本的商品来满足时，生产或售卖替代物就是商机，如生产国外零件的替代品。

（4）方便性商机。很多人都愿意"花钱买方便"，因此即使一些线上零售连锁店的商品价格高于超市、配送生鲜的价格高于菜市场，居民们也会十分买账。

（5）日常需求性商机。主要指与日常生活相关的衣、食、住、行方面的需求带来的商机。可以说有人的地方就有这类商机。

（6）中间性商机。利用自己掌握的信息差为企业或个人牵线搭桥也是一门不错的生意，那些生意红火的婚介所、招聘网站、家政网站等抓住的就是中间性商机。

（7）基础性商机。基础建设如修路修桥、城市改造、机场建设、老旧片区搬迁等会带动大量相关需求的产生，这些连带产生的需求里蕴藏的商机就是基础性商机。

（8）战略性商机。在宏观的经济、社会、技术发展趋势的引领下，未来必然会出现某种广泛的需求，其中的商机就属于战略性商机，如生产电动汽车、新型能源、人工智能应用等。

（9）关联性商机。指与消费习惯差异相关的潜在商机。不同地区、人群、行业之间的需求具有互补性，某个地区、人群、行业的消费具有选择性或继承性，如一些少数民族的饮食习惯就具有继承性，南方和北方的饮食习惯就具有互补性，其中潜藏的商机就是关联性商机。

（10）系统性商机。指发源于某一独立价值链的纵向商机。如IT业和通信业繁荣会带动电脑、手机等数码产品的需求，游戏开发商、增值服务提供商也将因此赚得盆满钵满，这就很好地展现了什么是系统性商机。

（11）文化教育性商机。中国有崇文重教的传统，居民在文化和教育上一向比较舍得花钱，其中就蕴藏着售卖文教用品、开设培训机构等商机。

（12）回归性商机。这里的"回归"特指情感的回归，即怀旧情结。很多人在年龄渐大之后，会怀念以前的生活或环境，想购买一些老物件，如过去使用的课本、磁带、光盘、书籍等，或穿过去流行款式的衣服，由此而产生的商机就是回归性商机。

（13）紧急突发性商机。指由重大的突发事件带来的商机。如突发大面积停电时蜡烛销量会大增，发生严重自然灾害时水、方便食品、粮食、蔬菜会变得紧缺，反应迅速的企业或商家往往会抓住机会扩大居民急需商品的生产或销售规模。

需要指出的是，商机并没有明确的分类标准，以上的分类仅作举例说明之用，在实际操作中，企业可根据具体的商业环境和商业目的来对市场需求进行细分和归类。

此外，在寻找商机的过程中，企业要警惕"伪商机"，即那些不能被验证的、不具备持续性的、规模小的、经济价值低的需求。真正的商机是需要经过验证的，从市场中获得需求信息后，还要观察消费者在使用产品、选择产品时的动作和结果，只有探究出消费者这一系列动作背后的原因，才能对商机进行证伪或者证实。

案 例

无人问津的"健康奶茶"

小林是个喜欢喝奶茶的女孩，她几乎每天都要喝上一杯。某天，小林和同事们讨论起奶茶的话题，同事们各种"吐槽"，而说得最多的就是"奶茶不健康"，因为奶茶的主要成分是植脂末、茶粉和淀粉等，不仅没什么营养，还容易导致肥胖。小林留了个心眼，回家后上网搜索了一下相关信息，发现很多消费者对奶茶会影响身体健康都颇为担心。小林觉得自己发现了一个商机，于是她决定开一家奶茶店，专门卖只用纯牛奶、新鲜茶叶和果糖做的"健康奶茶"。但出乎她意料的是，奶茶店开张后生意十分冷清，简直可以说是门可罗雀。小林想不明白这到底是为何。

其实，小林并没有抓住消费者真正的需求。

曾有人说："喜欢美味的食物是人的天性，大多数人只有在真的生病之后才会在乎健康，而在这之前，他甚至愿意为了满足味蕾而甘冒第二天中风的危险。"消费者在抱怨奶茶不健康的时候，他们并非真正想要完全符合健康饮食要求的奶茶。可以设问："为什么大家要喝奶茶？如果想要追求健康，那为什么不直接喝果汁、酸奶或牛奶？"很显然，答案是奶茶好喝。奶茶的口感丰富、有层次，这是其他饮品所无法比拟的。喝奶茶的消费者，其内心真正的需求实际上是"好喝而有趣的饮料"。"健康奶茶"是个伪需求罢了。

三、影响需求的因素

影响需求的因素有很多，大体上可分为宏观因素和微观因素两大类。宏观因素主要有人口基础、经济形势、技术水平、社会文化、政策法规、经济周期等，微观因素主要有商品自身价格、关联商品价格、消费者收入水平、消费者偏好、消费者预期等。

（一）宏观因素

（1）人口基础。人口规模的大小决定了市场的潜在规模和容量，而人口的性别、年龄、民族、婚姻、职业、居住地等则影响了市场的格局。

（2）经济形势。经济的增长速度和未来发展趋势、通货膨胀率、存贷款利息、就业情况等都会影响消费者对企业的信心。经济形势向好，市场的整体需求量就上升，反之则下降。

（3）技术水平。新技术带来新产品、新需求，从而改变过往的需求结构。互联网、移动互联网的普及和智能工具的应用等对市场需求造成影响就是典型的例子。

（4）社会文化。一个地区的文化习俗、价值观念、消费习惯等对当地的市场需求有重要影响，而当文化在不同地区之间流动传播时，可能会改变某地区原有的市场需求构成。

（5）政策法规。政策法规是限制或鼓励需求发展的重要外界因素之一。政府可以对税收、产品价格、行业准入门槛、产业发展、外资投资领域、商品销售范围等作出具有法律效力的规定，这些都会影响企业和消费者的行为，进而对市场需求产生影响。

（6）经济周期。经济学理论认为，社会经济活动呈周期性循环，经济学家们把社会经济活动的循环周期称为经济周期。一个经济周期通常由繁荣期、衰退期、萧条期和复苏期组成。其中，繁荣期是经济活动最为活跃的阶段，在这一时期，投资和消费较活跃，总体需求旺盛；衰退期是社会经济从繁荣期向萧条期过渡的阶段，在这一时期，经济增速放缓，失业率上升，投资和消费减少，总体需求减少；萧条期是社会经济陷入低谷的阶段，在这一时期，经济增速持续下降，失业率升高，投资和消费大幅减少，总体需求低迷；复苏期是社会经济从萧条期向繁荣期过渡的阶段，在这一时期，经济活动逐渐恢复活跃，投资和消费也随之复苏，总体需求呈渐进式增长。

案　例

中国新能源汽车产业的崛起

自2009年起，中国新能源汽车产业驶入了发展快车道。仅用了十余年的时间，中国就成为世界第一大新能源汽车生产国，同时也是世界第一大新能源汽车消费国。细究中国新能源汽车产业崛起的原因，我们会发现，这是包括政策推动、经济快速发展、环保意识提升、技术创新、产业链完善、市场需求等在内的多方面因素共同作用的结果。这些因素激发了中国消费者对新能源汽车的需求，进而推动了新能源汽车产业的发展。

从政策环境的角度来看，中国政府对新能源汽车产业给予了大力支持，推出了包括购车补贴、购置税减免、新能源汽车推广应用在内的一系列政策。这些政策大大降低了消费者购买新能源汽车需要花费的成本，从而刺激了消费需求。此外，政府还积极推动充电基础设施的建设，解决新能源汽车出行的续航问题，这进一步提升了消费者对新能源汽车的接受度和购买意愿。

从经济环境的角度来看，随着中国经济快速发展，消费者的购买力增强，他们追求更高品质的出行方式，而新能源汽车是一种高品质、智能的出行工具，正符合消费者当下的需求。此外，与加油相比，充电的花费更低，对消费者来说使用新能源汽车更经济，这进一步刺激了消费需求。

从社会环境的角度来看，随着大众环保意识不断提升，新能源汽车具有的环保、节能的优势得到了广泛认可,越来越多的消费者愿意选择新能源汽车作为出行工具,以减少对环境的污染。

从技术环境的角度来看,新能源汽车的制造技术一直在创新和进步。新能源汽车的安全性越来越有保障,功能性越来越强,产品种类和款式也日益丰富,能够满足消费者的多样化需求。因此,很多消费者在购车或换车时都倾向于选择新能源汽车。

(二)微观因素

(1)商品自身价格。商品的价格和需求之间通常呈负相关的关系:当某种商品价格上涨时,消费者对该种商品的需求可能会减少;反之,当某种商品价格下降时,消费者对该种商品的需求可能会增加。

(2)关联商品价格。某种商品的替代品和互补品会对该商品的需求产生影响:当替代品的价格上升时,消费者对该种商品的需求可能增加;当互补品的价格上升时,消费者对该种商品的需求可能减少。

(3)消费者收入水平。消费者收入水平高则购买力强,消费欲望也强;消费者收入水平低则购买力弱,会舍弃一些不那么急于得到满足的需求。

(4)消费者偏好。当消费者对某种商品的偏好增强时,该种商品的市场需求会增加;反之,当消费者对某种商品的偏好减弱时,该种商品的市场需求会减少。

(5)消费者预期。当消费者预期某种商品的价格在未来会上涨时,可能会在当下作出购买决定甚至囤积该种商品,进而造成该种商品的市场需求增加;反之,当消费者预期某种商品的价格在未来会下降时,可能会选择观望,造成该种商品的市场需求萎靡不振。

实际上,影响需求的宏观因素和微观因素远不止以上列举的几种,读者们想要对此有更具体的了解的话,可以阅读一些专业的经济理论书籍。总而言之,需求受到多重因素的影响,这些因素相互作用,共同决定需求的变化,从而对企业的生产经营、发展前景产生冲击。

案 例

发放优惠券、"限时抢购"和"限量抢购"拉动消费背后的心理学

领取到优惠券后消费者更容易作出购买决定，这背后其实是消费者的"划算"心理在起作用，在心理学家看来，这叫"交易效用"。交易效用是指商品的参照价格与实际支付价格之差。当商品的交易效用大于 0 时——也就是优惠券发挥作用的时候，消费者就更有可能购买商品。通常情况下，正向的交易效用会给消费者带来快乐，但并非所有的交易效用都会产生积极的影响。人们常常会受到交易效用的引诱，购买自己并不需要的东西。商家很善于利用优惠券来放大商品的交易效用，让消费者产生"现在买更划算"的错觉，从而掉入"温柔陷阱"。

"限时抢购"和"限量抢购"是商家常用的两种营销方式，一个限制了时间，一个限制了数量，但两者的原理都是通过塑造"资源稀缺"的氛围来吸引消费者。当消费者认为某个促销活动中的相关商品是稀缺资源时，相关商品在其心目中的价值就被抬高了。就效果而言，在"限时抢购"和"限量抢购"这两者的"对决"中，"限时抢购"因更能激发消费者的竞争感而略胜一筹。

四、从需求到商机的转化

（一）市场调研

分析市场需求，最重要、最有效的手段就是做市场调研。任何行业的任何企业，都应该重视市场调研的作用，因为市场调研是企业洞察市场需求、发现并抓住商机、获取并提升竞争优势的关键工具，也是企业确立自身定位和开展产品研发、产品营销、产品服务和制定一系列商业策略的重要依据。

市场调研是指用科学的方法，有目的地、系统地收集、记录、整理和分析市场情况，其工作内容主要包括以下几个方面：

（1）开展市场环境调研。其中包括对经济环境、政治环境、社会文化环境、技术环境、自然地理环境等的调研。具体的调研内容有市场的购买力水平，社会经济结构，科技发展动态，国家的方针、政策和法律法规，各地区的风俗习惯、地理交通条件、气候条件等。

（2）开展行业环境调研。其主要内容有了解行业的生存背景、相关政策、企业布局；了解行业的生命周期、容量规模、在整个社会产业结构中的地位以及发展演变的方向；了解行业的特点、竞争态势、成长性、市场进入与退出的难度；研究当前行业环境下不同企业的竞争策略和市场行为模式。

（3）开展市场竞争情况调研。对成为竞争对手的企业进行调查和分析，了解其产品的类型、价格，营销的手段、策略，以及未来的发展规划等，做到知己知彼。

（4）针对特定产品开展市场需求状况和供给状况调研。市场需求状况的调研主要是对消费者的需求量、收入、行为习惯和消费结构等进行调研，具体内容有消费者为什么购买、购买什么、购买数量、购买频率、购买时间、购买方式、购买习惯、购买偏好等。市场供给状况的调研主要是对供给产品的生产能力和产品实体等进行调研，具体内容有市场可以提供的特定产品的数量、质量、功能、型号、品牌，以及生产企业的生产能力等。

（5）开展市场营销效果影响因素调研。影响市场营销效果的因素主要有产品、价格、渠道、推广等，要针对这些影响因素进行调研。开展产品调研的目的是了解市场上新产品的开发和设计情况、产品生命周期、产品组合情况、消费者使用情况和评价情况等；开展价格调研的目的是了解消费者对价格的接受程度、对价格变化的反应等；开展渠道调研的目的是了解渠道的结构、中间商的情况、消费者对中间商的满意情况等；开展推广调研的目的是了解发布广告、人员推销、合作推广造成的市场反应、取得的效果等。此处所说的"市场营销"包括了现代社会的各种新型营销方式，如社交媒体营销、互联网平台的数字营销和内容营销等。

在开展市场调研之前，首先要明确市场调研的目标，如了解消费者的需求和偏好、了解竞争对手的情况、了解行业趋势等。明确了目标之后，再根据目标设计出调研方案，方案的内容要包括调研的方法、调研问卷的设计、调研样本的选择等。反复确认调研方案合理可行之后，便可组织实施调研，用到的方法包括发放问卷、深度访谈等。调研结束之后，对收集到的数据进行整理和分析，得出结论并撰写市场调研报告。在调研过程中，需要注意所选择的样本是不是具有代表性，问卷或访谈的问题设计得是否合理、无歧义，以确保所获得的数据准确、可靠。

市场调研的方法多种多样，但可以归结为定量研究和定性研究两大类。定量研究是指可以提供数量性信息的研究，如研究"产品甲和产品乙分别有多少消费者在使用""A品牌、B品牌的市场占有率分别是多少"等，其主要功能是获取消费者行为"由谁做出""是什么""有多少""发生在何时何地"等定量信息。定性研究使用的并非数学统计手段，而是通过研究者的经验、感觉和相关技术来洞察消费者日常生活中的行为和动机，以及消费者行为和动机对品牌的影响。定性研究的目的不是获得与消费者有关的数据信息，而是试图解答市场事件和消费者行为"为什么""怎么办"等这类的定性问题，如解答"为什么某些消费者购买甲产品而不购买乙产品""为什么某些消费者喜欢A品牌而不喜欢B品牌"的问题。定性研究把每个消费者都视为有需要、有欲望和有动机的个体，而不仅仅是市场的一个构成单元，其认为消费者购买产品的动机不单纯是出于理性的对产品功能的需要，情感因素也在购买决策中起了重要作用。近些年来，定性研究的价值更为突显，它解答了鸿星尔克、蜂花、娃哈哈等国货崛起的现象级市场问题，给企业决策以重要启示。

案 例

鸿星尔克的"一夜爆红"

2021年7月，河南暴雨导致严重灾害，7月21日，国产运动品牌鸿星尔克宣布，通过郑州慈善总会、壹基金紧急捐赠5000万元物资驰援河南灾区。消息传出后，本已淡出大众视线的鸿星尔克"一夜爆红"，大量网友涌进鸿星尔克的直播间，数百万人"野性消费"，大肆购买商品，线下门店也是挤满顾客，有的门店销售额暴增十几倍。鸿星尔克多年的库存商品在短短几天内销售一空，直播间的主播都被网友们催促："快去踩缝纫机，把产品赶工生产出来让大家买！"

这一现象之所以出现，显然是因为消费者的情感因素起了作用。

首先，在中国文化中，具有社会责任感是非常重要的价值观。鸿星尔克在自身经营陷入困境之际仍然慷慨解囊，捐赠巨额物资用于社会公益，这一行为深深打动了人们。鸿星尔克在困难时刻仍不忘担起社会责任，这种精神激发了人们的集体主义情感，让人们对这个品牌产生了强烈的好感。

其次，在网络时代，信息传播的速度非常快，热点事件总是能引起广大网友的强烈关注和热烈讨论，鸿星尔克向河南灾区捐赠物资的事件在网络上迅速传播后，引发了人们的情感共鸣。很多人看到新闻后，纷纷表示要支持这个品牌，并以购买鸿星尔克产品的实际行动来回报其善举。

最后，在当今社会，有很多消费者非常关心品牌的"品格"，他们更愿意选择那些"真诚"与"善良"的品牌。鸿星尔克的表现让人们相信这个品牌是"有品"的，更愿意选择购买其产品。

（二）商机落地

在市场调研结束之后，企业应对调研结果展开分析，从分析得出的市场需求中，筛选出某种或某些凭借自身能力、资源能够满足的需求，评估生产和销售相关产品的市场前景、收益水平、风险程度，在确信前景可期的前提下，制订涵盖产品研发、市场推广、客户服务、财务管理等在内的商业计划和实施时间表，逐步推进商业机会落地实现。换个角度看，商业机会落地的过程其实就是选择商业模式和作出战略分析及决策——企业基于市场和客户的需求，洞察商业机会，将自身的资源和能力"能够做的"与外部需求情况及竞争环境下"可能做的"有机结合，找到价值定位，从而确定细分市场和客户群并提供其所偏好的产品与服务。选择正确的价值定位既是商业模式设计至关重要的一步，也是企业价值网络构建的依据。

如何制订商业计划涉及的内容较多，下一节将就此展开详细阐述。

第二节　商业计划的制订

一、商业计划的作用

商业计划是指企业在进行需求研究，并找到商机后，结合内外部环境、自身条件、企业的价值定位和战略目标，作出的把商机落地的详细规划。

无论是对于初创企业还是非初创企业来说，制订商业计划都是一项非常有价值的商业活动。可以说，每家企业都需要有自己的商业计划，因为它是一个战略性的工具，可以帮助企业管理者合理规划和管理企业的发展。具体而言，商业计划在企业发展过程中起到的作用主要有以下五个：

（1）明确目标和愿景。商业计划帮助企业明确目标和愿景，确定长期发展的方向。它是企业发展的"路线图"，沿着这张"路线图"中的路线前进，企业就能够集中精力去追求在市场中的成功及实现持续增长的目标。

（2）有效利用资源。商业计划帮助企业评估和规划其资源的使用，包括资金、人力资源和技术等的使用。企业依据商业计划以最佳方式合理分配资源，最大限度地满足业务需求，获得最大化的效益。

（3）建立市场竞争优势。商业计划促使企业深入分析市场，了解竞争对手和消费者需求，使企业能够确定并利用自身的优势从激烈的竞争中脱颖而出。

（4）吸引投资者和合作伙伴。商业计划是吸引投资者和合作伙伴的关键工具之一。它能够清晰地展示企业的商业模式、市场机会和盈利潜力，给投资者和合作伙伴以信心，使他们更有可能为企业提供支持。

（5）应对不确定性和风险。商业计划对潜在的风险和挑战作出预测并提出应对策略，这使得企业在充满不确定性的市场中具有更强的抗风险能力。

制订商业计划意味着企业管理者要对所处行业的市场和客户需求作出调研分析，以判断行业的发展空间几何；要对竞争对手和竞争环境作出调研分析，比较企业的资源禀赋和能力，认清自身的优劣势，以确定企业的价值定位和战略目标；要围绕战略目标搭建研发、生产、销售和服务团队；要制定细致的经营和管理制度以及高效的运作流程，为企业的运营提供支撑；要建立良好的企业文化和人才激励、约束机制；要做好资源和资金使用规划，对投入产出有较为准确的估计；要考虑各种风险因素如技术风险、市场风险、财务风险等，做好风险管控。由以上可以看出，商业计划包含的内容涉及企业经营、发展的方方面面，如果企业能够制订出一份可靠、可行的商业计划，那么企业的生存和成长就有了稳固的根基。

二、商业计划书的写作要点

商业计划书是商业计划的文本承载形式，是企业为达到管理、融资或沟通目的而制作的书面文件。

商业计划书的格式与内容不固定，但大多数的商业计划书的编写过程会涉及以下操作：

（1）明确企业的长期目标和愿景，以及短期内的目标和计划。

（2）对目标市场进行深入了解和分析，包括市场规模、增长率、竞争对手、客户需求等。

（3）详细描述企业所提供的产品，以及产品的定位、特点、优势，产品生产相关问题的解决方案等。

（4）制定产品的营销策略，包括品牌推广、销售渠道、宣传手段、定价策略等方面的内容。

（5）描述企业的运营流程和改革计划，包括生产、研发、采购、库存管理等方面。

（6）明确公司的组织架构、岗位设置和人员需求。

（7）制订企业的财务计划，包括投入情况、收入预测、成本估算、盈利预期等。

（8）评估企业可能面临的风险和挑战，包括技术风险、市场风险、管理风险、法律风险、财务风险和其他不可预见的风险，并制定相应的应对策略。

（9）明确企业的资源需求和资金需求，包括设备、材料、人力资源、营销等方面的需求和预算。

（10）确定执行计划，包括时间表、阶段目标、关键节点等内容。

根据编制的目的不同，商业计划书内容的侧重点也会有所不同：

（1）当主要用作管理工具时，商业计划书的内容应侧重于展现企业的战略规划、行动纲领和执行方案，描绘企业的发展蓝图，明确管理流程，以便让业务团队更深刻地理解业务方向和行动计划，让上下级的意志得到统一，让全员达成共识，让管理者能够跟踪、监督和度量企业的业务进程。

（2）当主要用作融资工具时，商业计划书的内容应侧重于介绍企业的价值和前景，如重点介绍企业的管理团队，产品当前的市场需求状况及潜在市场规模，企业或产品的竞争力（独有的技术、工艺等优势），潜在的投资回报等。如果投资方有要求，可围绕投资方提出的要求有针对性地进行编写。

（3）当主要用作沟通工具，尤其是商务合作的沟通工具时，商业计划书要注意运用恰当、正确的商务语言，侧重于介绍能与合作方形成互补、互利关系的内容。

例如，当企业为管理全体人员、鼓舞士气而编写商业计划书时，写作的侧重点应是企业的发展蓝图、业务规划，企业内部的管理流程、规章制度等。又如，当一个初创企业向投资方寻求资金支持时，投资方往往会先要求该企业提供商业计划书，这时，企业的商业计划书要针对投资方的要求来编写，并能充分展示出企业的业务亮点以及企业的发展前景。再如，当一个企业有意向与另一个企业开展合作时，提供给合作方的商业计划书的内容应侧重于让对方能够对自己有充分的了解，相信合作能形成互惠互利的关系并拥有美好的前景。

无论出于何种目的编写商业计划书，都要重视商业计划书的可实现性，因为在某种意义上商业计划书也是一份承诺——当商业计划书被用于融资或合作时，投资方或合作方往往会基于企业提供的商业计划书提出对赌条款或附加条约，视商业计划书为业绩承诺，若企业未能完成商业计划书提出的目标，则利益将被重新分配；当商业计划书被用于管理时，企业上下级通过商业计划书达成某种激励约定，计划失败将意味着约定失效，被管理者将失去动力。

关于主要为融资目的而编写的商业计划书，主要包括以下内容：

（1）封面和目录。封面看起来要专业，并写上联系信息，必要时应加注保密说明；目录要准确，能够让翻阅者迅速地找到他们想要看的内容。

（2）摘要。简明扼要地概括、介绍企业的起源、性质、目标和策略，产品的特点、市场潜力和竞争优势，管理团队的能力，企业的资源能力，预期的财务状况及融资需求等，这样做的目的是使投资方对商业计划产生兴趣并渴望得到更多的信息。

（3）企业描述。详细介绍企业的起源、历史、股权及组织形式，并重点说明企业未来主要的长期目标和短期目标，企业所供产品及产品所针对的市场、客户，产品当前的销售额，当前的资金投入和准备进军的市场领域，以及现有的管理团队与资源。

（4）产品描述。列举企业当前所提供的产品的类型及目标客户，以及将来的产品开发计划，陈述产品的独到之处和特殊性，表明产品的成本、质量、功能、可靠性和价格等，指出产品所处的生命周期阶段或开发阶段。如果企业的产品和服务有独特的竞争优势，还应该指出有哪些保护性措施和利用策略。这些内容的作用是让投资方对产品产生浓厚的兴趣，相信产品是一种美妙而令人鼓舞的事物，未来必将会在市场上产生重大影响。

（5）市场分析。描述企业所定位行业的市场状况，指出市场的规模、预期增长速度和其他重要环节的状况，包括市场趋势、目标客户特征、市场研究或统计结果、市场对产品的接受程度等；细致分析各种因素对消费者选择购买自家产品这一行为产生的影响。这些内容的作用是向投资方展现企业对目标市场有深入的分析和理解，使投资者确信这个市场是巨大且不断增长的。

（6）竞争分析。细致分析竞争对手的情况，明确指出竞争对象，分析竞争态势，解释企业为什么有信心赢得竞争。例如：竞争对手都有谁，竞争对手的产品是什么样的；把竞争对手的产品与自家的产品进行对比，阐明在价格、质量、技术特点、功能等方面有哪些异同；竞争对手的营销策略是什么；各个竞争对手所生产产品的销售额、毛利润和所占市场份额是多少；企业在与不同竞争对手比较之后具有的竞争优势；等等。竞争分析的作用是向投资方展示自家产品在竞争中具有独到的优势，令投资方相信企业是行业中的有力竞争者或未来将成为行业中的领先者。

（7）营销策略。讲述企业打算怎样根据所针对的市场需求触达客户，包括怎么向潜在客户宣传推广产品，通过什么样的渠道跟客户产生联系等。必要时可列出当前的主要营销计划，如企业打算在哪些渠道和地区开展广告宣传、促销、公关等活动，以及每一项活动的预算和收益等。

（8）管理团队。描述企业的组织架构、核心成员和高级管理人员，向投资方显示企业拥有强有力的管理队伍。重点要体现管理团队的成员普遍具有较高的文化、技术水平，以及卓越的管理才能和丰富的工作经验，团队中的每个人都能给企业带来巨大资源或作出重要贡献，给投资方一种"这就是一支冠军球队"的感觉。

（9）财务计划。包括企业的实际财务状况、现有资金的来源和使用状况、未来的资金需求及使用计划、资产负债表、预期收入和盈亏状况，以及现金流量预测等。这部分内容很重要，在写作时可寻求专业人士的帮助。

（10）执行计划。明确分工与责任，落实到人，列明各主要业务项目的实施时间表、阶段目标、关键节点等，阐述有哪些监督反馈机制。

（11）退出之道。这是投资方最为关心的内容之一。站在投资方的角度看，即便投资效果不好，他们也想收回投资成本，而即便投资效果很好，他们最终也要获利退出。因此，要明确指出投资方在未来能够选择的退出方式，如股票上市、股权转让、股权回购等。

（12）附录。附上企业核心人员的履历、职位表，组织架构图，预期市场信息，财务报表，以及商业计划中提及的一些重要数据、信息的佐证资料等。

在编写商业计划书的过程中，要注意确保数据准确可靠，分析市场和竞争对手时要客观全面，制定的策略要具体可行，执行的计划要切实有效。以下是在编写商业计划书的过程中易犯的一些错误，要注意避免：

（1）在描述产品的过程中，提及的亮点过多，泛而不精，其中大多数的亮点并非产品自身所独具，难以引起投资方的兴趣。

（2）分析市场所用的方法不科学，误判了市场容量或能占据的市场份额，例如把偶然出现的阶段性市场误判为可长久存在的大市场，把竞争激烈的"红海"市场误判为有待开拓的"蓝海"市场。

（3）竞争分析没有充分的数据、资料作为支撑，对竞争形势没有清醒的认识，低估了竞争对手的实力，对前景过于乐观，对可能存在的风险认识不足。

（4）营销策略仅停留在想法上，没有提供具体的实施方案。

（5）对管理团队的实力描述言过其实，甚至虚构将有"重磅级人物"加盟，或所强调的团队成员的过往成就不能令投资方相信现有团队能够带领企业赢得未来的竞争。

（6）执行计划停留在战术层面，缺少落地细节，并且目标不明，难以监督执行过程和衡量执行情况。

（7）财务计划中的资金预算不合理或描述得不清楚，资金使用方向模糊；盈利模型有问题，盈利预测难以令人信服；财务数据测算不准确，勾稽关系不合理，数据出入过大。

（8）股权分配不合理，对上市前景过于自信，令投资方对企业有"不专业"之感。

三、商业计划书模板

不同发展阶段、不同体量的企业适用的商业计划书形式不尽相同，以下为读者展示一家拟融资并计划在将来上市的企业所编制的商业计划书（因具体内容涉及商业机密，故在此仅提供框架模板），该商业计划书基本涵盖了一份成熟的商业计划书应具备的全部细节，有需要的企业可参考使用：

（1）封面模板，如下：

商业计划书

编号：_____

日期：_____

邮政编码：_____

联系人及职务：_____

电话：_____

传真：_____

地址：_____

网址/电子邮箱：_____

保密说明：

本商业计划书属商业机密，所有权属于××××公司，所涉及内容和资料仅限于已签署投资意向书的投资者使用。收到本计划书后，收件方应即刻确认，并遵守以下规定：在未取得××××公司的书面许可前，收件方不得将本计划书之内容复制、泄露、散布；收件方如无意参与本计划书所述之项目，请按上述地址尽快将本计划书完整退回。

（2）目录。目录内容由正文各章节标题及索引页码构成，受本书篇幅限制，此处不作展示。

（3）正文。在此仅展示内容框架，括号内为补充说明。

第一部分　摘要

一、公司概况

二、公司宗旨和目标

三、公司股权结构

四、已投入资金及用途

五、公司主要产品介绍

六、市场概况和营销策略

七、主要业务部门及业绩简介

八、核心经营团队

九、公司优势说明

十、增资需求

十一、融资方案

十二、财务分析

第二部分　综述

第一章　公司介绍

一、公司宗旨

二、公司简介

三、各部门职能与经营目标

四、公司管理

（一）董事会

（二）经营团队

（三）外部支持

第二章　技术与产品

一、技术描述及技术持有状况

二、产品状况

（一）主要产品目录

（二）产品特性

（三）已开发及待开发产品简介

（四）研发计划及时间表

（五）知识产权策略

（六）无形资产

三、生产情况

（一）资源及原材料供应

（二）现有生产条件和生产能力

（三）扩建设施要求及成本、扩建后生产能力

（四）原有主要设备及需添置设备

（五）产品标准、质检和生产成本控制

（六）包装与储运

第三章 市场分析

一、市场规模、市场结构与划分

二、目标市场的设定

三、产品消费群体及影响市场的主要因素分析

四、目前产品市场状况

五、市场趋势预测和市场机会

六、行业政策

第四章 竞争分析

一、行业垄断性分析

二、细分市场下的竞争者市场份额

三、主要竞争对手情况

四、潜在竞争对手情况

五、竞争形势变化分析

六、公司竞争优势

第五章 市场营销

一、营销计划概述

二、销售政策

三、销售渠道、方式与售后服务

四、主要业务关系

五、销售队伍情况及销售福利分配政策

六、促销和市场渗透

（一）主要促销方式

（二）广告及公关策略

（三）营销效果评估方式

七、产品价格方案

（一）产品定价依据和价格结构

（二）影响价格变化的因素和对策

八、销售资料记录、统计方式

九、市场开发规划及销售目标

第六章 投资说明

一、资金需求说明

二、资金使用计划

三、投资形式

四、资本结构

五、回报/偿还计划

六、资本原负债结构说明

七、投资抵押

八、投资担保

九、吸纳投资后股权结构

十、股权成本

十一、投资者介入公司管理程度说明

十二、报告

十三、杂费支付

第七章　投资报酬与退出

一、股票上市

二、股权转让

三、股权回购

四、股利

第八章　风险分析

一、资源风险

二、市场不确定性风险

三、研发风险

四、生产不确定性风险

五、成本控制风险

六、竞争风险

七、政策风险

八、财务风险

九、管理风险

十、破产风险

第九章　管理

一、组织结构

二、管理制度及劳动合同

三、人事计划

四、薪资及福利方案

五、股权分配和认股计划

第十章　经营预测（××××—××××年）

一、销售数量及销售额

二、毛利率及成长率

三、投资回报率

四、计算依据

第十一章　财务分析

一、财务分析说明

二、财务数据预测

（一）销售收入明细表

（二）成本费用明细表

（三）薪金水平明细表

（四）固定资产明细表

（五）资产负债表

（六）利润及利润分配明细表

（七）现金流量表

（八）财务指标分析

1. 财务内部收益率

2. 投资回收期

3. 财务净现值

4. 投资利润率

5. 投资利税率

6. 资本金利润率

7. 资产负债率

8. 流动比率

9. 速动比率

10. 固定资产投资借款偿还期

第三部分　附录

一、附件

（一）营业执照（影印本）

（二）董事会名单及简历

（三）主要经营团队名单及简历

（四）专业术语说明

（五）资质证书（影印本）

（六）注册商标

（七）企业形象设计及宣传资料

（八）简报及报道（影印本）

（九）场地租用证明（影印本）

（十）工艺流程图

（十一）产品市场成长预测图

二、附表

（一）主要产品目录

（二）主要客户名单

（三）主要供货商及经销商名单

（四）主要设备清单

（五）财务报表

（六）预估分析表

第三节　经营团队的组建

一、组建经营团队的步骤

组建经营团队是企业发展过程中非常重要的一环，也是一个相当复杂的过程。不同类型的企业所需的团队不一样，组建的步骤也不完全相同。组建团队时要作长远考虑，总体原则是"合适比合格更重要"，即选择理念相同的人要比选择能力强大的人更重要，尤其是在选择领导层的成员时。

组建经营团队的一般步骤：

步骤一：明确团队目标。

认同团队目标并有激情、有信心完成目标的人才是合适的团队成员人选。

步骤二：设计团队架构。

合适的团队架构会让团队协作更加轻松，并且团队目标也更易实现。如果是初创企业，建议使用扁平化的精简事业部架构，因为一般来说初创企业可用的人力较少，这种架构才是最优选择。

步骤三：选择成员。

从实际需要出发，确定招聘渠道和选拔标准，通过看简历、面谈、测评、背调等方式从应聘者中选出合适的团队成员。选择团队成员时，要注重人员的多样性、协同性和互补性，以使整个团队的潜力得到最大化发挥。可以通过招聘网站、社交媒体和人才中介等途径来寻找合适的人选，也可以定向挖人。要注意的是，最好不要让人力资源部作用人决策，而是要将这个权力交给最终的用人部门。此外，决策人要遵循芒格的用人原则，即尽量通过简历来判断人，而不仅仅是通过感性的面试过程来判断人。

步骤四：职权划分。

为了保证团队成员顺利开展各项工作，需预先在团队内部进行职权的划分。职权划分是根据执行团队行动计划的需要，具体确定每个团队成员所要担负的职责以及所享有的相应权限。注意事项是既要避免职权重叠或交叉，又要避免部分职权无人承担，导致工作出现疏漏。此外，由于内外部环境的变化，难免会有新的问题出现，团队成员也可能发生变更，因此团队成员的职权也应根据需要不断地进行调整。

步骤五：职责分工。

确定团队成员的角色和职责，使每个人都能充分发挥自己的优势。

二、组建经营团队的基本原则

组建经营团队有五个基本原则：

（1）目标明确合理原则。只有团队目标明确，团队成员才能清楚地认识到奋斗方向何在；只有团队目标合理可行，团队成员才能永葆信心和激情。

（2）文化共识原则。团队成员要有一致的信仰、价值观和思想方式，能够相互信任、良好地沟通协作。

（3）互补原则。只有当各团队成员的知识、技能、经验等具有互补性时，才有可能通过相互协作发挥出"1+1>2"的协同效应。团队成员之间具有互补性有助于强化团队成员之间的合作，提升团队的战斗力。一般来说，一个企业的经营团队中至少要有管理、技术和营销三个方面的人才，只有这三个方面的人才形成良好的沟通协作关系后，团队的运作才能稳定高效。

（4）精简高效原则。在保证企业高效运作的前提下，团队应尽量精简。特别是对于创业企业来说，更应注意保持适度的团队规模。一个团队的成员太少,有可能导致团队的功能无法发挥,但成员过多又可能会导致沟通交流障碍的产生,甚至出现"小团体",削弱团队的凝聚力和战斗力。

(5)动态开放原则。企业经营是个动态的、充满不确定性的过程,受内外部各种因素的影响,团队成员发生变更是常事。因此,团队应保持动态性和开放性,不断吸纳能够完美匹配团队需求的人。

三、经营团队组建后的管理

经营团队组建起来后,在管理中要注重做好以下几件事情:

一是建立团队文化。团队文化的内容包括团队精神、团队价值观、团队行为规范等。应确立务实、向上、可落地的团队文化,让团队文化走进每个人的内心。团队的领导者要以身作则,做好榜样,带领团队时刻践行团队文化。要用团队文化统一团队成员的思想,让每个人都知道团队的整体大目标和自己的小目标,明白自己的岗位职责,知晓要协作的事项。良好的团队文化可以促进团队成员之间的合作和信任,提高团队沟通协作的效率,增强团队的凝聚力,提高团队的工作绩效和创新能力。要用团队文化创造出一个轻松自由、亲密合作、积极进取的工作氛围,让所有团队成员都有归属感,为自己是团队的一分子而感到光荣和自豪。

二是建立有效的沟通协同机制。沟通协同不畅会让企业付出额外的管理成本,因此,应建立起有效的沟通协同机制,确保信息能在团队成员之间顺畅共享,确保每个人都既能按时按质完成自己的任务,又能帮助他人及时解决问题。要建立起相应的流程和制度,包括决策流程、业务流程、项目管理流程、财务制度等。

三是建立绩效评估体系和激励约束机制。确保团队成员的收入与其所作出的贡献正相关是使团队成员保持工作激情的重要前提。要建立科学、完善、有效的绩效评估体系和激励约束机制,定期或不定期对团队成员的工作表现进行评估,鼓励他们的优秀表现和创新行为,提高他们的工作积极性和工作效率,鞭策他们改进不足、不断进步,同时也防止有人做出不利于企业发展的行为。要把绩效评估体系和激励约束机制规范化、书面化,以企业制度的形式确定下来,如出台利益分配方案、奖惩制度、考核标准、激励措施、纪律条例、组织制度、财务制度、保密条例等。需要提醒的是,初创企业的领导者需要承担的风险更高——包括财务风险、精神风险和社会风险，因此对其成员的考核和激励要有一个明晰的预案。例如，对于股份等利益的分配要仔细考量，不能一次性给予太多，否则未来的操作空间会受限，但也不能给得太少，否则可能没有太大的激励效果。

完美的经营团队并非是一开始就能组建起来的，很多时候是逐步形成的。经营团队开始运作后，在人员匹配、制度设计、职权划分等方面存在的不合理之处就会逐渐暴露出来，此时就需要不断对团队进行调整优化。

四、经营团队领导者的领导艺术

在过去，团队管理往往被视为一种简单的任务分配和监督的过程，领导者制订计划，然后分配任务并监督执行，最后评估结果。但在当今的工作环境中，这种传统的管理模式已经不再适用。因为团队成员很可能来自五湖四海，他们有不同的文化背景、不同的价值观和不同的工作习惯，年轻的成员们期望在工作中有更多的自主性和创造性。此外，技术的快速发展也改变了传统的工作方式，远程工作、灵活上班和跨地域合作已经成为常态。所有这些变化都要求团队领导者具备新的管理技能和思维方式。我认为经营团队的领导者应掌握"智慧型领导"的管理艺术。

"智慧型领导"不仅关乎领导者的技能和知识，还关乎领导者的态度和心态。它要求领导者在具备战略性思维的同时也具备开放性思维和同理心，不仅能够预见未来的趋势和挑战、制定有效的应对策略，还能够理解和尊重团队成员的多样性，激发他们的潜能，促进他们成长。在这个过程中，团队领导者不仅是决策者和执行者，更是教练和导师，能够帮助团队成员实现个人发展。

具体来说，领导者应做到以下几点：

（1）理解团队成员的多样性。作为一名团队领导者，首先要认识到不同的团队成员在文化背景、教育背景、性格、行事风格等方面存在差异，并学会尊重和欣赏这些差异。多样性的存在可以为团队带来丰富的视角和创新的思维，但同时也可能引发误解和冲突，因此，团队领导者还需要具备强大的沟通能力，以确保能够处理冲突、消弭分歧、协调工作。领导者应该构建开放的沟通环境，让每个团队成员都能充分发表自己的意见、提出自己的建议，同时领导者也要善于倾听，能够真正理解团队成员的需求和期望。

(2) 为团队设定目标并强化执行力。领导者应该与团队成员一起，根据"SMART 原则"（一种目标管理原则，指目标具有明确性、可衡量性、可实现性、相关性和时限性）设定清晰的奋斗目标。目标确定后，领导者还要强化团队的执行力，确保每个团队成员都积极参与到目标的实现过程中。

目标设定的过程应注重参与性，领导者要与团队成员共同讨论和分析，确保每个人都理解目标的意义和重要性。这种参与感可以提高团队成员的责任感和动力，使他们更加积极地投入工作。此外，领导者也需要确保目标的可实现性，避免设定过高或过低的目标，以免让团队成员有挫败感或心态膨胀。

执行力的强化是一个持续的过程。领导者需要通过定期的检查和收集反馈意见来监督团队的表现和进展。在这个过程中，领导者应该鼓励团队成员互相分享成功或失败的经验，彼此学习，共同成长。此外，领导者也需要在团队成员面临困难时为其提供必要的资源和支持，包括时间、资金、技术等方面的支持，帮助他们攻克关卡，赢得挑战。

(3) 敢于授权，培养团队成员的自主能力。授权是现代团队管理中不可或缺的一部分。授权意味着信任团队成员的能力。通过授权，领导者可以激发团队成员的潜能，提高他们的责任感和参与度。同时，领导者也要培养团队成员的自主能力，帮助他们设定个人目标、制订工作计划。

在授权过程中，领导者既要给予团队成员适当的指导，又要给予其一定的自由度。一方面，领导者应该提供必要的指导和支持，帮助团队成员理解任务的目标和要求；另一方面，领导者应该避免过度干预，给予团队成员足够的空间来发挥他们的创造力。这可以帮助团队成员在自主性和责任感之间找到平衡，提高他们的工作满意度和忠诚度。

(4) 关注士气，制定激励机制。高昂的士气可以激发团队成员的工作热情和创造力，提高他们的工作效率和工作质量。因此，领导者需要密切关注团队的士气，及时发现并解决可能影响士气的问题（包括工作压力、人际关系、资源分配等方面的问题）。激励机制则是提高团队士气的重要工具。领导者可以采取多种激励措施，鼓励团队成员锐意进取。激励措施可以是物质奖励，如奖金、带薪假期等，也可以是精神奖励，如表扬、认可等，还可以是物质奖励与精神奖励兼而有之，如晋升加薪等。要注意的是，激励措施要公平和透明，确保每个团队成员都有机会获得激励。

在设计激励机制时，领导者需要考虑团队成员的个人需求和动机。不同的人可能对同样的激励措施有不同的反应。领导者可以通过个人会谈和问卷调查来了解每个团队成员的需求和期望，从而设计出更有效的激励机制。此外，领导者要定期评估激励机制的效果，在发现激励机制不完善时应及时进行调整。

（5）应对变革与挑战。在不断变化的商业环境中，经营团队随时会遇到市场变化、技术进步、组织结构调整等各种变革带来的挑战。领导者需要具备应对变革的能力，帮助团队适应新环境，克服挑战，继续前进。

首先，要接受变革。领导者需要向团队成员解释变革的必要性和重要性，帮助他们理解变革，减少团队成员对变革的恐惧和抵触心理。其次，领导者要制订清晰的应对方案，重设目标与工作计划，确保团队成员步伐不乱。与此同时，领导者要鼓励团队成员保持开放和创新的思维，勇于尝试新方法。通过鼓励创新和容忍失败，帮助团队成员克服恐惧，积极面对挑战。最后，领导者要关注团队成员的情绪和士气。变革可能给团队成员带来压力和不安，此时领导者需要为他们提供必要的支持，帮助他们应对压力，保持积极和乐观的态度。

在当下这个充满挑战和机遇的时代，管理团队已经不再是简单的任务分配和监督，而是一门充满智慧的艺术。领导者只有不断学习，并掌握好这门艺术，才能引领团队在复杂多变的环境中稳步前行，让团队保持高效、和谐，同时富有创新能力。

第四节 产品的研发、创新与质量管理

一、研发产品的路径

企业的利润要靠向市场提供产品获得，但在产品上市之前，企业还需要走过一条产品研发之路。那么，企业如何才能高效地研发出产品呢？以下几条产品研发路径可供参考：

（1）"技术+营销"研发路径。"技术+营销"研发路径是指让企业的技术部门和营销部门联合起来，共同研发产品。企业的营销人员先摸清市场的真正

需求，再把需求信息反馈给技术人员，技术人员依据企业所能使用的资源开展技术研究，最终研发出符合市场需求的产品。经由这条路径研发出的产品通常能够很快占领市场。走这条路径，企业的技术部门和营销部门要有良好的关系和紧密的联系，能够无缝配合、协同作战。

（2）模仿研发路径。模仿研发不是单纯地模仿或照抄，而是在分析成功产品，领会其成功核心的基础上，加上可使该产品功能进一步优化或价值进一步提升的东西，开发出更具竞争力的新产品。简单来说，模仿研发就是"取他人之精华，再加上自己的精华"。走这条路径，企业要做到对市场高度敏感，收集、处理市场信息的速度非常快，具有较强的应变能力和一定的研发能力，同时还要拥有一个高效率的产品研发部门。

（3）组合革新研发路径。组合革新研发路径是指企业将现有成熟技术和产品重新组合，开发出别具一格的新产品。走这条路径投资少、见效快，风险也小，但要求企业的研发团队具有丰富的想象力。具体做法上，可以根据产品的市场反应来革新产品的功能、造型、包装等。例如，现在很多饮料产品都定期更换包装，虽然产品的内容没有变化，但是焕然一新的包装会给人以全新的视觉冲击力，可以吸引到许多新客户。

（4）反向研发路径。反向研发路径是指运用逆向思维来研发新产品。例如，用"时间反向"的研发思维，可以生产一些有市场的怀旧物品；用"空间反向"的研发思维，可以生产具有异域特色的产品。

二、产品创新的必要性与步骤

随着科技飞速发展和市场竞争日趋激烈，如今各种产品的生命周期变得越来越短，某种款式的产品在市场上畅销多年的情况已极为罕见。企业要想在行业中长期保持竞争力并占有市场份额，就必须不断根据市场需求创造新产品并快速推向市场。

于企业而言，不断进行产品创新具有以下四个方面的作用：

（1）能够应对市场变化，满足消费者需求。市场环境频繁发生变化是企业在发展过程中时刻要面临的情况。不断进行产品创新，开发出新产品，才能应对市场环境的变化，保住自身的市场地位。当消费者的消费习惯改变时，企业如果不能及时推出新的产品，那么就很可能失去原有的市场份额。

（2）能够提高竞争优势，降低市场风险。企业通过产品创新开发出具有竞争力的新产品，不但有助于稳住甚至扩大市场份额，还有可能使企业打破竞争对手的垄断地位，从而掌握竞争优势。正所谓"先入为主"，在市场上，先入者天然具有优势，谁开发新产品的速度快，谁就能在市场上掌握主动权。通过产品创新开拓新的销售领域，还可以提高企业抵御市场风险的能力。如今很多企业都会在某种产品取得了稳定的市场份额后就立即着手开发其他新产品，增加新的业务品类，以谋求新的发展空间，增强自身的抗风险能力。

（3）能够增加企业收入，提高企业形象。企业的产品能够不断推陈出新，不但可以吸引更多的客户群体，增加企业的收入，还可以令消费者认为这家企业是一家有前瞻性、敢于创新的企业，这有助于提高企业的知名度、品牌价值和市场形象。

（4）能够营造良好的企业文化氛围，加速人才培养进程。要实现产品创新，一方面，相关人员必须坚持学习，不断汲取新知识，拓宽自身的知识面，提高自身的业务素质；另一方面，企业必须加快人才培养的步伐，确保企业拥有足够的创新人才。

一般来说，产品创新需要经过以下步骤：

步骤一：开展市场调研，分析市场需求。

产品创新的目的是巩固和扩大市场，获得经济效益，提高企业知名度。因此，进行产品创新时需考虑的首要因素就是市场。企业在开发某款新产品之前，一定要先做好产品的市场定位工作，确定开发方向和目标市场。

步骤二：产品立项，开展研发工作。

在产品立项阶段，要对新产品的市场发展前景、研发所需内外部资源是否具备、存在的风险进行充分论证。企业应组织各方面的专家对市场调研报告、产品方案、技术方案、经费使用方案进行把关，控制研发风险，确保产品项目有较高的投入产出比。

在研发阶段，项目负责人要加强与技术人员、生产人员的沟通，确保研发方案得到正确执行。

步骤三：产品试生产、试销售，测试市场反应。

新产品研发出来后，先小批量试生产。试生产的目的主要是检查产品的生产质量。确定产品质量有保障后，向市场投放少量产品进行试销售。试销售阶段，营销部门、产品研发部门要共同收集市场、用户的反馈意见，及时调整促销策略或对产品功能进行完善。

步骤四：产品量产。

产品功能完善、促销策略成熟后，可以开始大批量生产产品并投入市场。产品量产后最重要的事情是在尽可能短的时间内把产品铺向尽可能大的范围，迅速占领市场，打响产品知名度。

在产品研发和创新的过程中，有一些事项需要注意：一是要充分了解市场和用户的需求，做详细的产品需求分析和技术调研。二是要有清晰的产品定位和市场定位。三是要建立良好的跨部门协作和沟通机制，确保不同团队之间的信息传递顺畅，以及各团队的努力目标一致。四是要选择合适的技术和工具，确保产品的研发、生产过程可行且稳定。五是要重视用户体验，不断收集用户反馈信息，持续对产品进行优化和迭代。

三、产品的质量管理

产品质量是指产品在性能、可靠性、耐久性、适用性、安全性、外观等方面的表现。

产品质量对企业的重要性不言而喻。首先，保证产品质量是企业树立品牌形象的前提。树立良好的品牌形象不是靠广告，而是靠高质量的产品。没有高质量的产品，品牌广告打得再好，品牌形象也树立不起来。其次，保证产品质量是市场营销的坚强后盾和成功保障。如果产品质量不佳，那么再怎么做市场营销都是徒劳的，开拓的市场"领地"很快就会丢失。再次，产品质量关乎企业经营风险的高低。质量不合格的产品有可能给消费者带来财产损失、人身损害，此时产品的制造者、销售者要依法承担责任，如果质量不合格的产品导致灾难性后果，那么企业也可能遭受灭顶之灾。可以说，产品质量是企业的生命线，没有质量，什么品牌、营销、发展、竞争都是空话。

与短缺经济时代的市场环境相比，如今的市场环境已经发生了根本性改变，产品只要生产出来就能卖出去的日子一去不复返了。产品质量是现代企业的核心竞争力之一，那些成功的企业无一例外都非常重视产品质量。企业想要做大做强，就必须在增强创新能力的基础上努力提高产品的质量。

怎样保证和提高产品质量呢？可用的方法有以下一些：

（1）制定明确的质量标准，建立健全质量管理体系。企业应该制定具体的产品规范和要求，明确每个生产环节的质量要求，推行严格的质量管理制度，以确保产品能够达到预期的质量水平。

（2）建立全员参与的质量文化。企业应该常态化开展培训和教育，营造全员参与质量管理的氛围，增强员工的质量意识。

（3）引入先进的生产设备和技术，优化生产流程。企业应该通过引入先进的生产设备和技术、优化生产流程来提高产品生产过程中的一致性、精确度和效率，减少人为造成的误差。

（4）加强供应链管理。企业应加强对供应链各个环节的监督和管理，及时发现和解决潜在的原材料质量问题，确保从供应链获取的原材料都达标。

（5）建立有效的质量控制和检测机制。企业应该设定严格的质量控制流程，确保产品的每个生产环节都有质量把关，设立专职的质检人员并定期开展质量检查。

（6）重视客户反馈，建立持续改进机制。企业应该建立起质量信息反馈机制，积极收集客户的反馈意见并进行分析，然后有针对性地对产品进行改进和优化，不断提高产品的质量和市场竞争力。

（7）加强对外交流与合作。企业要定期或不定期派人前往先进企业学习质量管理经验，不断提升自身的质量管理水平。

第五节　产品的生命周期与营销策略

一、产品的生命周期

产品的生命周期是指产品从进入市场到退出市场的整个时间段，它是产品在市场中的经济寿命，受到消费者需求变化以及市场其他因素的影响。一般认为，产品的生命周期主要是由消费者的消费方式、消费水平、消费结构和消费心理的变化所决定的。

产品的生命周期一般分为进入期、成长期、成熟期和衰退期四个阶段。在进入期，产品的销售量增长缓慢，在大部分时间里利润偏低或为负值；在成长期，产品的销售量快速增长，利润也显著增加；在成熟期，产品的销售量与利润都达到峰值并逐渐回落；在衰退期，产品的销售量显著下降，利润也大幅度滑落，最终都趋于零。将以上关系用线条描绘出来便得到产品的生命周期曲线，如图1-3所示。

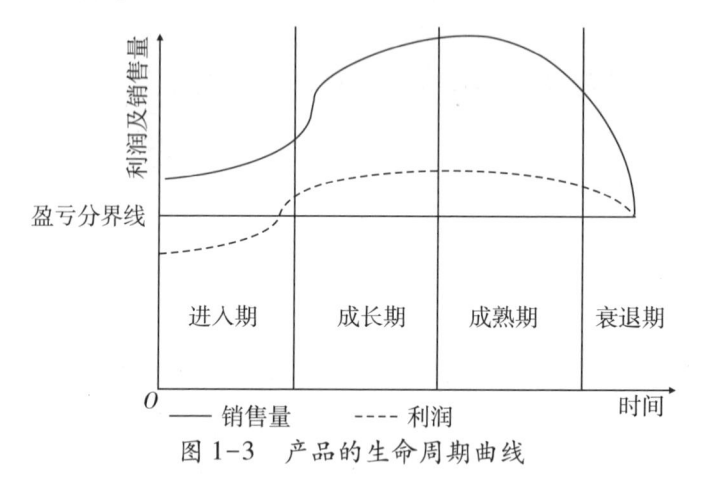

图1-3 产品的生命周期曲线

产品研发出来并投入市场后，首要先经历进入期。在这一阶段，大众对产品还不了解，只有少数人购买，因此销售量很低，要想扩展产品销路，企业需要投入大量的促销费用，对产品进行宣传。此时产品尚未大批量生产，生产成本较高。虽然在这一阶段企业能获得的利润通常偏低甚至为负值，但此时没有或只有少数竞争者。

在成长期，产品已为大众所熟知，拥有了大量客户，市场逐步扩大。此时产品开始大批量生产，生产成本大幅降低，销售量与利润同步迅速增长。在这一阶段，其他企业看到有利可图，于是纷纷开始生产同类产品，市场上同类产品的供应量不断增加，竞争形势日趋激烈。

到了成熟期，市场需求趋向饱和，可发掘的潜在顾客已经很少，产品的销售量增长缓慢，最终转为下降。白热化的竞争导致产品售价降低、促销费用增加，企业能获得的利润也不断下滑。在成熟期，企业要想保住自家产品的地位，需要投入大量的营销费用。

随着时间的推移，科学技术进一步发展，产品进入衰退期。衰退的原因是替代旧产品的新产品出现，大众转向消费新产品，旧产品的销售量和其能带给企业的利润迅速下降，最终退市。

二、产品生命周期各阶段的营销策略

产品生命周期的四个阶段有不同的市场特征，企业需要采取的营销策略也不同。

（一）进入期的营销策略

进入期的市场特征是产品销量低，促销费用高，制造成本高，利润很低甚至为负值。企业应努力做到：投入市场的产品要有针对性；进入市场的时机要合适；设法把销售力量直接投向最有可能购买的人群，尽快打开市场。

适合在进入期使用的营销策略主要有以下四种：

（1）快速撇脂策略。快速撇脂策略是以高定价、高促销费用来打开市场的策略。高定价意味着从每单位销售额中获取的利润更多，投资能够尽早收回；高促销费用能够快速为产品打开知名度，占领市场。这种策略适用的情况：产品有较大的需求潜力；目标客户有较强的求新心理，急于购买新产品；企业面临潜在竞争者的威胁，需要及早树立品牌形象。一般来说，如果处于进入期的新产品比其要替代的产品具有明显优势，那么消费者对其价格的高低就不会太在乎。

（2）缓慢撇脂策略。缓慢撇脂策略是以高定价、低促销费用来打开市场的策略。实施这一策略的目的是以尽可能低的费用开支求得更多的利润，因为高定价有助于企业尽快收回投资成本，低促销费用则可以减少营销成本。这种策略主要适用于目标市场比较明确、目标客户愿意出高价、产品已有一定的知名度、竞争门槛高的情况。

（3）快速渗透策略。快速渗透策略是以低定价、高促销费用来打开市场的策略。实施这一策略的目的是先发制人，以最快的速度将产品推向市场，取得尽可能高的市场占有率，待销量和产量扩大、单位生产成本降低后，自然会取得规模效益。这种策略适用的情况：产品的市场容量相当大；潜在消费者对产品不了解且对价格十分敏感；潜在的竞争对手较多，未来的竞争形势会较为激烈；产品的单位生产成本可随生产规模和销售量的扩大而迅速降低。

（4）缓慢渗透策略。缓慢渗透策略是以低定价、低促销费用来打开市场的策略。实施这一策略的目的是以低定价扩大销售面，以低促销费用节约营销成本，在低价销售的情况下维持单位利润。这种策略适用于产品的市场容量很大、产品在市场中的知名度较高、消费者对价格十分敏感、有一些潜在的竞争对手但威胁不大的情况。

（二）成长期的营销策略

进入成长期以后，老用户的重复购买和新用户的不断出现使产品的销售量激增，企业利润迅速增长。而在企业生产规模逐步扩大、生产成本逐步降低的同时，不断有竞争者加入生产同类产品的队伍，竞争越来越激烈，细分市场出现，企业要想维持市场份额，需要保持或增加促销费用。针对成长期的市场特征，企业可采取以下四种营销策略：

（1）改善产品品质，如增加新功能、开发新款式等。对产品进行改进可以提高产品的竞争能力，满足用户更广泛的需求，吸引到更多的客户。

（2）寻找新的细分市场。找到新的、尚未被满足的细分市场，根据细分市场的需要组织生产，迅速抢占细分市场。

（3）改变广告宣传的重点。把广告宣传的重心从介绍产品转到建立品牌形象上，建立品牌优势，在维系老用户的同时吸引新用户。

（4）适时降价。在适当的时机降价，激发那些对价格比较敏感的消费者的购买动机，促使他们采取购买行动。

（三）成熟期的营销策略

进入成熟期以后，产品的销售量增长缓慢，逐步达到最高峰后转为下降，利润也与之同步，此时的市场竞争非常激烈，各种品牌、各种款式的同类产品不断出现。在这一阶段，企业宜主动出击，尽量使成熟期的时间得到延长。为此，企业可以采取以下两种营销策略：

（1）调整产品和目标市场方向。发掘产品的新用途，寻求开发新用户，同时改变推销的方式，使产品的销售量得以继续扩大。

（2）调整市场营销组合因素。对营销策略中产品、定价、渠道、促销四个因素的组合进行调整，刺激销售量回升。

（四）衰退期的营销策略

进入衰退期后，产品的销售量急剧下降，企业能从产品中获得的利润很低甚至为零，大量的竞争者退出市场。此时，企业应认真研究分析，好好斟酌该走还是该留。在这一阶段，企业可选用的策略不外乎以下四种：

（1）继续策略。沿用过去的做法，继续做原有的市场，使用相同的分销渠道、定价及促销方式，直到产品完全卖不动为止。

（2）集中策略。把企业的能力和资源集中到最有价值的细分市场和分销渠道上。这样做有助于延迟产品退出市场的时间，为企业带来更多的利润。

（3）收缩策略。放弃那些非忠实用户的消费群体，大幅度降低促销水平，减少促销费用。这样做有可能导致产品加速退市，但企业还是能从忠实用户那里获得一些利润。

（4）放弃策略。当机立断，放弃生产市场价值已变得极低的产品，把企业资源用于开发新产品。

第六节　商业模式的选择

一、商业模式的概念及其重要性

商业模式是一个企业或组织在市场竞争中运营、盈利和增长的核心策略，它涵盖了企业围绕"满足客户需求"这一中心，创造价值、传递价值、实现价值的整个过程。简而言之，商业模式是企业为了实现其目标而采取的一系列策略和行动的总和。

商业模式的核心组成部分主要包括以下几个方面：

（1）价值主张。价值主张是企业向客户提供的独特价值或解决方案，它能够满足客户的需求或帮助客户解决问题。具有一个清晰、有吸引力的价值主张是商业模式成功的关键。

（2）客户群体。客户群体也叫目标客户，是指那些可能购买或使用企业产品或服务的人。了解并精准定位客户群体是设计正确商业模式的基础。

（3）渠道通路。渠道通路指企业联系并接触到其目标客户的途径，包括线上和线下的销售渠道、合作伙伴、分销网络等。

（4）客户关系。客户关系指企业与客户之间建立的关系类型，包括客户获取、客户维护、客户提升和客户保留等。

（5）收入来源。收入来源指企业获得收入的方式，如提供产品或服务。

（6）关键业务。关键业务指企业为了执行其商业模式而必须开展的最重要、最核心的业务。

（7）核心资源。核心资源指企业为了执行其商业模式而需要的资产和资源，如技术、设备、人才、品牌等。

（8）重要伙伴。重要伙伴指企业为了执行其商业模式而需要与之合作的第三方，如供应商、服务提供商、战略合作伙伴等。

（9）成本结构。成本结构是指企业在经营过程中所发生的成本的构成形式。成本结构对企业的盈利能力和生存能力都有着重要的影响。

商业模式各核心组成部分的逻辑关系如图1-4所示。

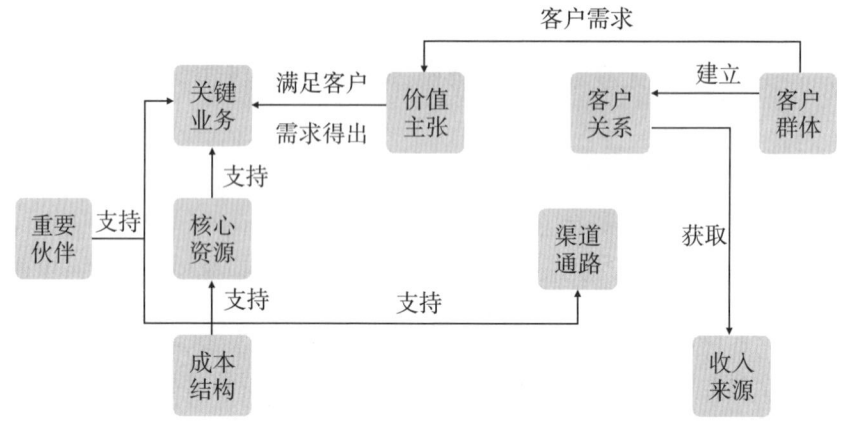

图1-4 商业模式各核心组成部分的内在逻辑关系

一个成功的商业模式应具备创新性、可持续性、盈利性和适应性。它不仅要能够为企业创造独特的价值，还要能够令企业在竞争激烈的市场环境中保持优势，实现长期的盈利和增长。

企业需要随着市场环境和客户需求的变化而不断地调整和优化其商业模式。这意味着企业需要具备敏锐的市场洞察力、灵活的决策机制和强大的执行力。

商业模式是企业成功的基础，只有精心设计和不断优化商业模式，企业才能取得持久的竞争优势。因此，企业应该将商业模式视为其发展战略的重要组成部分，并投入足够多的资源和精力进行研究与创新。

二、商业模式的分类

常见的商业模式主要有以下几种：

（1）制造商业模式。制造商业模式是一种传统的商业模式，在此模式下，企业生产产品并将其卖给客户。制造商业模式的优势在于可以通过规模效益和供应链优化来降低成本，提高利润率。采用这种商业模式的企业需要应对激烈的竞争和不断变化的市场需求带来的挑战。

制造商业模式又可细分为更多的模式，其中被采用得最多的是OPM（原创产品策划设计提供商）模式和ODM（原始设计商）模式，两者的不同之处如图1-5所示。

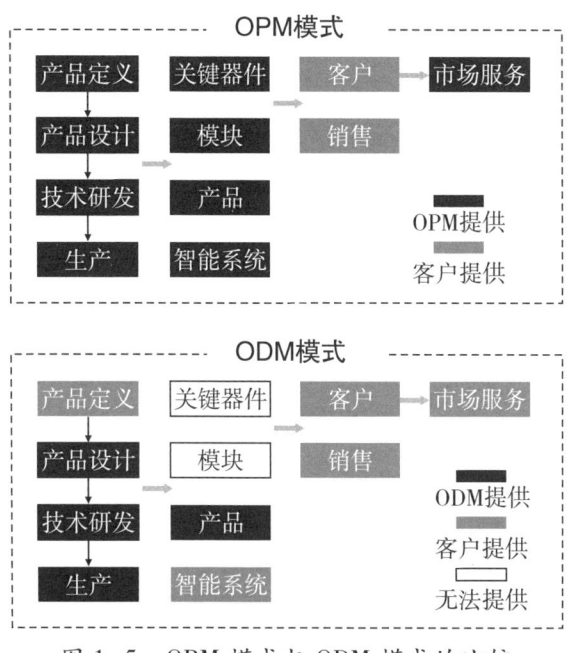

图1-5　OPM模式与ODM模式的比较

（2）平台商业模式。平台商业模式是通过建立一个交易平台来为供应商和消费者提供价值的商业模式。平台为供应商和消费者提供中介服务或增值服务，收取交易费用或佣金。平台商业模式的优势在于可以通过网络效应和规模优势来实现高速增长，但需要应对法律监管和用户隐私保护等方面的挑战。

购物平台与网约车平台都是采用平台商业模式的代表。以网约车平台

UBER（优步）为例，其商业模式中各核心组成部分的构成要素如图 1-6 所示。

主要合作伙伴： 司机与他们的汽车 支付处理 地图 API 提供 提资人	主要活动： 产品开发与管理 市场营销和客户获取 雇佣司机 司机支出管理 顾客支持	价值命题： 顾客： 等待时间缩短 比出租车更低的费用 无现金支付 可以看到 ETA 和地图跟踪 司机： 额外收入 灵活的工作时间 简易支付程序 在线支付	客户关系： 社交媒体 客户支持 评审、评定及反馈系统	客户细分： 用户： 没有车的人 大型聚会不想开车的人 喜欢贷款享受 VIP 待遇的人 想要在家门口高效打车的人 司机： 有车并且想赚钱的人 喜欢驾驶的人 希望被称作合作伙伴而不是司机的人
			渠道： 网站 App（安卓系统） App（iOS 系统）	
成本结构： 技术基础设施 永久雇员的薪金 活动推广和营销支出		收入来源： 每公里/英里的基础费　　动态加价 平民优步、优步出租车、优选轿车、优步 SUV 等 优步货运、优步顺风车		

图 1-6　UBER 商业模式中各核心组成部分的构成要素

　　（3）订阅商业模式。订阅商业模式是指客户以固定的价格定期购买产品或服务的商业模式。网文平台、爱奇艺、腾讯视频等都是采用订阅商业模式的代表。这一商业模式的优势在于可以实现稳定的现金流，但如何保持客户黏性是个大问题。

　　（4）免费商业模式。免费商业模式是指免费提供产品或服务，但通过其他方式获取收入的商业模式。最为典型的例子是搜索引擎，如百度搜索、360 搜索等，它们提供的搜索服务是免费的，主要的收入来源是广告。

　　以百度为例，其商业模式中各核心组成部分的构成要素如图 1-7 所示。

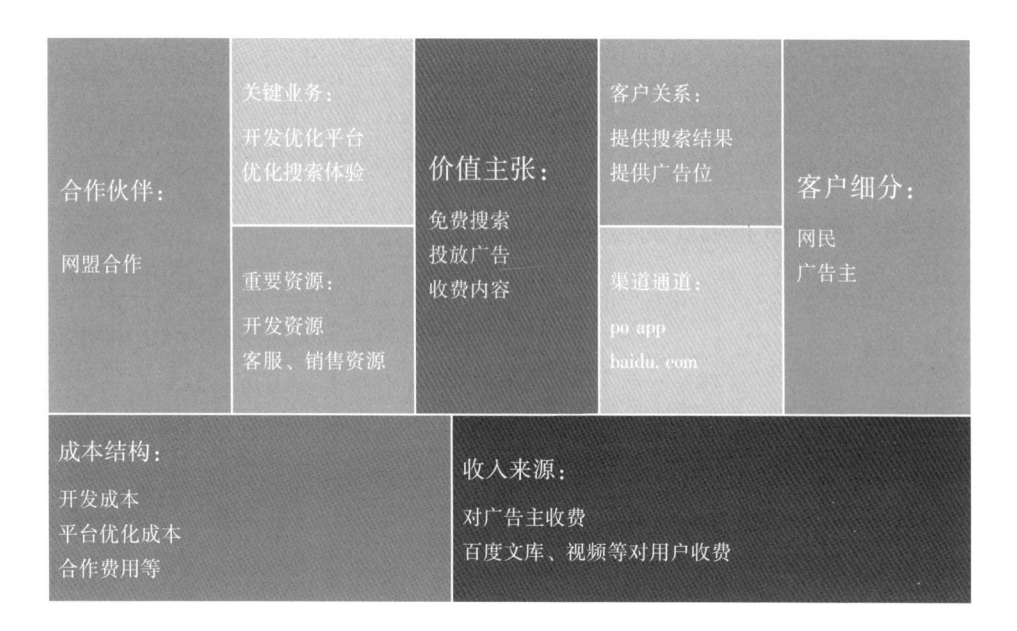

合作伙伴： 网盟合作	关键业务： 开发优化平台 优化搜索体验	价值主张： 免费搜索 投放广告 收费内容	客户关系： 提供搜索结果 提供广告位	客户细分： 网民 广告主
	重要资源： 开发资源 客服、销售资源		渠道通道： po app baidu.com	
成本结构： 开发成本 平台优化成本 合作费用等				收入来源： 对广告主收费 百度文库、视频等对用户收费	

图1-7　百度商业模式中各核心组成部分的构成要素

（5）增值服务商业模式。增值服务商业模式是指为基本产品或服务提供额外的增值服务的商业模式。常见的为手机销售提供保修和技术支持服务、为企业销售提供定制化的解决方案等都属于增值服务商业模式。增值服务商业模式的优势在于可以增加产品或服务的附加值，提高利润率，但也需要投入更多的资本和资源。

在国内，零售电商领域的千米、光云、网上管家婆、旺店通，酒旅领域的泰坦云、直客通、众荟，教育领域的校宝在线、班级小管家、云朵课堂，建筑地产领域的明源云、酷家乐、好房通、广联达，工业领域的大方工业云、黑湖智造、寄云科技，医疗健康领域的云杏、牙医管家、诊所管家，餐饮领域的商企通、客如云，物流领域的运立方、大掌柜、易流科技等都是典型的增值服务提供商（平台）。

（6）服务商业模式。服务商业模式是指通过提供服务来赚取收入的商业模式。这种商业模式常见于服务行业，如律师事务所、会计师事务所、咨询公司等都使用了该商业模式。服务商业模式的优势在于可以提供定制化的服务，更易获得较高的客户满意度和忠诚度，但在人力资源成本和管理成本上的支出也较高。

（7）分销商业模式。分销商业模式是指通过建立分销渠道将产品或服务分销给客户的商业模式。分销商业模式的优势在于可以通过分销渠道扩大市场份额和提高销售额，需要注意的是应控制分销渠道的质量和成本。

三、选择商业模式的要领

不同的商业模式适用于不同的企业和行业，企业需要根据自身的特点、市场需求和竞争环境选择合适的商业模式，也可以对既有的商业模式进行优化甚至创新，以提高企业的竞争能力和盈利能力。优化既有商业模式主要从与竞争对手形成差异化的角度着手，包括产品差异化、销售渠道差异化、售后服务差异化、商业位置差异化等。例如，茅台的产品定位总是与众不同，这体现了产品差异化；农夫山泉在每个小超市都可以买到，这体现了销售渠道差异化；谭木匠的梳子可以终身保修，这体现了售后服务差异化；"7-11"便利店大多开在道路的拐角处，这体现了位置的差异化。

在快速发展的商业环境中，正确选择商业模式对企业的成功至关重要，一个卓越的商业模式不仅能够满足客户需求，更能持续为企业带来利润。那么，企业应该如何选择适合自己的商业模式呢？这就要求企业做到以下几点：

（1）要深入理解商业模式的内涵。商业模式是企业创造价值和获取利润的核心逻辑，因此，一个成功的商业模式应该能够清晰地展示企业如何为客户创造价值并从中获取利润。

（2）必须深入洞察市场需求。企业只有做过细致的市场调研和调研结果分析，才能了解客户的真实需求和痛点，从而确定自己的价值主张和关键业务。

（3）要全面评估自身的资源和能力。企业的资源状况如资金、技术、人才等，以及其在产品研发、市场营销、运营管理等方面的能力，将直接决定其所能够采取的商业模式。

（4）要对行业的竞争格局有深入了解。通过分析行业的竞争格局，企业可以了解行业的发展趋势和竞争态势，从而确立自己在行业中的定位。

（5）在选择商业模式时，必须严格遵守国家的法律法规和政策。商业模式合法合规不仅能保护企业的利益，更能使企业免遭违法违规行为带来的法律风险和经营损失。

案 例

滴滴出行商业模式中的价值主张与关键业务

滴滴出行通过市场调研发现大众在出行方面的需求是便捷、经济、安全、环保的出行服务,由此建立起与之相对应的价值主张,主要体现在以下几个方面:

(1) 通过移动互联网技术,为用户提供"一键叫车""实时定位""在线支付"等功能,使出行变得更加简单和快速。(便捷性)

(2) 通过借鉴共享经济模式和优化路线等方式,降低了用户的出行成本,同时提高了车辆的使用效率。(经济性)

(3) 严格审核司机资质,提供"实时定位"和"紧急联系人"等功能,确保用户的出行安全。(安全性)

(4) 通过鼓励拼车等方式,减少了单车的出行次数,从而为减少空气污染提供助力。(环保性)

基于价值主张,滴滴出行提供了快车、专车、拼车、顺风车等多种出行方式,满足用户不同场景下的出行需求,这些也成为滴滴出行的关键业务。此外,滴滴出行还拓展了其他相关业务,如代驾、共享单车等,进一步完善了出行生态。

第七节 中小企业融资

一、中小企业融资的途径

中小企业在发展过程中难免需要进行融资,以下是一些可供选择的融资途径:

(1) 银行贷款。银行贷款是最传统的融资方式之一,具有资金成本低、稳定性强等优点。银行贷款主要有信用贷款、抵押贷款和担保贷款等方式。

信用贷款批准与否主要与企业的信用记录和经营状况相关，无须企业提供抵押物。这种贷款方式适用于信用记录良好、经营状况稳定的企业。银行在审批信用贷款时，会关注企业的财务报表、经营历史、市场地位以及还款能力等因素。要想保持信用贷款的持续获取能力，中小企业应保持良好的信用记录，及时偿还贷款和利息，并与银行建立良好的合作关系。

抵押贷款则需要企业提供一定的资产作为抵押，以降低银行的风险。抵押物可以是企业的固定资产，如房产、设备等，也可以是存货、应收账款等流动资产。抵押贷款通常具有较低的利率和较长的还款期限，因此相对容易获得。不过，企业需要确保抵押物的价值足够高，能够覆盖贷款金额，并在贷款期间保持良好的资产状况。

担保贷款的方式需要引入第三方担保机构为企业提供担保。担保机构可以是政府设立的担保公司，也可以是商业性的担保机构。担保贷款的优点在于降低了银行的风险，提高了企业获得贷款的成功率。不过，企业需要为此付出担保费用，这可能会使企业的融资成本增加。因此，企业在选择担保贷款时需要综合考虑成本和效益。

银行贷款这一融资途径的缺点是审批流程复杂、耗时较长，且对企业资质的要求较高。因此，中小企业在申请银行贷款时，需要充分了解银行政策，优化财务状况，提高信用等级，以增加贷款成功率。

（2）债券融资。债券融资是中小企业通过发行公司债券来筹集资金的融资方式。债券持有人与企业之间形成债权债务关系，企业需按约定支付利息并到期偿还本金。债券融资的优点在于条件更灵活、资金用途更广泛，且有助于企业树立良好形象，增强市场信心。

通过发行债券，中小企业可以筹集到较大规模的资金，进而用于扩大生产、研发新产品、进行市场推广等。债券的发行条件和利率水平通常由市场决定，企业需要评估自身的融资需求和偿债能力，以确定合适的发债规模和利率水平。

要想成功发行债券，中小企业需要具备良好的信用评级和稳定的现金流。信用评级机构会对企业的信用状况进行评估，并给出相应的信用等级。较高的信用等级可以降低企业的融资成本，提高企业债券的市场吸引力。因此，中小企业在发行债券前需要优化自身的财务状况，提高信用等级。

然而，债券融资也存在一定的门槛和风险。首先，债券融资需要企业具备一定的规模和良好的信用评级，这对于一些处于初创期或规模较小的企业来说可能是一个障碍。其次，债券市场的波动也可能给企业带来财务风险。因此，中小企业在选择债券融资之前需要谨慎评估自身的实力和市场需求。

（3）股权融资。股权融资是指中小企业通过发行股票或通过股权融资平台引入外部投资者，从而获得资金支持。这种方式不仅能为企业提供大量资金，还有助于优化企业股权结构、提升企业治理水平。股权融资的优点在于企业无须偿还本金和利息，企业的财务压力大大减轻，同时，外部投资者的引入还可以为企业带来新的资源、技术和市场机会。

通过股权融资，中小企业可以实现资金的快速筹集，外部投资者也可以成为企业的战略伙伴，共同推动企业发展。不过，股权融资要求企业具备较高的透明度和规范性，需要遵守相关法律法规和监管要求。

在进行股权融资时，中小企业需要制订详细的融资计划，计划的内容包括融资金额、资金用途、股权结构、投资者回报等。此外，企业还需要评估并披露自身的财务状况、市场前景、竞争优势等，以此来吸引外部投资者的关注。

股权融资的过程通常需要寻求专业金融机构的帮助。这些机构可以为企业提供融资策略咨询、投资者关系管理、股权结构设计等服务，帮助企业顺利完成股权融资。

股权融资也存在一定的风险，并对企业有一定的影响。一方面，外部投资者的引入可能导致企业股权结构发生变动，甚至会影响到企业的控制权。因此，中小企业在进行股权融资时需要谨慎选择投资者，并与投资者建立良好的合作关系。另一方面，股权融资需要企业承担信息披露等责任，这使企业的运营成本和监管压力增加。因此，中小企业在进行股权融资前需要充分评估自身的实力和市场需求，确保能够承担起相应的责任和义务。

（4）政府支持与补助。中小企业可以通过政府设立的中小企业发展基金、专项补助资金等渠道来获得资金支持。对于可扶持的中小企业，政府还提供了税收减免、贷款贴息等优惠政策，这大大降低了中小企业的融资成本。因此，中小企业应关注政府的政策动态和扶持方向，积极申请相关资金和项目。此外，中小企业也需要注重提高自身的技术创新能力和市场竞争力，争取符合政府的扶持标准。

（5）供应链金融。供应链金融是一种创新的融资方式，它通过整合供应链资源为中小企业提供融资解决方案。例如，基于应收账款的保理融资、基于存货的仓单质押融资等都属于供应链金融的范畴。在供应链金融中，核心企业发挥着重要作用，其信用和实力可以为上下游中小企业提供融资支持。中小企业可以通过与核心企业建立紧密的合作关系，利用核心企业的信用和实力来获得金融机构的融资支持。

（6）商业信用融资。商业信用融资是中小企业利用商业票据、应收账款、预付账款等进行融资的一种融资方式。通过与供应商、客户等合作伙伴建立良好的信用关系，中小企业可以获得短期的资金支持，缓解资金压力。

（7）租赁融资。租赁融资是中小企业通过设备租赁、融资租赁等方式获得所需资产，减轻资金压力的一种融资方式。通过租赁，中小企业可以在不增加负债的情况下获得所需的生产设备或办公设施，提高资金利用效率。

（8）合作与联盟融资。合作与联盟融资是中小企业与其他企业、行业协会或金融机构建立合作关系，共同融资的一种融资方式。通过合作与联盟，中小企业可以与多方共享资源、分担风险，提高融资的成功率和效益。

以上的每种融资方式都有其优点和适用条件，中小企业需要根据自身的实际情况和发展需求来选择合适的融资方式。

二、股权融资流程

在现代商业环境下，股权融资是一种较为流行的融资方式，尤其是对于那些比较有发展前景的初创企业来说，走上股权融资之路几乎是不可避免的。因此，在这里有必要简单地介绍一下股权融资的流程。

股权融资的基本流程如图1-8所示。

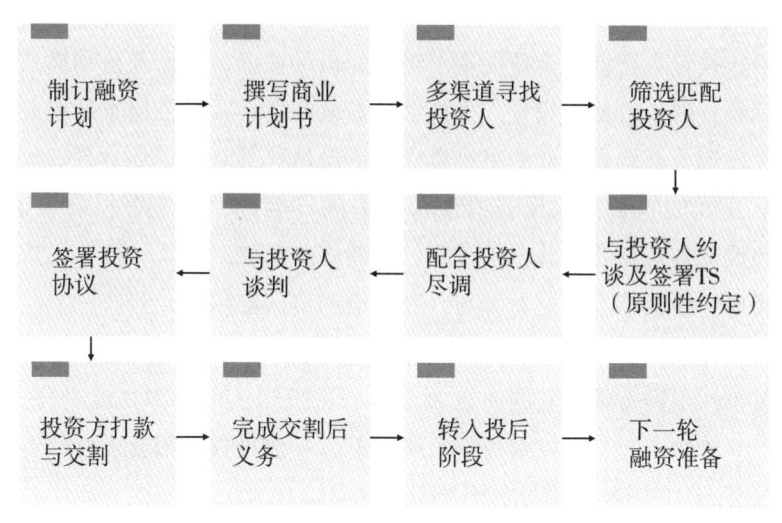

```
制订融资  →  撰写商业  →  多渠道寻找  →  筛选匹配
计划         计划书        投资人          投资人
                                              ↓
签署投资  ←  与投资人  ←  配合投资人  ←  与投资人约
协议         谈判          尽调            谈及签署TS
 ↓                                        （原则性约定）
投资方打款 → 完成交割后 → 转入投后  →  下一轮
与交割       义务          阶段          融资准备
```

图 1-8 股权融资流程示意图

受本书篇幅限制，流程上的各个环节难以一一详细解释，在此仅就其中几个环节给出一些重点提示：

（1）制订融资计划时，需要思考和厘清顶层架构，明确融资的需求和目标，秉持"效率第一、金额第二、估值第三"的原则，采取"小步快跑"的策略，同时注意时间上要留足够的提前量，以免在融到资之前就遭遇资金链断裂。

（2）商业计划书并不是写好之后就不再改动了，而是要随着融资的进程不断更新。

（3）在寻找投资人的过程中，要采取积极的态度，主动寻求媒体报道，主动参加一些创投活动，可以让身边可靠的朋友推荐投资人，也可以自己将商业计划书投递给所能联系到的投资人。

（4）筛选匹配投资人时，要先了解各个投资人侧重的投资领域、投资风格及其背后的资源。

（5）与投资人约谈时，谈话要尽量简练，因为投资人给你的时间可能不多，甚至只有几分钟，因此，言语要尽量通俗易懂，切忌啰嗦重复。如果有机会展示PPT，那么在讲解时应着重强调创始人、市场前景和成功保证三个方面的内容。

（6）投资人做尽调时，一般会调查业务、财务和法务三个方面的情况。业务方面，投资人会调查企业的基本情况、市场概况、商业及盈利模式、关键数据指标等；财务方面，投资人大概会请专业的会计师事务所来开展调查；法务方面，投资人会调查企业的重大合同、诉讼情况等。

（7）正式的投资协议是具有法律效力的，因此，在签署投资协议之前，融资方和投资方难免要展开多轮谈判，不断修改条款。在这一环节，建议聘请律师或找投资经验丰富的朋友参与，避免遭遇协议陷阱。

（8）转入投后阶段之后，要尽量配合投资人做好投后管理，如定期提供财务报表、汇报经营情况，同时也要充分利用投资人的资源来促进公司发展。当需要下一轮融资时，可以跟投资人说一下，一般投资人都会乐意给予指导甚至介绍资源。

CHAPTER 2

第二章

战略先行，筑梦未来

第一节 战略管理概述

一、战略管理的定义与内涵

战略的本质简单来说就是"选择、定位和布局",它是有目标的。从定义上看,战略管理是一个对企业战略进行设计、选择、实施和控制,直至达到企业战略目标的过程。从内涵上看,战略管理是企业先确定其使命,然后根据外部环境和内部条件设定战略目标,接着谋划落实战略目标的方法与步骤,最后依靠企业能力将这种谋划付诸实施同时予以控制的一个动态的管理过程。

战略管理的目的是通过分析、预测、规划、控制等手段,充分利用企业的人、财、物等资源,取得优化管理、提高经济效益的结果。

战略管理的基本任务是实现特定阶段的战略目标,而最高任务则是实现企业的使命。

战略管理是一个综合性的过程,它不仅关注企业当前的状态,还着眼于企业未来的发展和未来市场的变化。战略管理强调企业要对内外部环境进行深入分析,了解所处行业、市场的状况,竞争对手的情况,以及自身的优势和劣势,能够识别出关键机会和重大威胁。在对内外部环境作出一系列分析的基础之上,企业才能正确制定出适合自身的战略。此外,战略管理还强调要对战略的实施情况持续进行监控和评估。企业需要定期评估战略的实施效果,并根据实际情况对战略进行调整和优化。这种循环往复的过程能够确保企业适应市场的变化,保持竞争优势。

战略管理大师波特认为,有效的战略管理必须具备五项特质——独特的价值取向、为客户精心设计的价值链、清晰的取舍、互动性、持久性,而战略管理的核心问题则有三个——"我们在哪里""我们去哪里""我们何时行动"。三个核心问题中,"我们在哪里"要求企业明晰自己的位置和优劣势,清楚如何从广泛的市场中选择有价值的目标市场与客户,提供能够满足其需求的服务举措;"我们去哪里"要求企业明晰自己的未来发展方向;"我们何时行动"要求企业清楚了解在什么时间、采取怎样的行动才能战胜竞争对手。

加拿大麦吉尔大学教授亨利·明茨伯格（H. Mintzberg）提出了著名的战略管理"5P"模型。他认为：从企业未来发展的角度来看，战略表现为一种计划（Plan），而从企业过去发展历程的角度来看，战略则表现为一种模式（Pattern）；从产业层次的角度来看，战略表现为一种定位（Position），而从企业层次的角度来看，战略则表现为一种观念（Perspective）；此外，战略也表现为企业在竞争中采用的一种计谋（Ploy）。

关于"5P"模型各要素的具体解释如下：

（1）计划：战略是一种计划，具有全局性和长期性，它对企业的未来发展方向和目标作出了某种设定，包括各种短期和长期的目标，以及实现这些目标所需的行动步骤和资源分配方式。

（2）模式：战略是一种模式，它反映了企业一系列的具体行动和现实结果。这些行动和结果不但是战略实施前的计划或手段，而且是在实际执行过程中形成的，会随着市场环境和企业内部条件的变化而作出调整。

（3）定位：战略是一种定位，它确定了一个组织在其所处环境中的位置。对于企业而言，制定战略意味着要明确自己在市场中的位置，以及如何根据这一位置来配置资源，形成可持续的竞争优势。

（4）观念：战略是一种观念，是企业成员共享的价值观和信仰，它会影响企业的决策和行为。战略要想顺利实施，必须得到企业成员的广泛认同和支持。

（5）计谋：战略是一种计谋，能够给竞争对手以威胁。这种计谋可能涉及市场渗透、产品差异化、成本领先等各种策略。

"5P"模型为企业提供了全面的战略思考框架，企业可以根据自身情况和市场环境，从"5P"这五个要素的角度出发，制定和实施有效的战略管理策略。

二、战略管理与企业绩效的关系

战略管理与企业绩效之间存在千丝万缕的联系，可以说战略管理是企业的发展蓝图，它展示了企业未来要往哪里走，以及该怎样走，而企业绩效则是衡量企业是否正确、顺利按照发展蓝图前进的标尺。

战略管理决定了企业前进的方向和目标，它涵盖了企业在一定时期内的全局性、长远性的发展方向、任务和策略，而企业绩效显示了企业在一定时期内所取得的成果和效益，包括财务绩效和非财务绩效。通过对企业绩效进行分析，就可以清晰地了解战略管理的实施效果，进而调整和优化企业战略，使企业更好地适应市场的变化和发展的需要。因此，我们说战略管理和企业绩效是相辅相成的——战略管理为企业指明了方向，而企业绩效则是对战略管理实施效果的检验和反馈。只有战略管理得到了有效实施，企业才能够取得优异的绩效，才能够实现长远发展。

战略管理对企业绩效的影响是深远且多方面的，具体表现在以下几个方面：

（1）战略管理明确了企业长期和短期的经营目标，确保所有业务活动都围绕这些目标展开。明确的目标可以激发员工的积极性和动力，提高其工作效率，从而使企业绩效得到提升。

（2）通过战略管理，企业可以更加合理地配置人力、物力、财力等资源，这有助于避免资源的浪费和错配，确保企业的关键业务有足够的资源支持，从而提高企业的运营效率和盈利能力。

（3）战略管理使企业能够准确分析和识别市场中的机会与威胁，制定有效的竞争策略。通过采取差异化竞争、成本领先或集中化等战略，企业可以在市场上取得竞争优势，从而提高自身的市场份额和盈利能力。

（4）战略管理强调创新的重要性，鼓励企业不断研发新产品、发展新技术和增加新服务。创新不仅可以为企业带来新的增长点，还可以提升企业的品牌形象和市场地位，从而提升企业绩效。

（5）战略管理包括了对潜在风险的识别和管理，通过制定应急预案和风险应对措施，企业可以在面临市场波动、政策变化等不确定因素时保持稳定运营，减少损失。

三、战略管理的核心原则与特点

战略管理的核心原则主要包括以下几点：

（1）适应环境原则。要密切关注企业内外部环境的变化，包括市场需求、竞争态势、政策法规、自有资源等的变化，并据此调整企业战略，确保企业战略与环境保持动态适应。

（2）全局最优原则。要从全局的角度出发，考虑整体利益，而非仅仅关注局部利益。在决策过程中，应综合考虑各种因素，寻求全局最优解。

（3）长远性和前瞻性原则。不仅要关注企业的当前状况，更要重视企业未来的发展趋势。在制定战略时应具有前瞻眼光，充分考虑到未来的市场变化和技术发展情况，以确保企业可持续发展。

（4）竞争对抗原则。要重视可能面临的竞争与对抗，通过制定有效的竞争策略来提高市场占有率，增强竞争力。

（5）反馈修正原则。要清醒认识到战略管理是一个动态的过程，需要不断地获取反馈信息并随时修正战略。企业应根据战略实施的效果和市场反馈情况及时调整战略，确保战略的准确性和有效性。

以上的核心原则是战略管理的基石。

基于核心原则，战略管理呈现出以下特点：

（1）全局性。战略管理关注的是企业的整体发展，其决策和谋划是全局性的，涉及企业的整个生产经营活动，将被贯彻至企业的各个职能部门。

（2）长远性。战略管理考虑企业长期的总体生存和发展问题，着眼于未来，谋求企业的长远发展。

（3）纲领性。战略管理所制定的战略目标、战略重点、战略对策等具有方向性和原则性，是企业发展的纲领。

（4）决定性。战略管理要解决的是影响企业存在和发展的主要矛盾和经营大方向等问题，对企业的兴衰成败具有决定性作用。

（5）动态性。战略管理应适应企业内外部各种条件和因素的变化，随时可能需要作出调整或变更。

（6）效能性。战略管理重在改进管理的职能，提升企业绩效。

（7）竞争性。制定战略时，企业需要考虑自身在行业中的位置，明确自身的优势和劣势，并针对竞争对手的策略和行为拟订相应的对策，以求在竞争中获得优势。

（8）创新性。创新是有效的竞争策略之一，也是企业发展的不竭动力。

四、战略管理的主要阶段

战略管理主要包括以下阶段：

（1）战略分析阶段。这是战略管理的起点阶段，任务是对当前企业的内外部环境进行深入剖析。内部环境分析应关注企业的资源、能力、组织结构和文化等，外部环境分析则应关注市场趋势、行业结构、竞争对手的情况等。分析的核心目的是识别出企业面临的机会和威胁，明确自身的优势和劣势。

（2）战略制定阶段。在充分了解内外部环境，综合考虑企业的使命、愿景、长期目标以及当前的资源和能力的基础上，制定出适合企业的战略。可采用的战略包括成本领先战略、差异化战略、集中化战略等。战略要形成具体、详细的计划，内容包括具体的目标、实施策略、资源分配方案以及时间表等。

（3）战略实施阶段。制定好战略后，接下来的关键是如何有效地实施战略。战略实施阶段涉及组织结构调整、企业文化塑造、激励机制设计以及员工培训和沟通等多方面的内容。这一阶段决定了战略能否得到顺利执行和取得预期效果。

（4）战略评价与调整阶段。战略实施后，需要对实施效果进行定期评估，评价是否达到了预期的目标，梳理总结实施过程中出现的问题，然后基于评估结果考量是否需要对战略作出调整。

需要注意的是，战略管理的各个阶段并不是完全独立的，而是相互关联、相互影响的，例如在调整战略时，可能需要对企业的内外部环境重新作出分析。一定要意识到战略管理是一个动态循环的过程。

第二节　战略分析

一、战略分析的定义及其重要性

战略分析指的是企业为了制定有效的战略，对其所处的外部环境和内部环境进行深入、系统、全面的研究和评估。这包括对市场的竞争格局、行业发展趋势、客户需求等外部因素的分析，以及对企业自身的资源、能力、组织结构和竞争优势等内部因素的分析。通过战略分析，企业可以了解自身在市场中的定位，识别出潜在的机会和风险，从而为制定或调整战略提供决策依据。

作为战略管理的第一阶段，战略分析具有重大意义，主要体现在以下四个方面：

（1）战略分析有助于企业明确未来的发展方向和目标。通过对市场的深入了解和对竞争态势的准确把握，企业可以制定出符合自身实际和市场需求的战略规划，避免盲目发展和浪费资源。

（2）战略分析有助于企业优化资源配置。通过对内部资源进行全面评估，企业可以采取更有效的措施来合理配置和利用资源，提高资源的使用效率，增强企业的竞争力。

（3）战略分析有助于企业识别和应对潜在的风险和挑战。通过对外部环境进行监测和分析，企业可以及时发现市场变化和了解竞争对手的动态，从而制定出卓有成效的应对措施，降低企业的经营风险，赢得竞争。

（4）战略分析可以为企业创造创新和变革的机会。对市场和技术进行深入研究分析之后，企业有可能从中发现新的商业模式、技术创新方法和市场需求，从而推动企业的创新和变革，实现可持续发展。

一言以蔽之，战略分析是企业制定战略的重要基础，企业一定要高度重视战略分析工作，确保整个战略管理过程的科学性和有效性。

二、战略分析的关键要素

（一）内部环境分析

内部环境分析是指对企业内部环境的构成要素进行深入研究和评估：

（1）资源。资源包括有形资源和无形资源，它们是企业运营的基础。有形资源是企业生产活动的物质基础，包括厂房、设备、原材料等；无形资源则是企业竞争优势的重要来源，包括品牌、专利、技术秘密等。通过对这些资源的数量、质量、配置和利用效率进行评估，企业可以了解自身在资源方面的实力和潜力。在对有形资源进行分析时，要详细列出公司的物理资产，如生产设备、库存、房地产等，同时还要审视这些资源的利用情况，如生产设备的新旧程度、维护状况、技术水平、使用频率，库存的周转率，以及房地产的利用程度等。除了品牌、专利、技术秘密外，企业文化、员工技能和经验等也是企业重要的无形资源，这些资源往往难以量化，但可以通过员工满意度调查、客户反馈等方式进行间接评估。

（2）能力。能力是指企业运用资源完成特定任务或活动的本领，包括运营能力、研发能力、生产能力、营销能力、财务能力等。通过对这些能力进行评估，企业可以了解自身在市场竞争中可能存在的优势和劣势，以及需要改进和提升的地方。例如，做运营能力分析可以评估企业在生产、采购、供应链管理、库存控制等方面的效率和能力；做研发能力分析可以评估企业在技术创新、产品研发方面的实力；做营销能力分析可以评估企业在市场推广、品牌建设、客户关系管理等方面的表现；做财务能力分析可以评估企业的资金状况、成本控制情况和风险管理情况。

（3）组织结构。组织结构涉及企业的决策权分配、决策流程、监督机制等方面，决定了企业各部门之间的协作方式和权力分配，对企业的运营效率和战略实施效果有重要影响。对组织结构进行分析，就是要审查公司的组织结构，评估其是否适应当前的战略需求和市场环境，同时要分析企业内部的工作流程和决策机制，找出存在的瓶颈和低效环节。

（4）价值链。价值链是企业创造价值的一系列活动的总称，包括研发、采购、生产、营销、服务等环节。通过对价值链进行分析，企业可以了解自身在各个环节中具有的优势和劣势，确认哪些环节是创造价值的关键环节，从而有针对性地制定更加有效的战略。

（二）外部环境分析

外部环境分析是指对企业外部环境的构成要素进行深入研究和评估：

（1）宏观环境。一要分析政治与法律环境。企业所在国家或地区、合作方所在国家或地区的政府稳定性、政治制度、法律法规、政策方针等都对企业的运营有重大影响，因此，企业需要密切关注这些方面的情况，在情况发生变化时及时调整战略。二要分析经济环境。企业要关注宏观经济状况，如经济增长速度、通货膨胀率、就业水平、利率、汇率等，这些因素都会影响到企业的市场需求、成本结构和盈利能力。企业需要对相关经济数据进行跟踪，以便预测市场可能发生的变化，做好应对的准备。三要分析社会文化环境。社会文化环境包括社会的价值观、文化习俗、人口结构、教育水平等。当社会文化环境发生变化时，消费者的需求和行为也会发生变化，企业需要关注这些变化，以便调整产品和服务。四要分析技术环境。技术环境包括科技创新、技术变革、新产品等。技术的发展可能为企业带来新的机会，也可能给企业带来威胁，因此，企业需要关注技术发展动态，以便及时把握机会和应对挑战。五要分析自然环境。自然环境包括地理位置、气候条件、资源分布等。这些因素会对企业的生产运营和成本控制产生影响。例如，地理位置可能影响企业的物流成本和市场布局，气候条件可能影响企业的生产效率和产品质量。

（2）行业或产业环境。一要分析行业概况。要了解行业的基本情况，包括行业的定义、分类、发展历程、市场规模以及主要参与企业等，形成对行业的整体认识。二要分析行业发展趋势。要研究行业的历史数据、周期特点、政策变化、技术进步情况等，预测行业未来的发展方向和可能出现的变化。三要分析市场需求。要了解目标市场的消费者特征，例如消费者的消费习惯、购买力等，从中挖掘潜在的市场需求。此外，要关注市场需求的变化趋势，以便能够及时调整产品或服务。四要分析竞争格局。要了解行业内存在的主要竞争者、竞争者的市场占比、行业的进入和退出壁垒等。这有助于理解行业的竞争态势和企业在其中的地位。五要分析行业相关政策法规。要了解与行业相关的政策法规，如产业发展政策、进出口政策、环保政策等，评估监管环境，预测政策法规变化可能给行业发展带来的影响。六要分析技术动态。要了解行业的技术发展趋势和创新动态，包括新技术、新产品、新工艺等，以预测行业未来的变革方向。七要分析行业的产业链结构。分析行业的产业链结构有助于了解行业的上游供应商、下游客户以及相关的支持产业，从而把握整个产业链的发展趋势，找到潜在的合作伙伴和商机。

（3）竞争对手。一要确定竞争对手。可以根据产品或服务的相似性、替代性、功能性和互补性来划分竞争对手，也可以根据市场的结构、规模、增长和分割来划分竞争对手。此外，应将竞争对手分门别类，如分为直接竞争对手、间接竞争对手和潜在竞争对手。二要收集竞争对手的相关信息。可以通过公开渠道如官方网站、新闻媒体、行业报告、财务报表等来获取信息，也可以利用隐秘渠道如客户访谈、市场测试、秘密购物等来获取信息。平时应关注竞争对手的社交媒体活动、广告、促销活动以及公开声明等。三要分析竞争对手的市场表现。要研究竞争对手的销售数据、市场份额、客户满意度和忠诚度、市场增长率和市场占有率的变化趋势等。四要研究竞争对手的产品和服务。要研究竞争对手的产品或服务的特点、品质、价格、售后服务等，了解竞争对手的产品创新情况、研发投入情况和产品线扩展情况。五要分析竞争对手的营销策略。研究竞争对手的广告策略、促销手段、销售渠道和分销网络，分析竞争对手的品牌形象、市场定位和营销策略的有效性。六要评估竞争对手的资源和能力。具体了解竞争对手的财务状况、技术实力、人力资源情况和生产能力，分析竞争对手的研发能力、供应链管理能力和成本控制能力。七要分析竞争对手的战略方向。了解并分析竞争对手的战略规划、目标设定和战略举措，观察竞争对手对市场变化的响应速度，评估其对行业变革的适应能力。

（4）客户。一要做好数据收集工作。在法律允许的范围内，充分利用企业所掌握的渠道和技术手段（软件平台、调查问卷、在线行为追踪、社交媒体互动等），收集客户的基本信息（年龄、性别、地理位置等），获取客户的交易记录、购买历史和互动行为数据。二要做好市场细分工作。利用数据分析工具对客户信息进行综合分析，找出那些具有相似需求和特征的客户群体，再据此将市场细分为不同的部分。这有助于企业更精准地定位目标客户和制定个性化的市场策略。三要进行RFM分析。RFM分析是一种在市场营销中常用的客户细分方法，其中的"RFM"代表三个关键指标：最近一次消费时间（Recency）、消费频率（Frequency）和消费金额（Monetary）。这种分析方法可以帮助企业识别出高价值客户、需要关注的客户以及潜在客户，评估客户的价值和忠诚度，从而制定出更加精准的营销策略。四要开展人群洞察工作。要深入研究客户的行为模式、喜好和需求，找出客户的痛点和产品开发、营销、服务等工作中的潜在问题，为产品优化、个性化营销和服务改进提供有力支持。五要建立客户画像。综合各种分析结果，为每个细分市场创建具有代表性的客户画像。客户画像应能详细描述客户的特点、偏好、购买行为和潜在需求。这项工作有助于企业更直观地理解目标客户。六要善于利用数据分析工具。根据企业的具体需求和数据量，选择适合的数据分析工具，如Microsoft Excel、Power BI、Salesforce等。这些工具能够帮助企业更高效地处理和分析客户数据，获取有价值的洞察结果。七要持续监控与更新数据。客户分析是一个持续的过程，数据和分析结论应定期更新，如此企业方能及时发觉市场环境和客户需求的变化，及时调整策略。

（三）优势与劣势分析

优势和劣势是企业在市场竞争中相对于其他竞争对手所展现出的有利和不利的条件或特点。

企业拥有的优势可能是多种的，包括且不限于以下一些：

（1）市场优势。体现在企业的品牌知名度高、客户基数大、产品忠诚度高等。

（2）技术优势。体现在企业拥有强大的研发能力和创新技术，能够持续推出新产品或改进现有产品，或者拥有专利、专有技术，能够形成技术壁垒等。

（3）资源优势。体现在企业拥有稀缺的资源，如拥有稀缺的原材料、独特的地理位置、一流的人才等。

（4）成本优势。成本优势指生产成本低于同行业竞争对手。这种优势可能来源于规模化生产、流程改造、技术创新、成本管理等。

（5）财务优势。体现在企业拥有充足的现金流、稳健的财务状况和良好的盈利能力等。

（6）组织优势。体现在企业具有高效的组织结构、管理团队和决策机制等。

与上述情况相反的则为企业的劣势。

（四）机会与风险分析

机会分析主要关注市场中可能带来增长、利润和竞争优势的潜在机会。机会可能来自行业趋势、市场需求、技术进步、政策变化等多个方面。通过深入分析这些方面并找到潜藏的机会，企业就可以确定在哪些领域有发展的空间，并制定相应的市场进入策略或业务拓展计划。

风险分析则是对企业可能面临的潜在威胁和挑战进行评估。风险包括市场风险、财务风险、运营风险、法律风险等。通过风险分析，企业可以找出潜在的风险点，并制定相应的风险应对策略，降低风险对企业的影响。

机会分析的对象主要有以下一些：

（1）市场趋势与需求。研究行业报告与市场数据，了解当前及未来的市场趋势；分析消费者的需求、购买行为和偏好，识别潜在的市场增长点。

（2）技术发展与创新机会。关注新技术、新工艺和新材料的发展情况，评估其对企业产品和服务的潜在影响；探索通过技术创新来实现产品升级、成本降低或市场扩张的路径。

（3）政策环境与法规变化。分析政府的政策、税收优惠、补贴等对企业发展的支持程度；关注法规变化，如环保政策、贸易协定等的变化，评估其对企业经营的影响和蕴藏的机遇。

（4）竞争对手动态。分析竞争对手的战略调整、市场布局和产品创新，寻找开展差异化竞争的机会；关注行业内的并购、合作事件，评估其对竞争格局的影响。

风险分析的对象主要有以下一些：

（1）市场风险。分析市场需求波动、竞争加剧等因素对企业市场份额和盈利能力的影响；评估市场进入壁垒、客户忠诚度等风险点的风险高低程度。

（2）财务风险。分析企业的资金流、资产负债率等财务指标，评估企业的财务稳健性；关注汇率、利率变动等金融风险因素对企业经营的影响。

（3）运营风险。分析供应链稳定性、生产效率、质量控制等方面的潜在风险；评估人力资源、设备维护等运营环节的稳定性。

（4）法律风险。分析企业可能面临的法律诉讼、经营行为的合规问题等风险点；关注知识产权保护、数据安全等相关法律的变化。

在对上述各种关键要素进行分析时，需要注意以下三点：一是要确保所使用的数据的真实性和完整性。分析时所使用的数据必须是真实可靠的、全面的，避免因数据失真或遗漏而导致分析出现偏差。二是要确保分析的客观性。在分析的过程中，要秉持客观公正的态度，避免受主观情感或偏见的影响。三是要意识到关键要素具有动态性。各种关键要素是不断变化的，因此要定期更新数据和方法，用最新、最准确的数据作最正确的分析。

三、战略分析的工具

（一）PEST 分析

1. PEST 分析简介

PEST 分析是一种宏观环境分析工具，用于识别和评估企业所面临的外部环境因素。"PEST"指四个方面的环境，分别是政治（Political）环境、经济（Economic）环境、社会（Social）环境和技术（Technological）环境。

政治环境涉及政治形势、法律法规和政府政策，如租税政策、行政规定、法律形式、贸易壁垒、政府补贴、货币政策等。

经济环境涉及经济活动，如通货膨胀率、利率、失业率、流通率、全球经济活动和本地市场经济活动等。

社会环境涉及社会变化趋势、文化、人口结构，如教育水平、宗教信仰以及人口变化等。

技术环境涉及企业所使用的技术及技术发展趋势，如计算机技术、网络技术、交通技术以及可能影响企业的其他技术。

2. PEST分析的应用场景

PEST分析主要用于帮助企业、组织或项目团队了解外部环境的变化并据此制定和调整战略，其应用场景非常广泛。以下是PEST分析的主要应用场景：

（1）战略规划。在制定长期或短期战略规划时，PEST分析可以帮助企业全面评估外部环境的影响。通过了解政治、经济、社会和技术四个方面的变化，企业可以预测未来可能遇到的机会和挑战，从而制定出更加符合市场趋势和企业实际的战略。

（2）市场分析。PEST分析可以帮助企业深入了解市场环境，包括政策法规的变动、经济周期的影响、社会文化的变迁以及技术创新的趋势。这些信息有助于企业更好地把握市场需求，优化产品和服务，提高市场竞争力。

（3）投资决策。PEST分析可以帮助企业评估投资项目的可行性和风险。通过分析外部环境的变化，企业可以预测投资项目在未来可能面临的挑战，从而制定出更加科学合理的投资计划。

（4）政策应对。当政策法规发生变化时，企业需要及时调整经营策略以适应新的环境。PEST分析可以帮助企业研判政策法规的变动趋势，提前预测企业可能会受到的影响，并据此制定出应对措施。

（5）业务拓展。当企业计划拓展新的业务领域或市场时，PEST分析可以帮助企业评估目标市场价值的高低和潜在风险的大小。通过分析目标市场的政治、经济、社会和技术环境，企业可以更加准确地把握市场需求和竞争态势，从而制定出更加有效的业务拓展策略。

（6）危机管理。在危机出现时，PEST分析可以帮助企业快速评估危机对企业的影响程度和可能的发展趋势。通过分析政治、经济、社会和技术四个方面的变化，企业可以更加准确地判断危机的性质和严重程度，并据此制定出应对策略。

3. PEST 分析的使用方法

PEST 分析的具体使用方法如下：

步骤一：确定分析的目标与范围。

明确要分析的是哪个行业或市场的环境，以及希望通过 PEST 分析得到哪些方面的洞察结果。只有明确了分析的目标与范围，后续的工作才能聚焦。

步骤二：收集信息。

在明确了分析的目标与范围之后，就要收集政治、经济、社会和技术这四方面的相关信息，包括但不限于目标国家或地区的政策走向、法律法规、经济增长率、通货膨胀率、失业率、人口统计数据、文化背景、居民消费习惯、社会价值观，行业内最新的技术及其发展趋势，以及新技术对市场和消费者行为的影响等。

步骤三：整理和分析信息。

在收集到足够多的信息后，要对信息进行整理和分析。这一步的目的是识别出对行业或市场有重大影响的关键因素，以及这些因素可能带来的机遇和挑战。例如分析政策变化如何影响市场准入、竞争格局和运营成本，评估经济形势对行业增长、消费者信心和购买力的影响，探讨人口变化、消费习惯的改变如何影响市场需求和消费者的产品偏好，研究新技术如何改变生产方式、提高效率或创造新的市场机会。

步骤四：制定策略。

基于 PEST 分析的结果，为企业制定一系列的策略。这些策略涉及的内容可能包括调整市场定位、优化产品组合、加强研发投入、拓展新的销售渠道等。

步骤五：实施与监控。

先将策略转化为具体的行动计划，然后付诸实施，最后监控策略的实施效果。由于外部环境是不断变化的，因此需要定期重复 PEST 分析的过程，以确保策略始终适用于当前的外部环境。

步骤六：总结。

每隔一段时间都要对 PEST 分析的结果和策略执行的效果进行总结，这有助于及时发现和弥补之前分析工作中的不足之处。

4. PEST 分析工具的局限性

PEST 分析工具的局限性主要体现在以下几个方面：

（1）缺乏定量分析。PEST 分析主要侧重于定性的描述性分析，缺乏定量评估的手段，这可能导致分析结果过于主观，不够精确。

（2）预测未来的能力有限。由于外部环境的变化往往非常快速且复杂，因此 PEST 分析在预测未来趋势的准确度上是有限的。政治、经济、社会和技术四者之间的相互作用复杂多变，基于当前信息作出研判结论的 PEST 分析可能无法准确预测未来的市场变化。

（3）忽视内部因素。PEST 分析主要关注外部环境的因素，忽视了企业内部资源、能力和竞争优势等因素的影响，这导致 PEST 分析无法全面评估企业在特定市场中成功的可能性。

（4）资源消耗较大。要想开展全面而深入的 PEST 分析就需要投入大量的时间、精力和资源，无论是数据的收集还是数据的处理和分析，都是大工程。对于资源有限的企业来说，开展 PEST 分析是一个不小的挑战。

（5）易受主观看法和偏见的影响。分析人员的主观看法和偏见会影响 PEST 分析的结果。不同的人对同一样事物的看法可能会有所不同，这可能导致不同的人得出不同的 PEST 分析结果。

案 例

奶茶连锁行业的 PEST 分析

一、政治因素

政治上的影响因素主要是相关的政策法规，涉及食品安全、环保、税收等方面。奶茶店的经营必须符合相关政策法规如《中华人民共和国食品安全法》等的要求。合法经营这一点对连锁品牌来说尤为重要，因为一旦出现问题，可能会对整个品牌造成毁灭性的影响。

二、经济因素

（1）市场规模与增长。随着我国居民消费水平的提高和城市化进程的持续推进，奶茶饮品的市场规模依旧在逐年扩大。当前，奶茶已经成为最受年轻人欢迎的饮品之一，市场需求旺盛。

（2）消费者购买力。消费者购买力的不断提升使得更多人能够负担得起奶茶的消费。在繁华商业区、学校周边等地点，奶茶店的生意十分火爆。

三、社会因素

（1）消费习惯变化。如今，奶茶已经成为许多人在休闲时的必备饮品。随着健康生活理念的普及，奶茶连锁行业也开始推出更健康的低卡奶茶，以满足消费者的需求。

（2）品牌影响力。在奶茶连锁行业中，品牌影响力很重要。消费者更倾向于选择那些知名度高、口碑好的品牌。因此，连锁品牌需要注重品牌建设，提升品牌知名度和美誉度。

四、技术因素

（1）产品创新。奶茶连锁行业需要不断进行产品创新，以满足消费者日益多样化的需求。具体做法上，可以不定期地推出不同口味、不同配料的奶茶，或者与其他食品搭配进行销售。

（2）互联网技术的应用。奶茶连锁品牌可以利用线上平台进行宣传和销售，通过外卖平台、社交媒体等渠道扩大品牌影响力和销售范围。

综合各方面因素来看，奶茶连锁行业在未来较长的一段时间内有望持续稳健发展。

（二）五力模型

1. 五力模型简介

五力模型也称波特五力模型（Porter's Five Forces Model），是由美国著名经济学家迈克尔·波特（Michael E. Porter）在 20 世纪 80 年代初提出的。迈克尔·波特认为，行业中存在五种基本的竞争力量，这五种力量的状况及其综合强度决定了行业竞争的激烈程度以及行业的获利能力。五力模型为企业提供了一个清晰的分析框架，帮助企业识别行业中的关键竞争力量，企业可以根据分析结果制定有效的竞争战略。

五力模型中的"五力"具体指以下五种力量：

（1）现有竞争者的竞争能力。行业内现有竞争者的数量、市场份额、市场增长率、产品差异化程度、固定成本及库存成本的高低等因素，共同决定了企业之间竞争的激烈程度。

（2）潜在竞争者进入的能力。潜在竞争者是指那些可能进入行业参与竞争的企业。新的竞争者进入行业后会带来新的生产能力和资源，加剧行业内的竞争。潜在竞争者进入行业能产生多大的威胁，这与进入障碍和现有企业的反击程度相关。

（3）替代品的替代能力。替代品是指那些能够满足用户相同或相似需求的不同产品或服务。替代品的价格越低、质量越好，则用户的转换成本越低，对现有企业构成的威胁就越大。

（4）供应商的讨价还价能力。供应商是指向企业提供原材料、零部件、能源、劳务等资源的企业。供应商的讨价还价能力主要取决于供应商所处的行业地位、产品的可替代程度、产品的转换成本、供应商前向一体化的能力等因素。

（5）购买者的讨价还价能力。购买者是指企业所提供的产品或服务的消费者。购买者的讨价还价能力主要取决于购买者的数量、购买量、转换成本、后向一体化的能力等因素。

2. 五力模型的应用场景

五力模型的应用场景广泛，但更多被用于分析行业的竞争态势和辅助企业作出战略决策。以下是五力模型的主要应用场景：

（1）新市场评估。当企业计划进入一个新的市场时，可以使用五力模型来分析该市场的竞争环境。通过评估行业内的竞争力量，企业可以了解市场的竞争态势、潜在机会和威胁，从而制定相应的市场进入策略。

（2）竞争策略制定。企业要想提高收入或利润，就需要制定有效的竞争策略来应对竞争。五力模型可以帮助企业识别行业中的主要竞争力量，并评估这些力量对企业的影响。基于这些信息，企业可以制定出有针对性的竞争策略，如差异化策略、成本领先策略等，来获取竞争优势。

（3）行业分析。五力模型也可以用于对行业进行整体分析。通过分析行业内的竞争力量，企业可以了解行业的吸引力、竞争格局和未来发展趋势。这能为企业作投资决策提供辅助。

（4）企业战略制定。五力模型是企业制定战略时使用的重要工具之一。通过评估行业内的竞争力量，企业可以了解自身所处的竞争地位和具有的优劣势，从而制定出符合自身实际情况的战略规划，包括市场定位、产品开发、市场营销、供应链管理等方面的规划。

3. 五力模型的使用方法

五力模型的具体使用方法如下：

步骤一：确定行业边界。

企业首先要明确行业的边界，因为明确行业边界决定了竞争分析的范围。行业边界可以根据产品或服务的特点、产业链的范围、细分市场等因素来划定。

步骤二：识别竞争因素。

在五力模型中，需要识别五个主要的竞争因素：行业内现有竞争者的竞争能力、潜在竞争者进入的能力、替代品的替代能力、供应商的讨价还价能力以及购买者的讨价还价能力。

步骤三：分析每个竞争因素。

从前文中关于"五力"的介绍可知，在分析行业内现有竞争者的竞争能力时，要关注竞争者的数量、市场份额、市场增长率、产品差异化程度等因素；在分析潜在竞争者进入的能力时，要关注进入障碍、现有企业的反击程度等因素；在分析替代品的替代能力时，要关注替代品的价格、质量、用户转换成本等因素；在分析供应商的讨价还价能力时，要关注供应商提供的投入要素的价值、要素的稀缺性等因素；在分析购买者的讨价还价能力时，要关注购买者的数量、购买量、价格敏感度、转换成本等因素。

步骤四：评价各竞争因素的作用和重要性。

评价各竞争因素对企业的影响和重要性，这有助于企业确定对战略决策具有重大影响的因素有哪些。

步骤五：对竞争态势作出综合评估。

在分析、评价各个竞争因素后，对整个行业的竞争态势作出综合评估。综合评估的内容包括识别行业中的主要威胁和机会、企业所处的竞争地位等。

步骤六：制定战略。

基于五力模型的分析结果，制定出相应的战略，以应对行业中的各种竞争力量。战略可能涉及如何提高产品或服务的差异化程度、如何降低成本、如何加强供应链管理、如何提高顾客忠诚度等内容。

4. 五力模型的局限性

五力模型在分析企业面临的外部环境时是有效的，但它也存在一些局限性，主要表现在以下几个方面：

（1）具有静态性。五力模型是一个静态的分析框架，因为它假设行业内的竞争力量是固定不变的。然而，在现实中，竞争环境始终在变化，竞争力量也在变化（可能从强变弱，也可能从弱变强），而且其变化速度相当快。如果基于五力模型制定出的战略无法应对竞争环境的变化，那么它可能会对企业造成不利影响。

（2）不适合非营利机构使用。五力模型主要关注企业在行业中的盈利能力和企业的竞争策略。然而，对于非营利机构来说，它们的目标通常不是追求最大的盈利能力，而是追求某种特定的社会使命或公共利益。因此，五力模型并不适合非营利机构使用。

（3）基于理想化的假设。五力模型往往基于一些理想化的假设，例如假设战略制定者可以全面了解整个行业的信息，包括所有的潜在竞争者和替代产品。然而，在现实中，这种获取全面信息的可能性几乎是不存在的。

（4）低估长期合作关系。五力模型低估了企业与供应商、客户或分销商、合资企业之间可能建立长期合作关系以消除替代品威胁的可能性。在现实的商业世界中，同行之间、企业与上下游企业之间不一定完全是"你死我活"的关系，强强联手或强弱联手往往可以创造出更大的价值。

（5）产业竞争力构成要素考虑得不全。五力模型虽然考虑了五种主要的竞争力量，但可能忽视了其他一些重要的产业竞争力构成要素，如技术创新、政策环境、社会文化等因素，而这些因素也会对企业的竞争地位和战略决策产生重要影响。

案 例

某快餐品牌对快餐行业的五力模型分析

一、行业概况

快餐行业是一个竞争激烈的行业，以服务迅速、价格实惠和产品标准化为特点。在这个行业中，麦当劳、肯德基是典型的代表。

二、五力模型分析

（1）现有竞争者的竞争能力：快餐行业内存在众多知名品牌，如麦当劳、肯德基、汉堡王、德克士等，它们之间是直接竞争关系。这些竞争者经常通过推出新产品和优惠活动、改善就餐环境等手段来进行竞争，如肯德基就经常推出新产品并长期开展限时优惠活动来吸引顾客。

（2）潜在竞争者进入的能力：快餐行业的进入门槛相对较低，新的品牌或连锁店很容易进入市场，不过，要想建立起一定的品牌知名度并占有一定的市场份额需要投入大量的时间和资金。潜在竞争者可能以创新的产品、更低的价格或更好的服务作为竞争手段。

（3）替代品的替代能力：快餐的替代品包括正餐、方便食品等。随着大众健康饮食的意识不断提高，一些消费者可能转向选择更健康、更个性化的餐饮产品，如近几年兴起的各种健康轻食餐厅和素食餐厅就吸引了不少注重健康的消费者。

（4）供应商的讨价还价能力：规模较大的快餐连锁品牌通常与大型供应商建立了长期合作关系，以确保食材得到稳定供应，同时也实现了成本控制。由于采购量大，这些快餐品牌在与供应商的谈判中通常具有较强的议价能力。不过，在某些关键食材或特色食材上，供应商的议价能力可能更强。

（5）购买者的讨价还价能力：在快餐行业中，购买者的议价能力相对较弱，因为商品价格通常由快餐品牌统一设定。不过，随着信息获取能力的提升，如今的消费者可以更容易地比较不同品牌的商品价格和服务质量，然后通过选择其他品牌的行为来间接影响价格。

三、战略建议

基于以上的五力模型分析结果，我们可以尝试以下战略方向：

一是持续创新产品。为了满足消费者不断变化的需求和口味偏好，应持续推出新产品和改进现有产品。

二是提升服务质量。提供更快、更便捷的服务以及更舒适的就餐环境，吸引更多顾客，提高顾客满意度。

三是加强品牌营销。通过广告投放、社交媒体营销等方式来提升品牌的知名度和美誉度，吸引更多潜在顾客。

四是多元化合作与拓展。与其他品牌或行业进行合作，如与电影院、超市等合作推出联合促销活动，以扩大市场份额和增加收入来源。

五是关注健康饮食趋势。提供更多健康、营养的菜品以满足消费者对健康饮食的需求，如增加蔬菜沙拉、低脂肪汉堡等健康菜品。

（三）SWOT 分析

1. SWOT 分析简介

SWOT 分析也称态势分析法，它是由美国旧金山大学的管理学教授海因茨·韦里克（Heinz Weihrich）在 20 世纪 80 年代初提出的。SWOT 分析是企业战略管理的重要工具，可用于企业战略制定、竞争对手分析等场景。

SWOT 分析中的"SWOT"指四个方面的因素，分别是优势（Strengths）、劣势（Weaknesses）、机会（Opportunities）、威胁（Threats），因此，SWOT 分析就是分析企业的优势与劣势（内部环境因素）、机会与威胁（外部环境因素）。

优势分析主要分析企业是否具有内部优势，如技术领先、品牌知名度高、产品质量好、资金实力雄厚等。

劣势分析主要分析企业是否具有内部劣势，如管理不善、研发能力弱、产品质量不稳定、资金短缺等。

机会分析主要分析企业外部环境中是否存在机会，如市场需求增长、新技术出现、竞争对手失误等。

威胁分析主要分析企业外部环境中是否存在威胁和挑战，如政策变化、经济下滑、竞争加剧、替代品出现等。

2. SWOT 分析的应用场景

SWOT 分析的应用场景非常广泛，不仅可用于企业层面的战略规划，也可用于产品、项目、个人职业等方面的决策分析。例如，企业可以利用 SWOT 分析来评估新产品的市场前景，或者制定市场进入策略，个人则可以利用 SWOT 分析来找到适合自己的职业发展方向，制定职业规划。

以下是 SWOT 分析的一些主要应用场景：

（1）企业战略制定。企业在制定长期战略或短期战略时，可以利用 SWOT

分析来找出企业内部的优劣势以及外部环境中的机会和威胁。这样的分析有助于企业明确自身的市场定位、优化资源配置、抓住市场机会、规避潜在威胁，从而制定出符合企业实际情况的战略规划。

（2）市场竞争分析。SWOT 分析可以用来分析竞争对手具有的优势与劣势、面临的机会与威胁。企业把自己的 SWOT 分析结果与竞争对手的 SWOT 分析结果进行比较，就可以了解到自己在市场中所处的位置，能够对自身的优势和不足有清楚的认识，然后据此制定出竞争策略。

（3）新产品开发。在开发新产品时，企业可利用 SWOT 分析来评估开发项目的可行性。如果分析结果表明企业具有技术能力、生产能力、市场渠道等内部优势，而外部环境中又存在市场需求、技术进步等机会，那么企业可以考虑立项开发新产品并确定新产品的定位和市场策略。

（4）市场营销策划。SWOT 分析可以应用于市场营销策划工作，帮助企业制定市场营销策略。例如，企业可以根据自身的品牌优势和市场需求，选择合适的目标市场、产品定价、促销方式等。

（5）个人职业规划。个人可以利用 SWOT 分析来为自己制定职业规划。具体做法是通过分析自己的技能、兴趣、经验等内部优势，以及外部环境中的就业机会、行业发展趋势等，确定自己的职业目标和发展方向，并据此制定职业规划。

（6）项目决策。在进行项目决策时，SWOT 分析可以帮助项目团队评估项目的可行性。在分析项目团队的技术能力、资源等内部优势，以及市场需求、技术环境等外部机会后，项目团队可以决定是否启动项目。

（7）政策制定和评估。SWOT 分析可以帮助政策的制定者看清政策实施的内外部环境因素，并据此制定和调整政策。例如，政府可以利用 SWOT 分析来评估某项政策对当地经济发展的影响，以及政策实施过程中可能面临的挑战和机遇。

3. **SWOT 分析的使用方法**

SWOT 分析的使用方法主要包括以下几个步骤：

步骤一：明确目的、目标与范围。

在开展 SWOT 分析之前，首先要明确分析的目的、目标与范围。例如，分析的目的是进入新市场、推出新产品、改善当前业务状况，还是应对行业变化？分析的范围是整个组织，还是仅针对某个部门、产品线或市场区域？明确目的、目标与范围更有助于有针对性地开展信息收集和分析工作。

步骤二：识别优势。

找出内部环境中对企业或项目有利的因素。强大的品牌声誉、大幅领先的技术、优质的产品或服务、专业的团队和员工、极高的客户忠诚度等这些优势都有利于企业在市场上脱颖而出。

步骤三：分析劣势。

找出内部环境中对企业或项目不利的因素。不利的因素包括管理不善、研发能力弱、产品质量不稳定、资金短缺等。了解劣势有利于企业认清自己、改变自己。

步骤四：抓住机会。

找到外部环境中的有利因素，即企业或项目可以利用的机会。市场增长、技术进步、政策法规变化等都有可能成为推动企业业务增长的机会。

步骤五：应对威胁。

识别并评估外部环境中潜在的威胁。威胁可能来自政策变化、经济下滑、竞争加剧、替代品出现等。企业需要制定策略来应对这些威胁，以减少其对企业或项目的负面影响。

步骤六：制定策略。

将内部的优势、劣势与外部的机会、威胁进行匹配，形成不同的策略：

（1）优势—机会（SO）策略。这是一种利用企业内部优势来抓住外部机会的策略。当企业拥有显著的技术优势、品牌知名度、市场份额等，并且市场环境呈有利的发展形势（如消费需求增长、政策支持等）时，可以采用此组合策略。例如，一个拥有先进技术的企业，在发现市场上对高科技产品的需求日益增长时，可以迅速扩大生产规模，加大市场推广力度，以占有更多的市场份额。

（2）劣势—机会（WO）策略。这是一种利用外部机会来改变内部劣势的策略。企业应首先分析其内部劣势，了解哪些劣势是阻碍其利用外部机会的关键因素，然后制订计划来逐步改善或解决这些劣势，如寻求外部投资、更新设备、提升技术水平、优化管理流程等，待内部劣势得到改善后，企业便能有效地利用外部机会，实现快速发展。

(3) 优势—威胁（ST）策略。这是一种利用企业内部优势来减轻外部威胁影响的策略。这一策略的核心目的是最大限度地利用企业的强项和资源来减轻或规避外部不利因素对企业造成的负面影响。例如，一家拥有先进生产技术的制造商，在面对原材料价格上涨的威胁时，可以通过提升生产效率、优化成本管理等强化内部优势的措施来抵消成本增加的影响。

(4) 劣势—威胁（WT）策略。这是一种在内部劣势明显且外部威胁较严重时所采取的保守策略，核心目的是识别并改变内部劣势，同时想办法抵御或最小化外部威胁的影响。例如，一家初创科技公司在资金短缺和技术尚未完全成熟之时（内部劣势明显）又遇到行业领导者发动价格战（外部威胁严重），此时，该公司可能需要寻求外部融资（改变劣势），同时调整市场定位，寻找差异化竞争的空间（应对威胁）。

步骤七：实施与评估。

实施所制定的策略并定期评估策略的有效性。根据评估结果，及时、持续地对策略进行调整和优化。

4. SWOT 分析的局限性

SWOT 分析的局限性主要体现在以下几个方面：

(1) 易带主观性和偏见。SWOT 分析往往基于个人或小团体的主观判断，容易受到个人偏见和误解的影响。例如，对某个因素的判断可能过于乐观或悲观，导致分析结果不准确。要想减少主观因素的影响，需尽可能多地收集不同人群的意见。

(2) 过度简化问题。SWOT 分析将企业的内部因素和外部因素归纳为四个要素，但实际情况往往更加复杂，存在相互关联和相互影响的多个因素。这种简化过程可能会忽视某些重要的因素，从而影响决策的正确性。

(3) 具有静态性。SWOT 分析是基于当前情况进行的，不能全面考虑未来的变化和不确定性。然而，企业和环境都在不断发展变化，随着时间的推移，现在正确或可行的方法以后可能行不通。

(4) "内" "外" 的区分和 "利" "害" 的区分不够科学。SWOT 分析认为机会和威胁只存在于外部环境中，优势与劣势只存在于内部环境中，然而事实上，优势和劣势可能出现在企业外部，而机会和威胁可能出现在企业内部。这种区分方法忽视了企业内外部因素之间的相互影响，可能会对战略制定产生误导。

（5）忽视外部环境对内部环境的影响。尽管SWOT分析考虑了外部环境中的机会和威胁，但往往忽视了外部环境对企业内部环境的影响。例如，市场趋势、政策变化等外部因素可能会对企业的内部环境产生重大影响，使原本的内部优势变成劣势。

案 例

某智慧教育科技公司的SWOT分析

某智慧教育科技公司是一家专注于提供在线教育产品和服务的初创企业，致力于为学校、教师、学生和家长提供高效、便捷的教育解决方案。该公司在某次制定经营策略前所作的SWOT分析如下：

一、优势

（1）技术创新。公司拥有一支技术实力雄厚的研发团队，能够不断推出具有创新性的教育产品和服务。

（2）市场定位清晰。公司专注于在线教育领域，拥有明确的市场定位和目标用户群体。

（3）品牌形象和口碑良好。通过提供优质的服务和产品，公司在市场上赢得了良好的口碑，打造了良好的品牌形象。

二、劣势

（1）资金短缺。作为一家初创企业，公司面临着资金短缺的问题，这限制了公司的快速发展和扩张。

（2）市场竞争激烈。在线教育市场竞争激烈，公司需要不断提升产品质量和服务质量以吸引用户。

（3）营销渠道有限。公司的营销渠道相对有限，需要进一步拓展以占有更大的市场份额。

三、机会

（1）市场需求增长。随着教育信息化的推进和追求高质量教育的人数不断增加，在线教育市场不断增长。

（2）政策支持。政府对教育信息化的支持政策为公司提供了良好的发展机遇。

（3）技术进步。人工智能、大数据等技术的不断进步为在线教育提供了更多的可能性。

四、威胁

（1）竞争对手强大。在线教育市场已经存在一些实力强大的竞争对手，公司需要密切关注市场动态并不断提升自身竞争力。

（2）政策变化。教育政策的变化可能对公司的业务产生影响，公司需要保持对政策动态的敏感。

（3）技术风险。在线教育技术更新换代快，公司需要不断跟进技术趋势并投入研发以保持竞争力。

基于SWOT分析结果，该公司认为应采取以下经营策略：

一是发挥技术创新优势，继续加大研发投入，推出更多具有创新性的教育产品和服务。

二是加强品牌建设，通过提供优质的产品和服务来进一步提升品牌形象和口碑。

三是拓宽融资渠道，积极寻求外部投资和合作，解决资金短缺的问题。

四是拓展营销渠道，通过多种方式拓展市场，如加强线上推广、与线下机构合作等。

五是关注市场动态和政策变化，保持对市场和政策动态的敏感，及时调整业务策略以应对潜在威胁。

（四）波士顿矩阵

1. 波士顿矩阵简介

波士顿矩阵（Boston Matrix）也称四象限分析法、产品系列结构管理法等，它是由美国著名的管理学家、波士顿咨询公司创始人布鲁斯·亨德森（Bruce Henderson）于1970年首创的一种用来分析和规划企业产品组合的方法。这种方法的具体操作是根据产品的销售增长率和相对市场占有率，将不同市场表现的产品划入四个象限，即划分为四种类型的产品，然后再针对每个类型的产品制定不同的策略。

波士顿矩阵的四个象限（产品类型）分别是：

（1）明星产品（Stars）。明星产品具有高销售增长率和高相对市场占有率，它们通常是新兴市场中的领先产品或正在快速增长的市场中的佼佼者。明星产品的市场增长需要大量的投资来维持，它们也有潜力成为未来的现金牛产品。

（2）现金牛产品（Cash Cows）。现金牛产品拥有高相对市场占有率，但销售增长率不高。这些产品通常能为企业带来稳定的现金流，是企业利润的主要来源。由于市场增长缓慢，这些产品不需要大量的额外投资。

（3）问题产品（Question Marks）。问题产品具有高销售增长率，但相对市场占有率较低。这些产品可能具有潜力，但目前尚未能证明自己的市场价值。企业需要决定是对这些产品进行投资以促进其市场增长还是选择放弃。

（4）瘦狗产品（Dogs）。瘦狗产品既无高销售增长率也无高相对市场占有率，它们通常处于市场饱和或衰退的阶段，可能无法为企业带来显著的利润。对于这些产品，企业较为明智的选择是放弃。

利用波士顿矩阵，企业可以更好地理解自家的产品组合，并根据不同产品的特点和市场状况制定相应的战略决策。

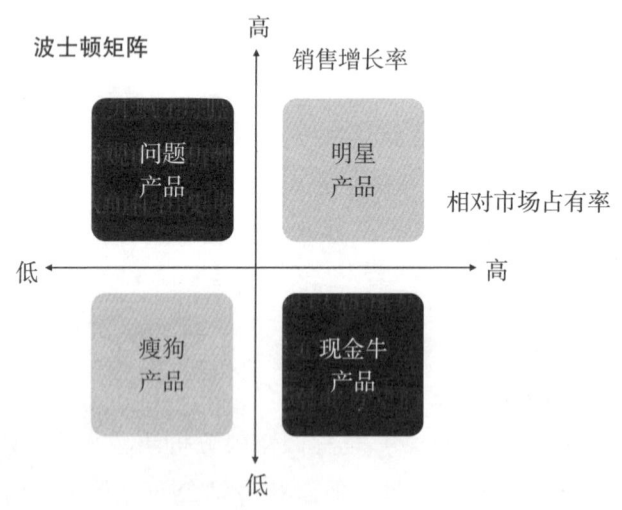

图 2-1 波士顿矩阵的四个象限

2. 波士顿矩阵的应用场景

以下是波士顿矩阵的主要应用场景：

（1）产品组合分析与优化。企业可以利用波士顿矩阵对现有产品组合进行分析，通过评估各产品的销售增长率和相对市场占有率，区分出明星产品、现金牛产品、问题产品和瘦狗产品，继而制定相应的产品策略。例如，对于现金牛产品，企业可以采取维持策略，保持其稳定的市场份额和盈利能力；对于问题产品，企业可以进一步开展市场调研，最后根据调研结果再决定是否加大投入以促使其成为明星产品。

（2）资源分配决策。波士顿矩阵有助于企业根据产品的市场地位和增长潜力来合理分配资源。企业可以将资源重点投向明星产品和有潜力的问题产品，同时为现金牛产品提供保障。通过优化资源分配，企业可以提高资源的利用效率，取得更好的业绩。

（3）战略规划与调整。波士顿矩阵可以用作企业战略规划的重要工具。企业可以根据不同产品所处的象限位置，制定相应的战略规划。当市场环境发生变化时，企业可以再次利用波士顿矩阵来辅助作出战略调整，确保产品与市场需求相匹配。

（4）业务剥离与重组。对于处于瘦狗产品象限的产品，企业可以考虑进行业务剥离以释放资源，转而专注于更有前景的产品线。这有助于企业保持竞争力并降低运营成本。

（5）市场竞争分析。企业可以利用波士顿矩阵来分析竞争对手的产品组合，了解其在不同产品领域的市场地位和增长情况。这有助于企业制定有效的竞争策略，抓住市场机遇。

3. 波士顿矩阵的使用方法

波士顿矩阵的使用方法大致有如下几点：

（1）收集数据。收集企业各产品线的销售增长率数据和相对市场占有率数据。销售增长率通常反映了市场的吸引力，而相对市场占有率则代表了企业在该市场的竞争力。

（2）绘制矩阵。在二维平面上绘制一个 2×2 的矩阵，横轴代表相对市场占有率，纵轴代表销售增长率，分出明星产品、现金牛产品、问题产品和瘦狗产品四个象限。市场增长率通常以 10% 为高低分界线（该数值可以根据行业特性进行调整），相对市场占有率则通常以 20% 为高低分界线（该数值也可根据行业特性进行调整）。

（3）产品定位。根据收集到的数据，将企业的各个产品放入矩阵的相应位置。每个产品都会落在四个象限中的一个。

（4）策略制定。对于明星产品（高销售增长率和高相对市场占有率），应加大投资以支持其迅速发展，加强其竞争地位，并尝试将其转变为现金牛产品。对于现金牛产品（低销售增长率和高相对市场占有率），应维持其市场份额并尽量延长其成熟期，同时减少对现金牛产品的投资，将节省下的现金流用于支持其他产品的发展。对于问题产品（高销售增长率和低相对市场占有率），需要进行市场调研和风险评估，决定是加大投资以促使其成长为明星产品还是放弃。对于瘦狗产品（低销售增长率和低相对市场占有率），应考虑剥离或清算，以释放资源用于那些更有前景的产品。

（5）资源分配与战略规划。根据产品在矩阵中的位置，制定资源分配策略，确保资源向明星产品和有潜力的问题产品倾斜；结合企业整体战略，调整或优化产品组合，以实现长期盈利和增长。

（6）定期更新与调整。由于市场环境和产品生命周期会发生变化，因此波士顿矩阵需要定期更新。企业应定期重新评估产品，并根据市场反馈和数据更新矩阵。

4. 波士顿矩阵的局限性

波士顿矩阵的局限性主要有以下几个方面：

（1）简化分类有局限性。波士顿矩阵将企业的所有产品简单地划分为四类，这种分类方法可能过于简化。在实际操作中，许多大型企业的产品种类可能达到数百种甚至上千种，有的产品可能难以明确地归入矩阵的某一个象限中。

（2）时间特性缺失。波士顿矩阵没有考虑时间因素，它不能反映各类产品的市场在某一特定时期内是否增长。销售增长率和相对市场占有率只是反映了产品在市场中某一时间点的状态，而无法展现市场未来的趋势。

（3）变量考虑不足。波士顿矩阵主要基于销售增长率和相对市场占有率两个变量来对产品进行分类。然而，在制定企业战略时，其他变量如企业的竞争优势、技术水平、品牌形象、客户忠诚度等也是非常重要的考虑因素，波士顿矩阵未能全面考虑这些因素，因此可能无法提供全面的战略指导。

（4）指导资源分配的作用有限。虽然波士顿矩阵可以为资源分配提供一定的指导，但它并不能确保资源分配达到最优。因为资源的分配不仅与产品的销售增长率和相对市场占有率有关，还与企业整体战略、财务状况、风险承受能力等多种因素有关。

案 例

某家电企业的波士顿矩阵应用

某国内知名家电企业拥有多条产品线，包括冰箱、洗衣机、空调等。近年来，市场竞争日益激烈，该公司希望优化产品组合，提高公司的市场竞争力。为此，该公司决定应用波士顿矩阵进行产品组合分析，具体做法如下：

首先，收集数据并给产品定位。冰箱的销售增长率适中且在同类产品中占有的市场份额较高，故将其定位为现金牛产品。洗衣机的销售增长率较高且所占市场份额也在逐步提升，故将其定位为明星产品。空调面临新兴竞争对手的挑战，销售增长率有所下降，占有的市场份额也难以提升，故将其定位为问题产品。

其次，制定策略并分配资源。对于现金牛产品冰箱，该公司计划采取措施保持住其当前占有的市场份额，并通过技术创新和品质提升来巩固其市场地位，同时优化冰箱生产流程，降低成本，提高这一产品线的盈利能力。对于明星产品洗衣机，该公司计划加大对该产品线的投入，扩大生产规模，加强市场推广，以进一步提升洗衣机的市场份额和品牌影响力。对于问题产品空调，该公司决定开展深入的市场调研，了解消费者需求和市场的变化趋势，同时加大研发投入，力求在技术上取得突破，赋予其新的定位并提升其市场竞争力。

最后，作出战略规划并定期调整。该公司根据波士顿矩阵的分析结果，明确了各产品线的市场地位和增长潜力，制定出相应的战略规划，总的指导思想是重点关注冰箱和洗衣机两条产品线的发展，同时积极探索空调产品线的改造。考虑到市场环境和消费者需求随时会发生变化，该公司确定了更新波士顿矩阵的时间周期，当矩阵中的产品位置分布发生变化时，将再次调整产品组合和战略规划。

（五）GE 矩阵

1. GE 矩阵简介

GE 矩阵也称通用矩阵或麦肯锡矩阵，它是一种投资组合分析方法，由美国通用电气公司（General Electric Company，简称 GE）设计发明。GE 矩阵将企业的业务单元划分到九个象限中，通过业务单元的象限分布情况来评估市场的吸引力和产品的竞争实力，从而为企业提供针对不同业务单元的战略指导。

在 GE 矩阵中，市场吸引力和产品竞争力（根据使用环境的不同，也可以是企业竞争力或业务单元竞争力）是两个关键的评估维度。市场吸引力分为高、中、低三档，评价时主要考虑市场规模、市场增长率、市场利润率、市场竞争强度等因素；产品竞争力分为强、中、弱三档，评价时主要考虑市场份额、技术能力、品牌影响力等因素。两个维度不同档次的组合形成了九个象限，每个象限都具有不同的战略含义，如图 2-2 所示。

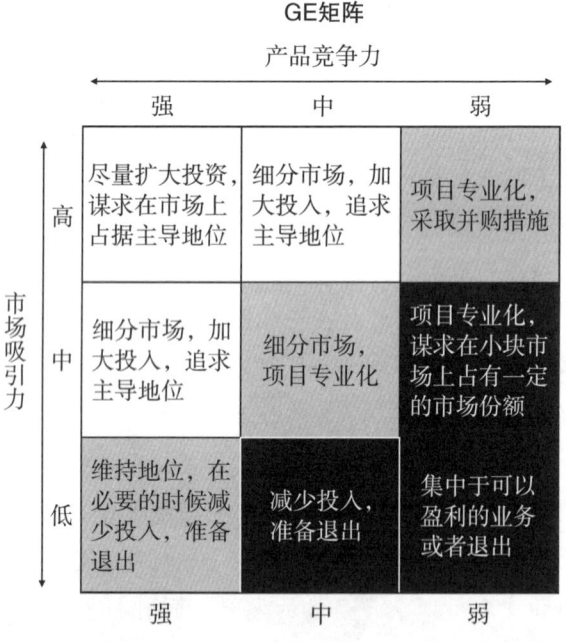

GE矩阵

市场吸引力＼产品竞争力	强	中	弱
高	尽量扩大投资，谋求在市场上占据主导地位	细分市场，加大投入，追求主导地位	项目专业化，采取并购措施
中	细分市场，加大投入，追求主导地位	细分市场，项目专业化	项目专业化，谋求在小块市场上占有一定的市场份额
低	维持地位，在必要的时候减少投入，准备退出	减少投入，准备退出	集中于可以盈利的业务或者退出

图 2-2　GE 矩阵的九个象限与对应的战略决策

处于左上角三个象限的业务单元，市场吸引力较高、产品竞争力较强，因此适合采用支持发展的战略，企业应优先分配资源以支持它们快速发展。位于右下角三个象限的业务单元，市场吸引力较低、产品竞争力较弱，通常应采用停止、转移或撤退的战略。对于处于对角线三个象限的业务单元，企业应根据具体情况采取维持战略或有选择地发展的战略。

2. GE 矩阵的应用场景

GE 矩阵主要应用在以下场景：

（1）业务组合分析。当企业拥有多个业务单元时，GE 矩阵可以帮助企业对各个业务单元的市场吸引力和产品竞争力进行综合分析。通过观察业务单元在矩阵中的定位，企业可以清晰地了解哪些业务单元具有高增长潜力和强竞争地位，哪些业务单元可能面临挑战或需要改进。

（2）战略规划和资源配置。基于 GE 矩阵的分析结果，企业可以制定出针对不同业务单元的战略规划。对于那些位于矩阵有利位置的业务单元，企业可以加大投入，以促使其进一步发展；对于那些位于矩阵不利位置的业务单元，企业可以考虑重新分配资源或进行战略性调整。

（3）产品战略选择。在产品开发或改进阶段，GE 矩阵可以帮助企业评估不同产品的市场潜力和竞争地位。这有助于企业确定哪些产品值得进一步投入资源，哪些产品可能需要调整或淘汰。

（4）市场细分和目标市场选择。GE 矩阵也可用于分析不同细分市场的吸引力和企业在这些市场中的竞争地位。这有助于企业确定最有潜力的目标市场并制定相应的市场进入策略或扩张策略。

（5）并购和剥离决策。在企业考虑并购或剥离某些目标时，GE 矩阵提供了一个客观的分析框架，企业可以通过分析目标在矩阵中的位置来评估其战略价值，从而作出更明智的决策。

3. GE 矩阵的使用方法

GE 矩阵的使用方法可以归纳为以下几个步骤：

步骤一：确定业务单元。

根据企业的实际情况对业务进行划分，形成不同的业务单元——可以基于性质、地域、产品、服务等因素进行划分，然后对每个业务单元的内外部环境进行初步分析。

步骤二：确定评价因素及权重。

市场吸引力主要由行业的发展潜力和盈利能力决定，可通过市场规模、市场增长率、市场利润率、市场竞争强度等来评估。业务单元竞争力通常可以通过市场份额、技术能力、品牌影响力等来评估。可以利用头脑风暴、专家经验法等方法来确定每个评价因素的权重。

步骤三：评估打分。

根据业务单元内外部环境分析结果，对其市场吸引力和竞争力进行评估，即按照确定的评价因素和权重进行打分，并计算加权后的分数总和。

步骤四：根据各业务单元的得分，将其放到 GE 矩阵上对应的位置。

步骤五：制定战略。

根据每个业务单元在 GE 矩阵上的位置，为其制定相应的战略。

步骤六：战略执行与监控。

制订详细的实施计划并执行。在执行过程中，及时跟踪和评估战略的实施效果，并根据市场变化和企业内部条件的变化进行调整和改进。

4. GE 矩阵的局限性

GE 矩阵的优点在于其综合考虑了市场外部因素和企业内部实力，算得上是一种全面、系统的方法，不过它也有一定的局限性。GE 矩阵的局限性主要表现在以下几个方面：

（1）主观性。对市场吸引力和产品竞争力的评估在很大程度上依赖于主观判断和经验，在确定评价因素的权重以及打分的过程中都可能受到个人偏好和主观认知的影响。

（2）动态适应性不足。市场吸引力和产品竞争力都是动态变化的，但 GE 矩阵提供的是一个相对静态的评估框架，因此，它可能无法及时反映市场的快速变化和企业内部条件的调整，导致战略决策滞后或不适配。

（3）量化程度有限。尽管 GE 矩阵尝试通过多种因素评估来提高分析的全面性，但其量化程度仍然有限。很多评价因素是难以准确量化的，这可能会导致评估结果不够精确。

（4）战略简化。GE 矩阵将复杂的战略问题简化为两个维度的思考，这可能导致一些关键的战略要素被忽视。在实际应用中，企业可能需要作更多维度的战略考量。

案 例

某纺织企业的 GE 矩阵应用

某纺织企业是一个集纺纱、织布、服装、家纺业务为一体的综合性企业集团。随着市场竞争的加剧，该企业认为需要对自家的产品组合进行战略分析，以优化资源配置，提高企业的市场竞争力。为此，该企业决定应用 GE 矩阵进行产品组合分析，具体做法如下：

第一步：评估市场吸引力和产品竞争力。

该企业首先确定了评价市场吸引力和产品竞争力的因素，并赋予各个因素相应的权重。

第二步：对各个因素进行打分。

该企业请内部专家和外部顾问为每个因素打分，然后根据权重计算出每个产品的市场吸引力和竞争力得分。

第三步：定位产品在 GE 矩阵中的位置。

根据得分，该企业在 GE 矩阵上定位了各个产品，明确了哪些产品具有高市场吸引力和强竞争力，哪些产品需要改进或淘汰。

第四步：战略决策。

对于位于矩阵左上角（高市场吸引力、强竞争力）的产品，该企业决定加大资金投入，扩大生产规模，进一步提升这些产品的市场份额和盈利能力。对于位于矩阵左下角（低市场吸引力、强竞争力）和右上角（高市场吸引力、弱竞争力）的产品，该企业计划通过市场调研和产品创新来提升这些产品的市场吸引力或竞争力。对于位于矩阵右下角（低市场吸引力、弱竞争力）的产品，该企业考虑停止生产。其他产品暂时维持现状。

第五步：实施与监控。

该企业指定专门的团队负责执行和监控战略决策的执行情况，定期开展评估和调整工作，不断优化产品组合和市场策略，以适应不断变化的市场环境。

（六）VRIO 分析

1. VRIO 分析简介

VRIO 分析是一种战略分析工具，它能够帮助企业认识自身的能力和开发内部资源，构建可持续的竞争优势。"VRIO"中的四个字母分别代表价值（Value）、稀缺性（Rarity）、难以模仿性（Inimitability）和组织（Organization）。这四个词指向四项操作：

（1）评估资源和能力的价值。企业需要评估其内部资源和能力是否能为企业带来竞争优势，即分析所拥有的资源和能力是否能使企业对威胁或机会作出有效反应。例如，一家电子产品制造公司的研发团队如果有能力设计和开发先进的电子产品，为公司带来市场上的竞争优势，那么这支研发团队就极具价值。

（2）判断资源的稀缺性。企业需要评估其有价值的资源和能力在行业中是否稀缺。如果企业的某种资源或能力也被多数竞争对手拥有，那么它就不太可能成为竞争优势的来源。在电子产品制造行业，经验丰富的研发团队、完善的生产线和供应链网络算得上是相对稀缺的资源。

（3）分析资源和能力的难以模仿程度。企业需要评估其有价值且稀缺的资源和能力是否容易被竞争对手模仿。难以模仿的资源和能力更有可能构成持续的竞争优势。例如，如果一家公司的研发团队积累了大量的技术和行业知识，并能与供应链上的各方紧密合作，那么这种深度整合和协作的能力就是其他竞争对手难以在短时间内模仿的。

（4）考察组织的支持能力。企业需要评估自己这个组织是否能充分利用这些有价值、稀缺且难以模仿的资源和能力。这需要从组织的结构、文化、管理等多方面进行评估。那些拥有高效管理架构和优秀企业文化的企业更有可能充分利用其内部资源和能力，从而在市场上保持竞争地位。

2. VRIO 分析的应用场景

作为一种战略分析工具，VRIO 分析主要被应用在需要评估和利用企业内部资源和能力以构建竞争优势的领域。以下是 VRIO 分析的具体应用场景：

（1）企业竞争战略制定。当企业需要制定竞争战略时，可以使用 VRIO 分析来评估现有的内部资源和能力。这有助于企业识别出哪些资源和能力能够带来竞争优势，并据此制定相应的战略。

(2）新业务或产品线开发。在进入新市场或设立新产品线之前，企业可以利用 VRIO 分析来评估其内部资源和能力是否能为此提供足够的支持。这有助于预测新业务或产品的市场表现，为可能面临的挑战做准备。

（3）并购与剥离决策。在考虑并购其他企业或剥离某些业务时，可以先利用 VRIO 分析来评估目标企业或业务单元的内部资源和能力。这有助于企业作出更明智的决策，使股东价值最大化。

（4）供应链管理。VRIO 分析也可用来评估供应链中的合作伙伴。通过了解供应链中合作伙伴的内部资源和能力，企业可以更好地管理供应链风险，并优化合作关系。

（5）技术创新与研发。在进行技术创新或研发投入之前，企业可以使用 VRIO 分析来评估自己现有的技术资源和研发能力。这有助于企业确定是否需要通过开展外部技术合作或收购来增强技术实力。

（6）品牌管理与市场营销。VRIO 分析可以帮助企业评估品牌和市场营销资源的价值、稀缺性、难以模仿性和组织支持情况。这有助于企业制定更有效的品牌管理和市场营销策略。

（7）人力资源管理。VRIO 分析可用于评估企业的人力资源状况，帮助企业看到自己在人力资源方面的优势和不足并制定相应的人力资源开发策略。

3. VRIO 分析的使用方法

VRIO 分析的使用方法可以分为以下几个步骤：

步骤一：明确分析目的。

在 VRIO 分析中，明确分析目的是至关重要的，因为它将指导整个分析过程并确保分析有重点、有针对性。在明确分析目的时，企业应综合考虑其长期战略目标和短期战略目标，以及当前的市场环境和竞争态势。

步骤二：确定要分析的资源和能力。

应选择那些对企业竞争优势有潜在影响的资源和能力来进行分析，这些资源和能力可能涉及技术、品牌、专利、人力资源、供应链管理等多个方面。

步骤三：从价值、稀缺性、难以模仿性和组织四个维度评估资源和能力。

第一，分析资源和能力是否能对环境中的机会和威胁作出有效反应，从而使企业的价值得到增长或帮助企业抵御外部威胁。换句话说，资源和能力必须能够满足市场的某种需求，或者能够降低企业的经营成本。第二，评估资源和能力的稀缺性。如果很多竞争对手都已经拥有相同的资源和能力，那么这些资源和能力就不太可能为企业带来持续的竞争优势。第三，评估其他不具备这些资源和能力的企业在尝试获取它们时会面临多大的成本劣势。如果这些资源和能力可以被其他企业轻易地模仿或获取，那么它们也不太可能为企业带来持续的竞争优势。第四，评估企业上下是否能被有效地组织起来，充分地利用那些有价值的、稀缺的且难以被模仿的资源和能力。主要评估企业是否有合适的组织结构、管理流程和文化来支持这些资源和能力得到最大化利用。

步骤四：参照评估结果制定策略。

基于 VRIO 分析的结果制定相应的策略。例如，如果发现某项资源和能力有价值、稀缺且难以被模仿但利用不足，那么企业可能需要对其组织结构或管理方式作出调整，以更好地利用这项资源和能力。

4. VRIO 分析的局限性

VRIO 分析的局限性主要表现在以下几个方面：

（1）主观性。VRIO 分析在很大程度上依赖于分析者的主观判断。例如，在评估资源的价值和稀缺性时，不同的分析者可能会得出不同的结论，这取决于他们的经验、知识和对行业的理解。

（2）静态性。VRIO 分析主要关注企业当前拥有的资源和能力，较少考虑外部环境的变化。但实际上，在一个快速变化的市场环境中，企业的资源和能力可能会迅速失去其价值或稀缺性。

（3）忽视动态能力。VRIO 分析侧重于评估静态的资源和能力而忽视了企业的动态能力，即企业适应环境变化、重新配置和整合资源的能力。

（4）难以量化。VRIO 分析只是提供了一个定性的评估框架，不提供量化的指标或标准，这导致很难把不同的资源进行比较。

（5）组织因素难评估。VRIO 模型中的组织维度涉及企业的运营系统、组织架构、薪酬政策等多个方面，这些方面自身非常复杂，又相互影响，这使得评估组织的支持能力具有很大的难度。

案 例

某电子产品制造公司的 VRIO 分析应用

某知名电子产品制造公司以生产智能手机和电脑为主要业务。为了保持市场竞争优势，该公司决定运用 VRIO 分析来评估其内部资源和能力。

价值维度的评估结果：公司的研发团队具备强大的技术能力，能够设计和开发出符合市场需求的先进电子产品，这为公司带来了显著的技术优势；公司拥有完善的生产线和供应链网络，能够确保高效生产和快速交付产品，从而及时满足客户的需求。

稀缺性维度的评估结果：当前的电子产品市场竞争激烈，但拥有高度专业化和强创新能力的研发团队的生产企业较少，这使得公司的研发团队成为一种稀缺资源。此外，公司拥有完善的生产线和高效的供应链管理，这在行业中也并不常见，因此也具有一定的稀缺性。

难以模仿性维度的评估结果：公司的研发团队有多年的技术积累和专业知识沉淀，这种既有深度又有广度的技术能力是其他竞争对手难以在短时间内模仿的；公司的生产线和供应链网络经过精心设计和优化，形成了独特的运营模式，这也是其他企业难以复制的。

组织维度的评估结果：公司在管理层决策、市场营销和销售方面均表现出色，能够通过不断创新和改进来提高产品质量和扩大市场份额；公司文化鼓励团队协作和创新，为员工提供了良好的工作环境和发展空间，从而充分发挥了组织的支持作用。

基于 VRIO 分析的结果，该公司得出结论：公司的研发团队、生产线和供应链网络是具有价值的稀缺资源，且难以被竞争对手模仿；公司组织能够为充分利用这些资源和能力提供支持。

根据以上结论，该公司作出了三项战略决策：

一是加强研发团队的创新能力培养，持续推出具有市场竞争力的新产品。

二是进一步优化生产线和供应链网络管理，提升生产效率和成本控制能力。

三是利用公司的品牌知名度和市场份额优势，加大市场推广力度，提升客户的忠诚度和市场份额。

通过实施以上战略举措，该公司在之后的五年内成功地保持了市场竞争优势并实现了业绩的持续增长。

除了上文介绍的几种外，还有一些其他的战略分析工具，如战略群体分析、六项思考帽、战略地图等，企业可以根据具体需求和情境进行选择和使用。但需要注意的是，每一种战略分析工具都有其优势和局限性，因此，企业在作战略分析时，最好能够综合运用多种工具，以求获得更全面、更深入的分析结果，为制定和实施战略提供有效的支持。

第三节　战略制定

一、战略目标的建立

（一）战略目标的分类

战略是要带有目标的，制定战略时必须确定战略目标。企业的战略目标可以根据不同的维度和侧重点进行分类。

如果按时间维度来进行分类，那么可把战略目标分为以下三种类型：

（1）短期目标。短期目标一般指要在 1 年内实现的目标。企业在设定短期目标时有三个考虑重点：一是目标要明确且具体。短期目标应该非常明确，最好具体到可以量化。例如"本季度销售额增长 10%"就是一个量化的短期目标。二是目标要关注当前问题。短期目标应针对企业当前面临的关键问题或主要挑战而设，着眼于解决企业的紧急需求。三是目标要关注现有资源能否得到合理利用，确保短期目标的实现过程不会过度消耗企业资源。

（2）中期目标。中期目标一般指要在 3 年内实现的目标。企业在设定中期目标时有四个考虑重点：一是要能承上启下。中期目标应在短期目标的基础上有所延伸，同时要能为长期目标的实现奠定基础。二是要能体现企业能力的提升。中期目标应着重考虑企业在未来几年内需要提升的关键能力，如技术研发、市场拓展等。三是要能体现企业的持续稳定发展。例如"市场份额每年提升 5%"的目标就体现了企业发展的持续性、稳定性。四是要有风险管理意识。在设定中期目标时应留意有哪些可能存在的风险点，并为此制定应对策略。

（3）长期目标。长期目标一般指计划花 3 年以上的时间去实现的目标。企业在设定长期目标时有四个考虑重点：一是以愿景为导向。长期目标应与企业的愿景相一致，描绘出企业未来的发展方向。二是追求行业领先。换句话说，就是要设定在行业内取得领先地位的目标，如成为某一领域的佼佼者。三是追求创新引领。如何通过技术创新、产品创新等方式引领行业发展通常是长期目标的内容之一。四是追求可持续发展。要确保企业的发展是可持续的，不仅要关注经济效益，还要考虑社会责任和环境影响。

如果按战略侧重点来进行分类，那么通常可把战略目标具体分为以下五种类型：

（1）发展性目标。发展性目标主要关注企业自身素质的提升和发展能力的增强。这通常包括扩大生产规模、提高人员素质、促进技术进步、提升管理水平、加强质量控制、创新产品开发等方面的内容。例如，某企业设下"在未来三年内实现生产规模翻倍、员工的技能水平大幅提升、引进新技术以改善生产效率、开发三款新产品、建立更高效的管理系统来提高质量控制水平"的战略目标，这个战略目标就属于发展性目标。

（2）效益性目标。效益性目标着眼于企业的经济效益和财务表现。这通常包括产出目标、投入目标以及产出与投入之间的对比目标，如成本降低、利润增加、资金利用率提高等。例如，某企业设下"在接下来的一年内，通过优化生产流程和采购策略，降低 10% 的生产成本，同时提高销售收入，以实现 20% 的利润增长率"的战略目标，这个战略目标就属于效益性目标。

（3）竞争性目标。竞争性目标着眼于提升企业在市场中的竞争地位，争取更多的顾客，扩大市场份额。竞争性目标通常也是市场目标，包括优化产品组合、拓展销售渠道、拓张市场推广以及提升营销业绩等。例如，某企业设下"在未来两年内，通过推出新产品线、拓展线上销售渠道、增加市场推广投入来提高品牌知名度，使市场份额增加 5%"的战略目标，这个战略目标就属于竞争性目标。

（4）利益性目标。利益性目标关注如何增加企业收益，以及如何提升经营者、劳动者的收入。这包括且不限于提高资本收益率、优化利润分配方式、改善薪酬福利等方面的内容。例如，某企业设下"在未来一年内，通过提高运营效率和服务质量，增加客户满意度，进而提升资本收益率10%，并相应调整利润分配方案，提高员工福利待遇"的战略目标，这个战略目标就属于利益性目标。

（5）社会性目标。社会性目标强调企业在维护各种社会关系、提升企业形象和社会影响力方面的追求。这通常包括建立与维护公共关系、承担社会责任、协调与政府的关系等方面的内容。例如，某企业设下"在未来一年内，至少参与三项社会公益活动，加强与当地政府的沟通与合作，提升企业在社区中的形象和影响力"的战略目标，这个战略目标就属于社会性目标。

需要注意的是，对战略目标进行分类仅是为了明确企业在特定方向的追求，企业可以同时追求多个类别的战略目标，实现企业的整体发展。

（二）用SMART原则建立战略目标

SMART原则是一个目标管理原则。"SMART"是"Specific"（具体的）、"Measurable"（可衡量的）、"Attainable"（可达成的）、"Relevant"（相关的）、"Time-bound"（有时限的）五个英文单词的首字母缩写，由此可知，SMART原则的作用就是帮助人们制定具体、可衡量、可达成、有关联性和有时限的目标。

基于SMART原则建立的战略目标应符合以下要求：

（1）目标必须是具体的。这意味着需要用具体的语言清楚地说明要达到的行为标准。例如"在未来三个月内，提高销售额10%"就是一个具体的目标。这样的目标明确地指出了要做什么、何时做以及做多少，这有助于领取了目标任务的人集中精力去完成任务。

（2）目标必须是可衡量的。这意味着应该有一组明确的数据作为衡量目标是否达成的依据，即目标的达成情况可以通过某种方式进行量化评估。例如"在未来三个月内，提高销售额10%"，其中的"提高销售额10%"是可以通过对比销售额的前后变化来衡量是否达成的。

（3）目标必须是可达成的。目标既要具有挑战性，也要考虑到企业的实际情况和资源限制，确保能够在合理的时间内完成。例如，在设定"在未来三个月内，提高销售额10%"的目标前，应通过分析历史销售数据和当前市场趋势来判断这个目标是否切实可行。

（4）目标必须和其他目标具有相关性。当下拟制订的目标既要与企业的长远目标相一致，也要与部门的工作职责相一致。例如，对市场部来说，"在未来三个月内，提高销售额10%"这一目标是与公司的整体增长战略相一致的，也和部门制定的市场营销策略密切相关。

（5）目标必须具有明确的截止期限。这意味着要设置明确的时间限制，使相关人员能够清晰地看到任务的进度和完成时间。例如，"在未来三个月内，提高销售额10%"就明确给出了任务完成的时间范围。

根据以上要求，企业使用SMART原则来建立战略目标需要经历以下五个步骤：

步骤一：明确具体目标。

企业需要明确并具体地描述想要达成的战略目标，包括明确要解决的问题、要改进的流程或者要达到的业绩指标等。目标应该是清晰且具体的，能够被所有相关人员准确理解。

步骤二：设定可用以衡量目标任务进度和目标达成情况的指标。

为确保战略目标的实现，企业应设下相关的衡量指标，如关键绩效指标（KPIs）等，用于跟踪和评估目标的达成情况。衡量指标必须是量化指标。有了量化指标，企业才能够客观地衡量目标任务的进度，才能够在出现异常情况时及时采取措施确保目标实现。

步骤三：确保目标可以达成。

在设定战略目标时，企业必须考虑目标的可实现性。这意味着战略目标应该既具有挑战性，又不能太过于超出企业的能力范围。因此，在设定战略目标之前，企业应充分评估现有的资源和能力。

步骤四：保持目标的相关性。

战略目标应该与企业的整体战略和发展愿景高度相关。这意味着战略目标应该与企业的核心价值观、长期规划以及市场需求紧密相连。只有确保战略目标与其他目标具有相关性，才能确保企业所有的努力都是有意义的。

步骤五：设定时限。

战略目标应当设定一个清晰的时限。这样做的好处在于，它能引导团队在限定的时间范围内集中全力去实现目标。通过设定一个明确的截止期限，企业可以有效地提升团队成员的紧迫感，鞭策他们以更高的效率去努力达成既定目标。

二、战略选择

战略选择是指企业根据确定好的战略目标,结合企业的内外部环境,在作出一系列分析和评估后,选出最适合企业发展的战略类型的过程。

战略选择与战略目标之间存在着紧密联系。首先,战略目标是战略选择的基础。企业在进行战略选择时,一般应先设定战略目标,包括企业在盈利能力、市场地位、产品创新等各个方面的目标。可以说战略目标是企业在未来一段时间内期望达成的具体成果,它为战略选择提供了明确的方向和衡量标准。其次,战略选择是实现战略目标的手段。战略选择涉及企业在发展方向、发展速度与质量、战略发展重点以及发展能力等方面的决策,而这些决策都需要根据战略目标来作出,所有的决策都是为了确保战略目标得以实现。例如,如果企业的战略目标是提高市场份额,那么企业可能作出扩大产品线、加强营销推广等决策。再次,当战略目标改变时,战略选择也需要动态调整。市场环境和企业内部条件的变化可能导致战略目标发生变动,而当战略目标发生变动时,企业应相应地对战略选择进行调整,使其能适应新的目标。这种动态调整确保了企业的战略决策始终与市场需求和内部能力相匹配。最后,战略选择与战略目标具有协同作用。正确的战略选择能够增强战略目标的可实现性,同时,明确的战略目标也为战略选择提供了清晰的指导和方向,二者相互协同,共同推动企业持续发展和构建竞争优势。

一般来说,战略选择可分为总体战略选择、业务层战略选择、职能层战略选择三大类型。

(一)总体战略选择

总体战略是指企业为实现其长期目标而制定的整体战略规划。一般情况下,总体战略涉及企业对自身在市场竞争中的定位、资源分配、业务拓展等多个方面的决策。

企业的总体战略可以从不同角度进行分类,但主要分为发展型战略、稳定型战略、收缩型战略和组合型战略四种。

1. 发展型战略

发展型战略旨在通过扩大生产规模、增加产品种类、拓展新市场等方式实现企业的快速发展。一体化战略、多元化战略、密集型发展战略都属于发展型战略。

一体化战略是指企业充分利用自己在产品、技术、市场上的优势，不断向"深"和"广"两个维度发展的一种战略。一体化战略旨在将那些联系密切的经营活动都纳入企业体系中，构建一个统一的经济实体，以实现对这些经营活动的控制和支配。这种战略有助于企业减少与上下游企业的交易成本，控制稀缺资源，保证关键投入的质量。

进一步细分的话，一体化战略又可以分为垂直一体化（纵向一体化）战略和横向一体化战略，而垂直一体化战略还可以再分为前向一体化战略和后向一体化战略。

前向一体化的目的是获得对分销商的所有权或控制权。一个典型的例子是特斯拉通过自己的直营店销售汽车，而不是依赖传统的汽车经销商网络来销售汽车。特斯拉这么做的好处有很多，包括节约经销商渠道开发费用、使品牌个性化和差异化、积累用户信息等。后向一体化的目的则是获得对供应商的所有权或控制权。典型的例子是一些大型的食品加工企业选择自己种植或养殖原材料，以确保原材料的质量和供应稳定性。横向一体化战略是把同行企业联合起来的战略。例如，在制药行业，大型制药公司往往通过并购其他制药公司来扩大产品线和市场份额。通过实施横向一体化战略，企业可以迅速增加产品种类，扩大市场覆盖面，提高竞争力。

虽然一体化战略有一些显著的优势，如提高运营效率、增强市场竞争力等，但缺点也同样突出，如对单一业务过度依赖、风险不易分散等。因此，对于是否要采取一体化战略，企业应谨慎考虑。

多元化战略指企业同时在多个相关或不相关的产业领域开展经营的战略。它可以进一步细分为相关多元化战略和非相关多元化战略。相关多元化指利用企业现有的技术、管理或市场等方面的优势，进入与现有业务相关联的新业务领域。例如，海尔集团从引进冰箱技术起步，实现了冰箱业务在国内处于主导地位后，集团开始推行多元化战略，利用其在制冷技术上的优势，推出了冰柜、空调等一系列产品。非相关多元化则是指企业进入与现有业务不相关的新业务领域。例如，澳柯玛早期依托制冷技术实施相关多元化战略，但后来改变方向，转为实施非相关多元化战略，将业务领域拓展到了锂电池、海洋生物制药、自动售货机等与制冷无直接关联的产业，旗下的产品种类达到了800多种。

密集型发展战略指企业在原有业务范围内,充分利用产品和市场潜力来寻求成长的一种战略。这种战略的实现主要有市场渗透、市场开发和产品开发三种形式。其中,市场渗透是指企业在利用现有产品和市场的基础上,通过改善产品和服务等措施,逐渐扩大销售范围,提高产品的市场占有率,具体途径包括通过各种促销手段使原有客户增加购买量、吸引竞争对手的客户、寻找新的顾客;市场开发是指企业将现有产品销售到新市场,以扩大市场范围并增加销售量,具体途径包括开拓其他区域市场和开拓细分市场;产品开发指企业针对现有市场进行新产品或改进产品的开发,以满足市场的新需求或创造新的市场机会。

2. 稳定型战略

稳定型战略的核心思想是"以守为攻",即以安全经营为首要宗旨,不轻易冒险,主张稳健前行。在这样的指导思想下,企业会坚守过去已被证明的战略目标,保持一个稳定的成长速度,不会对其核心产品或经营范围进行大的调整。

企业决定采用稳定型战略,通常传递出三个明确的信号:一是企业对过去的经营业绩感到满意,认为当前的经营模式和经营策略是行之有效的,因此决定继续追求与过去相同或相似的经营目标。保持策略的连续性能减少因策略频繁调整而带来的风险和成本。二是企业在战略规划期内并不追求业绩的迅猛增长,而是倾向于实现正常、稳定增长。稳中求进有助于企业更好地管理其资源和风险,避免遇到因过快扩张而导致的各种问题。三是企业打算继续用与过去相同或基本相同的产品或服务来满足市场需求,不会在产品或服务上进行过多的创新或变革。这么做的好处是能使企业专注于提升现有产品或服务的质量,从而更好地满足客户需求,巩固市场地位。

在稳定型战略的大旗下,有两种具体的实施策略值得关注。第一种是不增长策略,也就是企业选择维持现状,不进行大规模的扩张或变革。这种策略适用于那些对当前经营状况和市场地位感到满意的企业。这些企业可能认为,在当前的市场环境和竞争态势下,保持现状是风险最低、最稳妥的选择。此外,如果企业过去的经营成果令人满意,且内外部环境并没有发生重大变化,那么采用不增长策略无疑是一个明智的决策。第二种是微增长策略,即企业在保持稳定的基础上,寻求适度的规模扩张或新业务的发展。这种策略既保留了稳定型战略的风险可控性，又为企业带来新的增长点和市场机会。采用微增长策略，意味着企业希望在不冒过多风险的前提下，逐步拓展其业务范围和市场影响力。

总的来说，稳定型战略具有低风险和稳健的特性，它是一条企业在复杂多变的市场环境中保持平稳发展的有效路径，因此受到许多企业的青睐。

3. **收缩型战略**

收缩型战略也被称为紧缩战略或撤退战略，它是指企业出于某种目的而缩小当前经营领域和规模的一种战略。与发展型战略和稳定型战略相比，收缩型战略显得较为"消极"，但其实它蕴藏着"退一步海阔天空"的智慧。当面临困境或是市场环境变得不利时，企业暂时收缩，调整状态，为未来的发展积蓄力量，这也是一种自我保护。收缩型战略的实施时间一般是短暂的，采取该战略的目的仅是渡过难关，未来还会选择其他更有利的战略。

根据动机的不同，可以把收缩型战略进一步细分为适应性收缩战略、失败性收缩战略和调整性收缩战略。

适应性收缩战略是指企业为了适应外部环境变化而采取的收缩战略。这种战略的核心在于缩减开支、降低成本，同时维持企业的竞争力。当企业外部环境发生较大不利变化，如经济衰退、市场需求缩小或资源紧缺，可能导致企业在经营领域中处于不利地位时，企业往往需要通过采取适应性收缩战略来应对这些变化。在具体的实施措施方面，主要有放弃某些市场和产品线、对企业资源的使用进行严格控制、削减费用支出、裁员、暂停购买大额资产等。

失败性收缩战略是指企业由于经营失误导致竞争地位下降或经济资源短缺，为了保存实力而不得不采取的收缩战略。当企业经营出现失误，如市场竞争策略失败、产品或服务质量问题导致市场份额下降等，造成经济资源短缺和竞争地位下降时，企业需要采取失败性收缩战略来应对困境。在具体的实施措施方面，主要有缩小经营规模、减少投资、控制成本等，最主要的目的是最大限度地保存企业实力，为未来的恢复和发展奠定基础。

调整性收缩战略是指企业为了利用环境中出现的新机会或应对市场变化，谋求更好的发展而主动采取的收缩战略。采取这种战略是为长远考虑，并非被动应对挑战。当企业现有经营领域的市场吸引力减弱、发展活力衰减迹象明显，或者企业发现了更好的发展领域和机会，想从原有领域脱身并转移阵地时，就可能会采取调整性收缩战略。在具体的实施措施方面，主要有在原有经营领域内减少投资、压缩支出、降低费用和削减人员，逐步收回资金和抽出资源并用来开拓新的经营领域等。

4. 组合型战略

组合型战略是上述两种或三种战略的结合体。例如，一些大型企业可能在不同的事业部或业务单元中分别采用发展型战略、稳定型战略和收缩型战略，那么，我们可以说该企业使用了组合型战略。

除了上述分类外，还有学者根据企业偏离战略起点的程度，将总体战略划分为保守型战略（防御型战略）、可靠型战略（稳定型战略）和风险型战略（增长型战略）。保守型战略下，企业在维持现有市场领域和产品组合方向的基础上，进行局部的、小范围的、渐进式的变革，以维持自身的竞争优势，满足顾客的需要。可靠型战略下，企业不改变原有的产销规模和市场占有率，产品和战略目标均无改变或只做较小改变。这种战略的风险性较低，适合那些曾在一个稳定环境中成功经营的企业采用。风险型战略下，企业不满足于现状，决定改变企业原有战略目标，采取较大行动来进一步提高企业的市场占有率。

（二）业务层战略选择

企业的业务层战略主要有成本领先战略、差异化战略和集中化战略，每一种战略都有其独特的实施方式和适用场景。

1. 成本领先战略

成本领先战略的核心在于通过精细化管理和运营优化来降低成本。这一战略不仅要求企业全面审视自身的生产、运营流程，找到可以节约成本的环节，还要求企业在保证产品或服务质量的前提下，通过改进采购策略、生产自动化、节能减排等手段，实现成本的有效控制。全球零售巨头沃尔玛堪称运用成本领先战略的典范，它通过高效的供应链管理来确保货物从供应商到消费者的流通过程损耗最小、效率最高，同时利用规模经济效应，实施大批量采购，以降低单位成本，从而在零售市场上保持价格竞争优势。

2. 差异化战略

差异化战略侧重于在市场中树立独特的品牌形象和宣传独有的产品特色。实施这一战略的企业通常会投入大量资源开展产品研发，力求在产品的质量、功能、外观、用户体验、品牌影响力等方面与竞争对手形成明显区别。苹果公司是这种战略的成功实践者，其产品设计的理念独树一帜，在操作系统、硬件配置、软件生态等方面进行了深度融合和创新，为用户提供了与众不同的使用体验。差异化战略的实施不仅提高了苹果品牌的辨识度，还为苹果公司培养了一大批忠实的粉丝。

3. 集中化战略

对于那些希望深耕某一特定市场或消费群体的企业来说，集中化战略无疑是一个明智的选择。这一战略要求企业精准定位目标市场，深入了解该市场的需求、偏好和消费习惯，然后提供高度定制化的产品或服务。劳斯莱斯公司是运用集中化战略的范例，它专注于豪华汽车市场，不仅在生产工艺和材料选择上追求极致，还在售后服务和客户体验上下了大量功夫，这种专注和精益求精的态度使其在高端汽车市场上具有不可替代的地位。

除了上述被广泛运用的三种战略外，企业的业务层战略还有创新战略和联盟战略。创新战略强调企业要在技术、产品、服务等方面持续创新，以适应不断变化的市场需求；联盟战略则鼓励企业与其他相关企业建立紧密的合作关系，通过资源共享和优势互补来共同应对市场挑战。

具体选择哪一种战略，需要企业通过综合考虑自身的资源储备、竞争对手的动态、市场环境的变化和自身发展的需要来作出决定。

（三）职能层战略选择

职能层战略是企业整体战略框架的一个重要组成部分，它与企业的总体战略和业务层战略紧密相连。职能层战略主要关注企业内部的各个职能领域，确保这些领域能够有效地支持总体战略和业务层战略的实现。根据职能层战略的特点和目标，我们可以将其分为生产运营型职能战略、资源保障型职能战略和战略支持型职能战略。

1. 生产运营型职能战略

生产运营型职能战略着眼于企业的核心运营活动，是确保企业想要提供的产品或服务得以落地实现的关键，它通常涉及从产品研发到生产、质量控制以及供应链管理的全过程，包括了研发战略、筹供战略、生产战略、质量战略等子战略。其中，研发战略关注的是如何创新并不断优化产品或服务，以满足市场和客户的需求；筹供战略侧重于确保供应链高效运作，管理好原材料采购、库存以及与供应商的关系；生产战略关注的是如何提高生产效率、优化生产流程以及降低成本；质量战略致力于确保产品或服务达到高标准且保持质量稳定。

2. 资源保障型职能战略

资源是企业发展的基础，而资源保障型职能战略的作用就是确保企业能够获取资源并高效利用资源。资源保障型战略主要涉及企业的财务管理、人力资源管理和信息化建设等方面，因此又可分出财务战略、人力资源战略、信息化战略等子战略。其中，财务战略关注的是如何筹集资金、分配资金以及进行风险管理，以确保企业的财务能力稳健、持续增长；人力资源战略侧重于人才的招聘、培训、激励和保留，目标是建立一支高效、有竞争力的团队；信息化战略则致力于推动先进的技术和系统的应用，目标是提高企业的运营效率和决策能力。

3. 战略支持型职能战略

战略支持型职能战略包括了组织结构战略、企业文化战略、公共关系战略等子战略，其主要作用是帮助企业在组织结构、企业文化和公共关系等方面构建良好的内外部环境。组织结构战略关注的是如何设计和优化企业的组织架构，以提高组织的决策效率和响应速度；企业文化战略致力于塑造积极、健康且能够激发员工创造力的文化氛围；公共关系战略旨在建立并维护与各利益相关方的良好关系，提升企业的品牌形象和声誉。

三、战略方案的评估

（一）战略方案的成本效益分析

战略方案的成本效益分析是一个对拟定的战略方案进行经济评估的过程，目的是确定该方案是否经济可行。

成本效益分析的基本内容如下：

（1）确定目标与范围。明确分析的目标，例如"评估一个新市场进入策略的成本效益"，并界定分析的范围，包括时间跨度、涉及的部门或业务单元等。

（2）数据收集与预测。收集相关的成本数据，如直接成本（原材料、劳动力等）和间接成本（管理费用、折旧等）。预测战略方案实施后可能获得的效益，包括直接效益（如销售额增加）和间接效益（如品牌影响力提升）。

（3）成本估算。根据收集到的数据，估算战略方案的实施总成本，包括初始投资成本、运营成本以及可能付出的风险成本。

（4）效益估算。估算战略方案实施后可能获得的总效益，包括直接效益和间接效益。直接效益可能包括销售额增加、生产成本降低等，间接效益可能包括客户满意度提高、品牌形象提升等。

（5）成本效益分析。把估算出的总成本和总效益进行比较，可利用的方法包括计算净现值（NPV）、内部收益率（IRR）、投资回收期等。例如，可通过计算净现值来确定项目的净收益是否大于零，从而判断项目的经济可行性。

（6）敏感性分析。考虑关键变量（如原材料价格、销售价格、市场需求等）在合理范围内变动时对成本效益的影响。这有助于了解战略方案涉及的项目在不同情境下的经济表现，以及哪些因素对项目的成功至关重要。

（7）作出决策。如果综合分析后得到的结论是效益明显大于成本，且敏感性分析显示所涉项目在不同情境下均能保持较好的经济效益，那么可以认为战略方案是可行的。反之，如果得到的结论是成本大于效益，或者敏感性分析显示所涉项目风险较高，那么可能需要调整战略方案或重新评估。

需要注意的是，以上仅是一个通用的成本效益分析内容框架，企业在实操中可能需要根据战略方案所涉项目的特点和要求来进行调整。此外还需要注意的是，成本效益分析的开展通常需要跨部门协作，需要听取多方面专家的意见，以确保其准确性和全面性。

（二）战略方案的风险评估

对战略方案进行风险评估是一个系统性的过程，涉及多个方面的深入分析和考量。

以下是战略方案风险评估的大致行动框架：

（1）设定评估目标和范围。一是要明确评估目标，即确定风险评估的主要目的是识别潜在风险、衡量风险大小，还是制定风险应对策略。二是要界定评估范围，即根据战略方案的内容和目标，确定风险评估涉及的业务领域、需要的资源投入和时间跨度等。

（2）收集相关信息。要收集相关的内部信息和外部信息。内部信息有企业内部与战略方案相关的历史数据、业务报告、市场调研资料等，外部信息有行业动态、市场趋势、政策法规、竞争对手的动向等。

（3）识别风险。主要通过环境分析和内部审查来识别风险。环境分析是指通过对政治、经济、社会、技术等方面作出分析，识别出那些可能影响战略方案实施的外部环境风险点。内部审查是指检视企业的内部资源、能力和业务运营等方面，找出潜在的弱点和风险点。

（4）分析风险。分析风险的主要手段是定性分析和定量分析。定性分析是指对识别出的风险进行主观判断，评估其发生的可能性和潜在影响。定量分析是指利用统计数据和模型对风险进行量化评估，以便更精确地衡量风险的大小。

（5）评估风险影响。主要评估风险对战略目标的影响和对企业运营的影响。评估工作的主要内容是分析风险对实现战略目标有哪些潜在影响，如是否会导致时间延误、成本增加、市场份额减少等，以及分析风险可能对企业日常运营、供应链管理、客户关系等方面产生哪些影响。

（6）制定风险应对策略。一是要有风险规避策略，即能够通过调整战略方案或业务模式来避免潜在风险发生。二是要有风险减轻策略，即能够采取措施降低风险的发生概率或影响程度。三是要有风险转移策略，即能够通过保险、合同等工具将风险转移给第三方。四是要有风险承担策略，即能够接受经评估后认为可以承担的风险。

（7）监控与调整。既要持续、定期对战略方案作风险评估，及时发现和解决潜在的问题，又要根据风险评估的结果和市场反馈适时对战略方案进行必要的调整和优化。

风险评估可用的方法主要有 PESTEL 分析法、模拟法和场景分析法：

（1）PESTEL 分析法。"PESTEL"是政治的（Political）、经济的（Economic）、社会的（Social）、技术上的（Technological）、环境的（Environmental）、法律的（Legal）六个词的英文首字母缩写，该方法正是通过对这六方面的因素进行分析来识别外部环境中可能潜藏的风险威胁。在政治因素方面，需要评估政府政策变化对战略或战略所涉项目的影响，如贸易政策的调整可能会影响原材料的进口成本，某国的政治动荡可能会影响企业在当地的业务运营。在经济因素方面，需要分析经济增长率、通货膨胀率和失业率等经济指标，预测市场需求的波动，还需要考虑汇率变化对出口业务的影响。在社会因素方面，需要关注人口统计数据的变化，如老龄化趋势可能会对产品定位产生影响；需要注意社会文化的变化，如消费观念的转变可能会影响市场需求。在技术因素方面，需要评估新技术的发展对产品或服务的影响，如新技术的出现可能使现有产品变得过时；需要关注数字化和互联网技术的发展情况，它们可能对营销策略产生影响。在环境因素方面，需要考察环保相关法律法规对生产流程的影响；需要注意气候变化对企业运营的影响，如突发的极端天气事件可能导致供应链中断。在法律因素方面，需要了解法律法规的变更，如知识产权相关法律法规的调整可能会对技术研发策略产生影响。

（2）模拟法。这是一种基于一定的假设条件和数据，借助仿真技术来预测风险的方法。使用模拟法来识别风险，首先要建立模型，即根据历史数据和专家意见，建立一个能够反映战略实施过程中各种因素的数学模型。模型建好后，运行该模型，得出模拟结果，通过对模拟结果进行分析，便可识别出潜在风险。

（3）场景分析法。场景分析法与模拟法类似，需要先设定假想的场景，然后考虑不同场景下的市场需求、竞争态势和政策环境等，找出在各种场景下战略实施的潜在风险。

综合运用以上三种方法，企业就可以较为全面地识别在往后的战略实施过程中可能遇到的风险。

第四节　战略实施

一、战略实施的前期准备

（一）战略方案的深入理解与共识形成

在战略实施的前期准备中，深入理解战略方案并形成共识是至关重要的。企业可以采取如下一些具体的方法来实现这一目标：

（1）详细解读战略方案。组织召开专门的会议或研讨会，由战略规划团队或高层管理人员对战略方案进行详细解读。通过PPT、图表、视频等多种形式直观地展示战略方案的核心内容、目标、路径和预期成果。

（2）开展小组讨论。将员工分成多个小组，每个小组都针对战略方案中的某方面内容进行深入讨论，提出问题和建议。通过小组讨论来促进员工的交流与思考，使他们对战略方案有深入理解。

（3）提供培训与辅导。针对员工在战略理解上的盲点和难点，组织专门的培训活动对员工进行辅导。在此过程中，可以邀请外部专家或咨询顾问前来授课，帮助员工更好地把握战略方案的精髓。

（4）利用内部沟通渠道。通过企业内部网站、公告栏、电子邮件等沟通渠道，定期发布关于战略方案的解读文章，鼓励员工在内部论坛或社区中提问、分享心得，形成良好的交流氛围。

（5）建立反馈机制。设立专门的反馈渠道，鼓励员工对战略方案提出自己的看法和建议。对于有价值的反馈，应及时给予回应并考虑纳入战略调整措施中。

（6）强化企业文化建设。强化企业战略与企业文化的关联，让员工从内心认同企业战略。通过企业文化建设活动，如企业年会、团建活动、庆典仪式等，不断强调和宣传企业战略。

以上措施可以有效促使员工深入理解战略方案，并在企业内部形成广泛共识，从而为战略方案的有效实施奠定坚实的基础。

（二）资源盘点与准备

在战略实施的前期准备中，资源盘点与准备也是一个重要环节，做好资源盘点与准备对于战略实施具有重要意义。

首先，做好资源盘点与准备能够提升资源的利用效率。通过资源盘点，企业可以全面了解和掌握自身所拥有的各类资源，包括人力、物力、财力等。这有助于企业根据战略需求合理分配资源，避免资源浪费和不必要的投入。例如，通过盘点人力资源，企业可以发现员工的专业技能和特长，从而根据他们的优势进行岗位调整，提高人力资源的利用效率。

其次，做好资源盘点与准备能够优化资源配置。资源盘点可以帮助企业了解自身资源的数量和质量，以及资源的分布情况和利用状况，这为企业优化资源配置提供了有力支持。通过对比行业均值和标杆数据，企业可以找出自身在资源配置上存在的问题和不足，进而制定有针对性的改进措施，这有助于提升企业的竞争力和市场地位。

再次，做好资源盘点与准备能够降低战略实施的风险。企业在战略实施前期做全面的资源盘点和准备，能更容易发现那些潜藏的风险并做好预防措施。例如，通过对财务资源进行盘点，企业可以评估自身的财务状况和偿债能力，从而制订出合理的财务预算和资金使用计划，避免在战略实施过程中出现资金不足导致战略实施受阻的现象；盘点物力资源可以帮助企业检查生产设备的状态和原材料的储备情况，确保战略实施过程中不会出现设备故障、物资短缺等意外情况。

企业可依照以下步骤做好资源盘点与准备工作：

步骤一：明确资源盘点的范围和目标。

确定需要盘点的资源类型，如人力资源、物资资源、财务资源、技术资源等。明确盘点的目标是了解现有资源状况，为战略实施提供足够的资源支持。

步骤二：收集和分析资源数据。

通过企业内部的信息系统、财务报表、人力资源档案等途径，收集各类资源的相关数据。对收集到的数据进行整理和分析，了解各类资源的数量、质量、使用状况以及存在的问题。

步骤三：评估资源需求和资源差距。

根据战略规划和实施计划，评估未来一段时间内对各类资源的需求。对比现有资源状况和未来需求，找出资源差距，明确需要增加或减少的资源类型和数量。

步骤四：制订资源准备计划。

根据资源需求和资源差距，制订详细的资源准备计划，包括资源的采购、租赁、调配等方面的具体措施。对资源准备计划进行优先级排序，确保关键资源能够及时到位。

步骤五：执行与监控。

按照资源准备计划，逐步落实各项措施，确保资源及时到位并得到合理利用。定期对资源准备计划的执行情况进行监控和评估，及时发现问题并对计划进行调整。

二、战略实施的关键步骤

（一）目标分解与任务分配

把目标进行分解并把任务分配下去，这是战略实施的第一步。要将整体战略目标细化为具体可执行的任务，明确各部门、团队及个人的责任。具体做法如下：

（1）将战略目标分解为具体、可执行的任务。每项任务都应该有明确的完成标准和时间节点。

（2）为每项任务设定合理的完成时间。

（3）根据任务的重要性和紧急程度，为各项任务设定优先级别，确保关键任务得到优先处理。

（4）在分配任务之前，要对企业的资源和能力进行全面评估，了解各部门、团队和个人的优势与特长。

（5）根据资源和能力评估结果，将任务合理分配到各部门、团队和个人，确保每项任务都由合适的人来承担。

（6）在分配任务时，要明确各项任务的责任人、完成时间和期望成果，确保每个人都清楚自己的职责和目标。

（二）组织结构调整与优化

对组织结构进行调整和优化，这是战略实施的第二步。要根据战略需求调整组织架构，确保组织结构与战略目标相匹配。企业可通过以下具体的方法来有效地实现组织结构的调整与优化，更好地为战略实施提供支撑：

（1）明确组织结构调整的目的。在进行组织结构调整之前，首先要明确调整的目的——是为了更好地实现战略目标，还是为了提高运营效率，又或是为了响应市场变化。

（2）分析当前组织结构存在的优势和不足。通过全面的组织诊断来了解现有组织结构的运行状况，识别存在的问题。

（3）设计新的组织结构。根据战略目标和市场需求，设计新的组织结构。这可能涉及部门的增减、职能的调整以及权责关系的重新划分等。在设计的过程中，要充分考虑企业的资源、能力和文化等因素，确保新的组织结构既符合战略需求，又具备可操作性。

（4）制订实施计划。明确组织结构调整的时间表、步骤和具体责任人。制订详细的沟通计划和培训计划，确保所有相关人员都了解并接受新的组织结构。

（5）实施组织结构调整。按照实施计划逐步推进组织结构的调整，这可能包括人员调动、部门合并或拆分、流程重塑等。在实施过程中，要密切关注员工的反馈和市场的反应，在出现问题时及时调整实施方案。

（6）评估和调整。在组织结构调整后的一段时间内，要对组织结构的运行效果进行评估，具体可通过员工满意度调查、运营效率分析等方式来进行。根据评估结果，对组织结构进行必要的微调，以确保其能够更好地服务于战略目标。

在实现组织结构调整与优化的过程中，需要注意三点：一是要保持沟通渠道顺畅。要确保信息及时、准确传递，减少误解和阻力。二是要关注员工需求。要关注员工的心理和需求，为他们提供必要的支持和帮助。三是要持续改进。组织结构调整与优化不是一蹴而就的，而是一个持续的过程，要时刻保持对市场变化和内部需求的敏感，不断根据获取到的信息调整和完善组织结构。

（三）资源调配与资源配置优化

调配资源和优化资源配置是战略实施的第三步。要合理分配人力、物力、财力等资源，确保关键业务得到足够的资源支持。企业可通过以下方法来实现资源的调配与资源配置的优化：

（1）评估与分析资源现状。对企业现有的资源进行全面清查和评估，包括人力资源、财务资源、技术资源、物资资源等；分析资源的需求和供给情况，了解资源是冗余还是不足；以战略规划为导向，以市场需求为基础，确定资源调配的目标和原则。

（2）制订资源调配计划。根据战略规划和市场需求，预测未来资源的需求量和需求结构；制订详细的资源调配计划，包括资源的来源、分配、利用方式和时间安排等；确保资源调配计划与企业的战略目标保持一致，并考虑资源的可持续利用问题。

（3）实施资源调配。按照资源调配计划，逐步落实各项资源调配措施；加强跨部门、跨团队的沟通与协作，确保资源的合理流动和共享；实时监控资源的使用情况，及时调整资源调配策略，以满足战略实施的需要。

（4）优化资源配置。根据战略实施过程的实际情况，不断优化资源配置方案；通过引入新技术、新工艺等方式，提高资源的利用效率；加强人才培养和引进，提升企业整体的资源管理能力。

（5）建立反馈与调整机制。建立资源调配的反馈机制，及时了解资源调配的效果和遇到的问题，并根据反馈情况，对资源调配方案进行调整和优化，以确保资源配置能够满足战略实施的需要。

(四) 沟通与协调机制构建

要建立有效的内部沟通渠道，加强部门之间的协调与合作，形成战略实施的合力，同时确保在战略实施过程中信息能够畅通无阻，如此方能提高团队的协作效率，从而推动战略顺利实施。

建立沟通与协调机制需要从明确沟通的目标与内容、建立多层次的沟通渠道、采用多样化的沟通方式、建立有效的协调机制以及强化与沟通协调有关的培训这几个方面入手。

（1）明确沟通的目标与内容。确定沟通的主要目标——是传递信息、协调行动，还是解决冲突。确定需要沟通的内容，包括战略目标、实施计划、任务分配、进度报告等。

（2）建立多层次的沟通渠道。要建立正式的会议制度，定期召开与战略实施相关的会议，如项目启动会、进度汇报会、总结会等；要建立非正式的交流平台，如午餐会、茶话会等，鼓励员工在日常工作中多交流。

（3）采用多样化的沟通方式。沟通的方式有很多种，常见的有书面沟通、口头沟通和电子沟通。书面沟通是通过报告、邮件等形式来沟通，优势是能确保信息准确、完整地传递。口头沟通包括面对面交流、电话会议等，优势是能够及时反映和澄清问题。电子沟通指利用企业内部通讯工具或平台来沟通，优势是能够提高沟通效率。

（4）建立有效的协调机制。设立战略实施协调小组，由其负责统筹各部门的协作。制定明确的协作流程和责任分工，确保各部门的工作有序进行。建立问题解决机制，对战略实施过程中出现的问题及时响应并进行处理。

（5）强化与沟通协调有关的培训。开展与沟通协调有关的培训，提高员工的沟通能力和团队协作精神；通过加强企业文化建设来强化员工之间的沟通协调意识，形成积极向上的工作氛围。

（五）监控与评估体系构建

要设定关键绩效指标来衡量战略实施效果，定期评估战略实施的进展，以便能及时调整战略实施方案。

构建有效的监控与评估体系需要明确监控与评估的目标、确定关键绩效指标、建立信息收集与分析系统、制定监控与评估流程、建立反馈与改进机制以及持续学习与优化,这些步骤将有助于战略得到有效实施并达到预期效果。

(1) 明确监控与评估的目标。要清晰地定义监控与评估的具体目标,这些目标应该与企业的战略目标相一致。

(2) 确定关键绩效指标。根据监控与评估的目标,确定一系列关键绩效指标。这些指标应该是可量化的,能够客观地反映战略实施的进展和效果。例如,可以使用项目进度、成本和质量等指标来监控项目的实际执行情况。

(3) 建立信息收集与分析系统。设立数据收集机制,确保能够及时、准确地收集到与关键绩效指标相关的数据。选择合适的数据分析工具,对收集到的数据进行处理和分析,以便了解战略实施的实际情况。

(4) 制定监控与评估流程。设定定期评估的时间节点,如每季度、半年或每年进行一次全面评估。明确各项绩效指标的评估标准,以便对战略实施的效果进行客观评价。如果评估结果显示战略实施过程存在偏差或问题,应及时进行调整。

(5) 建立反馈与改进机制。建立反馈机制,确保监控与评估的结果能够及时反馈给相关部门和人员,以便他们了解战略实施的进展和问题。当发现问题时,制定具体的改进措施并跟踪其实施情况,确保问题得到有效解决。

第五节　战略评价与调整

一、战略评价与调整的目的

战略实施之后,企业还需要做好战略评价与调整工作,这主要出于以下几个重要原因:

(1) 检验战略的有效性。战略评价可以帮助企业了解战略是否取得预期的效果。通过对比战略实施前后的业绩指标,可以衡量战略是否成功,是否达到了既定的目标。

(2) 适应环境变化。市场环境是不断变化的——新的竞争者可能出现、客户需求可能发生改变、政策法规可能有所调整,战略评价与调整能让企业及时发现这些变化，对战略作出相应的调整，以适应新的环境。

（3）发现与纠正偏差。在战略实施的过程中，可能会出现一些意料之外的偏差或问题。定期的战略评价有助于发现这些问题，使企业能够及时调整战略来纠正偏差，保证企业朝正确的方向发展。

（4）提升组织的学习与创新能力。战略评价与调整的过程本身就是一种组织学习。通过对战略实施经验进行总结和反思，企业可以不断提升自身的战略制定和执行能力，同时激发组织的创新精神。

（5）保持竞争优势。在竞争激烈的市场中，持续开展战略评价与调整是企业保持竞争优势的关键。只有不断审视和调整自身战略，企业才能在竞争中保持领先地位。

（6）增强风险抵御能力。通过定期的战略评价，企业可以及时发现并消除潜在的风险点，从而增强对风险的抵御能力，确保企业稳健发展。

二、战略评价的方法

战略评价的方法包括以下几点：

（1）市场分析评价。分析市场的规模、增长趋势以及企业所占市场份额的变化；评估竞争状况，包括竞争对手的战略动态和市场反应；通过市场调研和客户反馈，了解战略实施后的市场接受度和客户满意度。

（2）财务绩效评价。对比战略实施前后的财务指标，如收入、利润、成本等，审视战略的实施是否对财务情况产生了积极影响；使用财务比率分析法，计算和解读财务报表中的各项比率，如流动比率、速动比率、资产负债率、应收账款周转率、存货周转率、销售利润率、成本费用利润率、收入增长率和利润增长率等，评估战略对企业财务健康的影响。

（3）内部运营评价。评估战略实施后企业内部运营流程的效率和有效性；检查资源配置是否合理，包括人力、物力、资金等方面；分析战略对企业文化和组织结构的影响。

（4）风险管理评价。分析战略实施过程中出现的风险点，评估企业的风险管理策略和应对措施是否有效。

（5）利益相关者分析。审视战略实施对所有利益相关者的影响，包括股东、员工、客户、供应商等，评估战略是否加强了企业与各利益相关者的关系。

（6）持续学习与改进。回顾战略实施过程中成功与失败的案例，吸取经验教训；通过组织内部研讨会、开展培训等方式，促进知识共享。

（7）综合评价与反馈。综合定量数据和定性分析，对战略实施效果进行综合评价；定期召开战略评审会议，收集各方的反馈意见并讨论未来是否有必要作出战略调整。

企业应确保战略评价过程的客观性和公正性，可以邀请外部专家或专业的市场研究机构参与评价。

三、战略调整的步骤

在取得战略评价的结果后，企业可以按照以下步骤进行战略调整：

步骤一：仔细分析战略评价结果。

企业应深入剖析战略评价的结果，找到自身存在的优势和劣势以及面临的机会和威胁。把评价结果与既定的战略目标进行对比，找出两者之间的差异，从而了解到有哪些需要改进的地方。

步骤二：重新设定或修正战略目标。

当战略评价结果与既定战略目标差异过大时，企业可能需要重新设定或修正战略目标，以确保其与当前的市场环境和企业能力相匹配。重新修正的战略目标同样应该具有可衡量性、可达成性，并与企业的愿景和使命相一致。

步骤三：调整战略定位。

当战略评价结果与既定战略目标差异过大时，企业还可能需要调整战略定位，以更好地满足市场需求和客户偏好。这可能涉及重新定位产品或服务、改变目标市场等。

步骤四：优化资源配置。

根据新的战略目标和战略定位，重新分配资源，确保关键业务获得足够的资源支持，同时应削减在低效业务上的投入。

步骤五：制订具体的行动计划。

制订详细的行动计划，同时要确保每个部门都清楚自己的职责和目标，以及如何实现这些目标。

步骤六：加强沟通与协作。

确保战略调整的信息在整个组织内充分传递，加强各部门之间的协作沟通，为战略调整的顺利实施提供保障。

步骤七：持续监控与评估。

持续监控关键绩效指标，以确保调整是按照计划进行的。此外，要定期评估战略调整的效果，并根据需要随时再调整。

步骤八：加强组织文化建设，提升组织的灵活性。

强化对企业核心价值观的宣传，进一步加强组织文化建设，确保员工都能支持和理解战略调整的必要性，同时要注重提升组织的灵活性，使组织能够更好地适应市场环境的变化。

CHAPTER 3
第三章

管理有道，
稳步前行

第一节　企业管理概述

一、企业管理的定义及其作用

管理的本质简单来说就是实现目标。企业管理是对企业的生产经营活动进行计划、组织、指挥、协调和控制等一系列活动的总称。它是社会化大生产发展的客观要求和必然产物，其核心目标是确保企业高效、有序地运转，能够适应不断变化的市场环境和实现长远发展。

企业管理涉及对人力资源、财务、物资、设备、技术、市场等多个方面的管理，能够促进资源的合理利用、优化企业的运作流程、激发员工的积极性和创造力、有效控制和监督生产过程，使企业的竞争力和盈利能力不断提高，实现持续增长。

具体而言，企业管理主要具有以下作用：

（1）实现战略目标。企业管理通过合理规划、组织、领导和控制等管理功能，为企业实现其既定的战略目标助力。企业可以通过有效的管理来确保企业资源得到合理利用，生产效率得到提高，从而顺利完成各项任务。

（2）提升效率和效益。企业管理能够优化业务流程，提高工作质量和工作效率。企业可以通过合理的资源配置和团队协作来减少浪费、降低成本，从而提升企业的整体竞争力和市场地位。

（3）建立组织结构。企业管理有助于建立合理的组织结构，明确各部门的职责和权限，这不仅有利于实现工作协同，还能促进信息有效流动，进而提高企业的反应速度和决策效率。

（4）激发员工潜力。科学的企业管理会为员工提供培训和发展机会，建立公平的激励机制，这有助于提高员工的工作满意度，增强员工对企业的归属感和忠诚度，从而激发出员工的潜力，提升员工工作的主动性，为企业创造更大的价值。

（5）实现有效决策。企业管理使管理者能够充分收集信息并基于信息分析结构作出明智的决策。

（6）塑造和维护企业的声誉和形象。好的企业管理可以塑造和维护企业的声誉和形象，为企业赢得多方的信任和支持，从而提升企业的市场竞争力。

二、企业管理的对象与内容

（一）企业管理的对象

企业管理有多个管理对象，每个对象都对企业的运营和发展起到至关重要的作用。一般来说，企业管理的核心对象主要有以下几个：

（1）人力资源。人力资源是企业最宝贵的资产。员工不仅是劳动力，更是企业创新、发展和文化传承的基石。有效的人力资源管理需要关注员工的选拔、培训、绩效评估以及激励机制的设计。只有做到合理配置人力资源，才可以确保每个岗位上都有合适的人才，从而推动整个组织协同发展。

（2）物力资源。物力资源是企业生产经营的物质基础。物力资源包括生产设备、办公设施、仓储场地以及生产所需的原材料等。只有合理配置并管理物力资源，才能确保企业生产的连续性和高效性。

（3）财力资源。财力资源是企业运营的资金保障。企业的财力资源包括企业的自有资金、借入资金以及通过各种融资渠道筹集的资金。

（4）信息资源。在数字化时代，信息资源已成为企业决策和运营的重要依据。信息资源所指的"信息"，包括市场数据、客户反馈信息、内部运营数据等。通过对这些信息进行搜集、整理和分析，企业能够更准确地把握市场动态和客户需求，从而作出更明智的决策。

（5）技术资源。技术资源是企业创新和竞争力的源泉。企业所拥有的专利、技术秘密、研发能力等都属于技术资源。管理技术资源的意义在于推动企业的技术研发和创新活动，即推动企业通过技术进步来提升产品质量、降低成本并开拓新市场。

（二）企业管理的内容

企业管理的内容丰富多样，涵盖了企业运营的方方面面，包括组织管理、人力资源管理、生产管理、质量管理、供应链管理、市场营销管理、客户关系管理、财务管理与风险管理等。因详细阐释需要较大的篇幅，故我将这些内容均编排为独立的小节，读者将在后文中看到。

三、企业管理的层次与结构

企业管理的层次与结构为企业的整体运营提供了稳固的支撑和基础。我们也可以把企业管理的层次与结构和人体进行类比：高层管理是"头部"，凭借敏锐的洞察力和前瞻性思维掌控全局，指引战略方向，确保企业能在市场竞争中取得优势。中层管理如同"躯干"，承载着将高层战略转化为实际行动的重任。中层管理者们需要协调各方资源，推动项目的实施，确保各项任务能够高效完成。基层管理则是"四肢"。基层管理人员是企业执行力的源泉，负责具体工作的落实和细节的把控。只有"身体"的各个部分相互连接、共同协作，企业这个"生命体"才能活动自如、充满活力。

（一）企业管理的层次

企业管理通常可以分为高层管理、中层管理、基础管理三个层次：

高层管理层次上的管理者是董事长、总经理、副总经理等高级管理人员，他们的职责主要是负责企业的整体战略规划、重大决策的制定和监督以及宏观层面的控制和协调，他们的管理目标是确保企业具有长期发展和盈利的能力。

中层管理层次上的管理者是部门经理、项目经理等中级管理人员，他们的职责主要是执行高级管理人员的决策指令，同时管理和协调基层管理人员的工作。中层管理人员需要具备较强的沟通能力和执行力。

基层管理层次上的管理者是班组长、领班等基层管理人员，他们的职责主要是指导和监督员工的具体工作，管理日常生产活动。基层管理人员需要具备良好的团队合作能力和解决问题能力。

也有观点认为企业管理可分为基础管理、分析管理、共同管理三个层次：

基础管理层次是企业管理的最低层次。这一层次的管理重在控制不利于企业的行为，如约束和规范员工行为，以确保企业有秩序地运行。管理内容包括标准化、定额管理、计量管理、档案管理、计划管理、统计核算管理、员工培训等。

分析管理层次是在基础管理层次之上的一个层次。这一层次的管理侧重于企业运营数据的分析和控制，即重在通过数据分析和数据控制来引导、激发有利于企业生产经营活动的行为。管理内容主要是进一步细化生产经营行为，结合各岗位的职能，用数字指标对其进行控制，例如对销售数据、生产数据等进行分析，找出问题并向相关部门提出改进措施。

共同管理层次是企业管理的最高层次。这一层次的管理重在培养全体员工的参与意识，催生主动创造、积极管理的行为。管理内容主要是培养良好的企业精神面貌，通过建立共同的价值观和目标来激发员工的创造力。

基础管理、分析管理、共同管理这三个层次相互关联、层层递进，体现了企业管理从微观到宏观、从具体到抽象的渐进过程。

（二）企业管理的结构

企业管理的结构是展现企业内各职能部门之间关系的框架。常见的企业管理结构有以下几个：

（1）功能性管理结构。这种管理结构备受大型企业的青睐，因为它能够实现资源的最大化利用和专业化管理。在这种结构下，企业被划分为多个职能部门，如市场营销部门、生产制造部门、人力资源部门、财务部门和研发部门等，每个部门都由专业人员组成，专注于各自的领域——市场营销部门致力于市场调研、品牌推广和销售策略的制定，生产制造部门负责产品生产计划制订、生产流程管理和质量控制，人力资源部门负责员工的招聘、培训、绩效评估以及员工关系管理，财务部门专注于公司的财务计划、预算控制和成本分析，研发部门则不断追求产品创新和技术研发。

功能性管理结构的优势在于它能够实现资源的集中利用和专业化管理。企业可以根据各职能部门的需求合理分配资源，确保资源得到高效利用。此外，每个职能部门都有明确的职责范围，这有助于追踪和解决问题，提高工作效率。

不过，功能性管理结构也存在一定的不足，尤其是存在容易导致部门之间沟通不畅的问题。各部门专注于自身职能，有可能导致形成信息壁垒，影响跨部门协作。要解决这一问题，企业必须建立起有效的沟通机制和跨部门协作流程，搭建起信息共享的渠道。

（2）产品（项目）管理结构。在产品（项目）管理结构下，企业以单个产品或项目为核心，围绕其展开全面的管理活动。这种管理结构注重对产品或项目的全生命周期进行细致管理，从概念形成、设计开发到市场推广、销售，再到后期的服务与支持，每一个环节都受到严格的监控。

产品或项目经理在这种结构中扮演着至关重要的角色，他们不仅负责协调各方资源，确保项目顺利进行，还要处理项目实施过程中出现的各种问题，保证项目的质量、成本和进度能够达到预期目标。此外，他们还需要与市场营销、生产制造、技术研发等相关部门保持密切沟通，确保项目的需求得到及时满足，以及产品的性能和质量达到预期标准。

产品（项目）管理结构的优势在于具有灵活性和目标导向性。每个产品或项目都有明确的市场目标和市场定位，这使得企业能够快速响应市场变化，及时调整产品策略或项目策略。此外，通过集中资源对特定产品或项目进行管理，有助于提高资源的利用效率，减少浪费，从而增加企业的竞争力。

（3）区域性管理结构。在区域性管理结构下，企业根据地理区域或市场特点，将自身的业务和管理活动划分为不同的区域，并针对不同区域实施不同的管理策略。这种管理结构能使企业更好地适应不同地区的市场环境、消费者需求和文化差异，实现业务的本地化和高效运营。

采用区域性管理结构的企业通常会设立区域总部或分支机构，由其负责管理和协调某区域内的所有业务活动。这些区域总部或分支机构拥有一定的自主权和决策权，有权根据当地市场的实际情况灵活调整产品策略、营销策略和人力资源管理策略，以更好地满足当地消费者的需求。

区域性管理结构的优势在于具有灵活性和针对性。通过划分不同的管理区域，企业可以更加精准地把握不同地区的市场动态和消费者需求，从而制定出更符合当地市场特点的管理策略。此外，这种结构也有助于企业快速响应市场变化，及时调整战略方向，提升市场竞争力。

采用区域性管理结构也会遇到一些挑战。例如，如何保持各区域的一致性和协同性，避免产生各自为政、资源浪费等问题；如何确保区域总部或分支机构的管理人员具备足够的专业素养和管理能力，能够应对当地市场的复杂性和多样性；等等。要想克服这些挑战，企业需要建立完善的沟通机制和协作流程，加强各区域之间的信息共享和资源整合，同时还要加强对区域管理人员的培训和支持，提升他们的专业素养和管理能力。

（4）矩阵式管理结构。矩阵式管理结构是一种结合了传统组织结构和职能结构的新型管理结构。在这种结构下，企业保留了传统组织结构中的上下级管理关系，同时融入对职能部门（如生产部门、研发部门、销售部门等）的横向管理。

这种管理结构的核心特点是员工可能会同时向两个或更多的上级报告——通常是向一个职能上级和一个项目上级（产品上级）报告。例如，在一个研发项目中，项目组成员可能既需要向项目经理报告项目的进展情况，又需要向所属职能部门的经理报告专业技能的提升和应用情况。这种双重或多重汇报关系的存在使得员工需要在工作中协调不同领导的要求和指导，因此，它要求员工具备更高的灵活性和高效处理工作的能力。

矩阵式管理结构的优点在于它能够有效地管理多个单位之间的资源，促进资源共享和优化配置。此外，该结构还有助于缩小责任划分的界限，加强不同部门的协同作用，从而改善企业内部的沟通和决策流程。特别是在复杂多变的市场环境下，矩阵式管理结构能够帮助企业作出更加灵活和快速的响应。

采用矩阵式管理结构也会遇到一些问题，如员工的角色和职责有一定的模糊性，容易出现角色冲突和多重指挥的问题。此外，企业需要一个复杂的管理系统来协调不同部门和项目之间的协作，这可能会增加管理成本和管理难度。

（5）平面管理结构。平面管理结构又称扁平化管理结构，它是一种尽量减少中间管理层级，使组织更加紧凑、高效的管理结构。在这种结构下，决策权被下放，员工被赋予更多的自主权和决策权，从而能够快速响应市场变化和客户需求。平面管理结构强调信息的快速传递和共享以及团队成员之间的紧密协作，这有助于提高组织的灵活性和创新能力。

平面管理结构有以下四个特点：一是层级减少。与传统的多层次管理结构相比，平面管理结构减少了中间管理层级，使得高层管理者与基层员工之间的信息传递更加直接、快速。二是决策权下放。在平面管理结构中，决策权被下放到更基层的员工手中，这有助于员工根据实际情况迅速作出决策，决策的灵活性和时效性得到提高。三是强调团队协作。由于管理层级减少和决策权下放，因此团队成员需要更加紧密地协作，共同完成工作任务，而提倡团队协作有助于提高员工的工作积极性和整体绩效。四是适应市场变化。平面管理结构使得企业能够更加灵活地应对市场环境的变化，当市场环境发生变化时，企业可以迅速调整战略和业务流程，保持竞争优势。

这些管理结构各有特点，适用于不同类型、不同业务需求的企业。企业应根据自身特点和业务需求来选择适合的管理结构。

四、企业管理的方法与手段

企业管理的方法有很多种，不同的管理方法有不同的特点，但最常用的主要是三种：传统管理方法、科学管理方法和人际关系管理方法。

（一）传统管理方法

传统管理方法主要强调层级结构和管理权威。在这种管理模式下，决策权高度集中于上层管理者，组织的运作通过明确的指挥链和层级关系来维持。这种方法的特点主要体现在以下五个方面：

（1）层级结构清晰。企业内部有明确的层级划分，每个层级有不同的职责和权力范围。

（2）管理权威突出。上级对下级有明确的指导权和监督权，下级需要服从上级的决策和指挥。

（3）经验依赖。决策主要依赖于管理者的经验和直觉。

（4）稳定性强。注重组织的稳定性和秩序，通过严格的规章制度来确保员工的行为符合组织要求。

（5）灵活性低。由于缺乏标准化的流程和制度，决策和执行情况往往与个别管理者的管理风格紧密相关。

以上特点也决定了传统管理方法可能导致决策过程烦琐、官僚主义盛行以及员工参与度低等问题。

传统管理方法的主要应用场景：

（1）小型企业或初创企业。规模较小的企业更多地依靠管理者的个人经验和直觉来进行管理，因此多采用传统管理方法。

（2）需要快速响应和灵活决策的环境。在这种环境中，传统管理方法可能更为有效。

（二）科学管理方法

科学管理方法旨在通过科学的分析和规划来提高工作效率。这种方法的特点有以下四个：

（1）标准化和系统化。强调通过标准化的程序和制度来提高工作效率，即通过分析和优化工作流程以及制定标准化的工作程序来确保每个员工都能以最高效率完成任务。

（2）数据驱动。决策基于数据和客观分析，而非主观判断或经验。

（3）劳动分工明确。明确了每个员工的职责和任务，这有利于取得最高工作的效率。

（4）注重培训与激励。对员工进行系统培训，确保他们掌握正确的工作方法，并通过激励措施来提高他们工作的积极性。

科学管理方法的优点在于能够显著提高员工的工作效率，缺点是忽视了员工的个性和创造性，容易导致工作变得单调乏味。

科学管理方法的主要应用场景：

（1）大型企业。大型企业通常更加需要通过系统化和标准化的管理方法来确保自身高效运行。

（2）需要精确控制流程和衡量工作绩效的领域，如制造业和物流业。

（三）人际关系管理方法

人际关系管理方法强调建立良好的人际关系和团队合作，重视提高员工的工作满意度和团队协作能力。这种方法的特点有以下三个：

（1）注重沟通和激励。建立良好的沟通机制，鼓励员工交流、合作，共同解决问题、完成任务，这有利于提高员工的工作积极性和忠诚度。

（2）以员工为导向。鼓励员工参与到决策过程中，重视员工的情感需求和工作满意度，这能大幅提升员工的归属感和责任感。

（3）具有灵活性且人性化。相较于科学管理方法的严格，人际关系管理方法显得更加灵活和人性化。人际关系管理方法注重通过开展团队建设活动来增强团队的凝聚力和协作能力，借此提高员工的工作效率和工作质量。

人际关系管理方法的优点在于能够营造一个积极、和谐的工作环境，激发员工的工作热情和创造力，缺点是过度强调人际关系有可能导致员工对工作本身有所忽视。

人际关系管理方法的主要应用场景：

（1）创新型企业或需要高度创造性和团队协作的企业，如科技公司、广告公司等。

（2）员工多样性和个性化需求较高的企业，如谷歌。

传统管理方法、科学管理方法和人际关系管理方法各有利弊，企业应根据自身的特点和需求灵活选择或综合运用，以取得最佳的管理效果。

五、企业管理的基本原则

企业管理的基本原则主要有以下几点：

（1）实事求是原则。企业在制订计划、指标、方法等时，必须从实际出发，不能单凭主观愿望和"想当然"。各种指标必须准确，要有客观依据和实现的可能，不保守但也不冒进。

（2）领导和群众相结合原则。领导要到群众中去，到实践中去，从"下乡"中积累经验、找出问题，进而完善管理办法，把企业上下人员的积极性和创造性都调动起来。

（3）系统、全面、统一原则。企业管理是一项系统工程，必须通盘考虑。企业管理涉及企业的方方面面，各方面又相互关联、互相影响，因此必须整体规划、分步实施、搞好配套。

（4）职务、责任、权限、利益相一致原则。职务指实际工作的内容，是"要求去执行的任务"。与职务相关的是责任和权限。责任是"完成任务的义务"，权限是"完成任务的权力"。责任和权限是相互关联的，责任越大，权限也应该越大。利益则应与所承担的责任对等，即有多大的责任就应该有多大的利益。

（5）繁简适度、通俗易懂原则。管理方法应繁简适度，既不能过于复杂烦琐，也不能过于简单——过于复杂不利于执行，过于简单则效果存疑。通俗易懂是指管理方法应简明扼要，能让大家很好地理解并执行。

（6）市场中心原则。一是要以市场为导向。市场中心原则强调企业的一切管理活动都应以市场为出发点。这意味着企业要密切关注市场变化，并以此为依据来制定经营策略和作出管理决策。二是要重视客户管理。企业要重视两类市场——产业市场和消费者市场，进而需要管理好两类客户——经销商和最终消费者。只有重视经销商和最终消费者这两类客户的需求，企业才能够更好地满足市场，在竞争中取得优势。三是要创造市场。市场中心原则的最高要求是引导市场消费趋势，通过创造新的市场需求和引领趋势来为企业开拓新的增长空间。

（7）价值中心原则。一是要重视价值的传递与创造。可以把企业视为一个传递和创造价值的网络体系，在这个体系中，所有的活动都应围绕价值的增加来展开，目的都是实现企业的战略目标。二是要重视价值管理。价值中心原则要求企业开展全面的价值管理，高效利用和转化有限资源，确保一切生产与经营活动都服从于"创造利润"的基本目标。三是要重视利益相关者的价值。企业除了要重视创造利润，还应重视为利益相关者创造和增加价值——这里的"价值"是一种综合价值，包括经济效益、社会效益等多个方面。

（8）人本中心原则。一是要以人为核心。人本中心原则强调企业在管理过程中应以人为核心，重视员工的需求、发展和福利。二是要激发员工潜能。企业应通过科学的管理理念和方法来激发员工工作的积极性和创造性，使员工能够在工作中实现自我价值。三是要营造良好的企业氛围。人本中心原则要求企业营造一种尊重、信任和良好的工作氛围，以增强员工的归属感和忠诚度。

六、优秀管理者的能力和品质要求

优秀管理者的定义可以表述为：能够高效组织和协调团队资源，激发团队成员潜力，实现团队和企业目标，并展现出卓越领导能力和专业素养的人。优秀管理者不仅需要具备一系列关键能力，还应拥有一些核心品质，这些能力和品质共同构成他们成功的基石，使他们能够在复杂多变的商业环境中引领团队取得成功。

概括起来，优秀管理者应该具备以下能力：

（1）决策能力。优秀管理者应具备快速且明智地作出决策的能力。他们需要能够在信息不完全或时间紧迫的情况下正确地权衡利弊并选择出最佳方案。

（2）战略规划能力。优秀管理者应能够制定长期和短期的战略目标，并确保团队能够朝着这些目标努力。这要求他们有前瞻性的眼光，能够敏锐洞察市场趋势。

（3）团队协作能力。优秀管理者应知道如何激发团队成员的潜力，促进团队协作，并确保每个成员都能在团队中发挥最大的作用。

（4）沟通协调能力。优秀管理者应能与团队成员以及外部合作伙伴进行有效沟通，能够清晰传达期望、给予反馈，并善于倾听他人的意见和建议。

（5）问题解决能力。遇到挑战和问题时，优秀管理者应能迅速分析情况，找到问题的根源，并制定出有效的解决方案。

（6）领导能力。优秀管理者应能够以身作则，为团队树立榜样，并通过自身的言行影响和激励团队成员。

此外，优秀管理者还应具备以下品质：

（1）诚信正直。优秀管理者应以诚信为本，无论是对待工作还是对待团队成员，都能做到公正、公平，能赢得合作伙伴和团队成员的尊重和信任。

（2）有责任心。优秀管理者应对工作有高度的责任心，愿意担起责任，在困难时期能够挺身而出，带领团队共渡难关。

（3）耐心和冷静。优秀管理者在面对压力和复杂情况时，应能够保持冷静和耐心，作出理性的决策，而不是仓促行事。

（4）有开放的心态。优秀管理者应愿意接受新事物和新观点，鼓励团队成员提出创新性的想法和建议。开放的心态有助于创建不断学习和追求进步的团队氛围。

（5）持续学习。环境一直在不断快速变化，优秀管理者应具备持续学习的意愿和能力，能够适应新出现的挑战，抓住新涌现的机遇。

第二节　组织管理

一、组织结构类型的选择

（一）组织结构的类型

组织结构是指组织内部各个部门、职位和人员之间的相对位置和关系，以及它们之间的信息沟通、权力分配和协作方式。不同的组织结构反映了不同的管理理念和组织战略。企业中常见的组织结构类型主要有以下几种：

（1）直线制组织结构。直线制组织结构是最简单、最原始的组织形式。在这种结构中，职权从高层开始，沿着一条直线垂直向下传递，上下级之间是直接领导和被领导的关系，即命令与服从的关系。这种类型的组织结构一般见于小型企业，这些企业由于规模较小，业务相对简单，因此不需要设置过于复杂的层级结构。

（2）职能制组织结构。在职能制组织结构中，组织按照不同的职能或业务领域划分部门，每个部门都有特定的业务功能。这种类型的组织结构适用于中等规模的企业，特别是那些需要专业技术知识和深度分工的企业。

（3）事业部制组织结构。事业部制组织结构是将整个组织划分为若干个独立的事业部，每个事业部都有自己的产品和市场，能够独立核算、自负盈亏。这种类型的组织结构适用于大型多元化企业，特别是那些需要针对不同市场或产品线提供定制业务的企业。

（4）矩阵制组织结构。矩阵制组织结构结合了职能制组织结构和事业部制组织结构的特点，员工既属于某个职能部门，又参与某个项目或产品小组的工作，受双重领导。这种类型的组织结构适用于那些需要同时进行多个项目或产品开发且跨部门协作常态化的企业。

（5）网络制组织结构。网络制组织结构是一种较为灵活和开放的组织形式，它通过与其他组织建立联盟、合作或外包关系来构建组织网络。这种类型的组织结构适用于那些需要快速响应市场变化、利用外部资源进行创新的企业。

（6）扁平化组织结构。扁平化组织结构通过减少管理层次、增加管理幅度来提高组织的灵活性和响应速度，在这种结构中，决策权更加分散，员工拥有更多的自主权和决策权。这种类型的组织结构适用于那些需要快速响应外部环境变化、强调团队合作和创新精神的现代企业。

（7）模拟分权制组织结构。模拟分权制组织结构是直线制组织结构、职能制组织结构和事业部制组织结构的"混合体"。其特点是生产单位享有尽可能大的自主权，并负有模拟性的盈亏责任，这些生产单位有自己的职能机构，但又并非真正独立的事业部，各生产单位之间的经济核算依据的是企业内部价格而非市场价格。模拟分权制组织结构多见于那些规模庞大但产品品种或生产过程无法分解成独立事业部的企业。

（8）"H"型组织结构。"H"型组织结构又被称为控股型组织结构，它是在非相关领域开展多元化经营的企业常用的组织形式。拥有这种组织结构的一般是大公司，它们不对业务经营单位进行直接管理和控制，而是通过持股进行控制。被持股的单位对具体业务有经营自主权，并保留独立的法人地位，母公司通过控股影响来控制子公司及关联公司。

每一种组织结构都有其独特的优点，但也有其局限性，应该选择哪种结构，取决于企业的规模、业务复杂性、市场环境以及管理哲学。在实际应用中，许多企业都会根据自身的发展阶段和外部环境变化，不断地调整和优化组织结构。

（二）如何选择组织结构的类型

企业在选择组织结构类型时，应当从多个方面综合考虑，以确保所选的组织结构类型能够支持企业的战略目标，提升企业运营效率和员工的工作积极性。

选择组织结构的类型时，可参考以下步骤：

步骤一：明确企业的战略目标和市场定位。

企业的组织结构应与企业的战略目标相匹配。例如，如果企业追求创新和快速响应市场变化，那么可能需要一个更为灵活和开放的组织结构。

步骤二：分析企业的规模和业务复杂性。

大型企业可能需要采用更为复杂的组织结构，如事业部制组织结构或矩阵制组织结构，以满足不同的业务单元和市场的需求；小型企业则可能更适合选择简单的直线制组织结构或职能制组织结构，以便能快速决策以响应市场。

步骤三：评估企业的内部资源和能力。

企业应根据自身的人力资源、技术能力和管理水平等来选择合适的组织结构类型。例如，如果企业拥有强大的职能部门和大量专业技术人员，那么选择职能制组织结构可能更为合适。

步骤四：考虑企业的外部环境。

市场竞争、行业法规和政策环境等因素也会影响组织结构类型的选择。如果企业处在一个快速变化的市场环境中，那么它可能需要一种能够快速适应环境和调整方便的组织结构。

步骤五：参考行业最佳实践和成功案例。

研究同行业中的成功企业，了解它们的组织结构类型以及这种类型的组织结构是如何帮助它们取得成功的。这可以为企业提供有价值的参考和借鉴。

步骤六：作出决定。

综合考虑上述的战略目标、企业规模、业务复杂性、内部资源和能力、外部环境以及行业最佳实践等多个方面的因素，同时考虑保持组织结构的灵活性和可调整性的需要，作出最终选择。

二、组织文化（企业文化）与团队建设

（一）组织文化的塑造与传播

组织文化是指控制组织内行为、工作态度、价值观以及关系设定的规范，同时也是组织成员的共同价值观体系。组织文化在组织内起着导向、规范、凝聚、激励、创新和辐射的作用。影响组织文化的因素主要有最高管理者的行为方式和管理风格、工作群体的特征、中层管理者和基层管理者的领导模式等。严格来说，我们常谈的企业文化实际上是组织文化的一个子集，但一般认为组织文化等同于企业文化。

组织文化是一个企业内部共享的使命、愿景、价值观、信仰、习惯和行为的总和，它不仅是企业形象的体现，更是员工行为的指南针。一个健康、积极的组织文化能够激发员工的工作热情，增强员工的归属感和忠诚度，从而提高企业的整体竞争力。

在塑造组织文化时，企业应首先明确核心价值观和使命、愿景，使这些理念贯穿企业的日常运营过程，同时通过培训和传播，让员工深刻理解和认同企业的组织文化，形成共同的思维方式和行为习惯。先进的组织文化就是先进的生产力，是企业高效经营管理和运作的"底座"，如华为就在"以客户为中心，以奋斗者为本，长期艰苦奋斗，坚持自我批判"的文化理念引领下成长为世界一流企业。组织文化能让企业上下有统一的认知，形成共识，进而让企业运营变得高效。企业的决策力、执行力以及经营管理效率均受到组织文化的影响。

1. 塑造组织文化的方法

企业可遵循以下步骤来有效塑造组织文化：

步骤一，深入挖掘与明确核心价值观。

组织文化的塑造首先要从树立企业的核心价值观入手。核心价值观不仅是企业对外宣传的口号，更是企业全体员工共同遵循的行为准则。企业可通过深入的市场调研、员工访谈以及领导层的深入讨论，精炼出三至五条核心价值观。核心价值观应能够全面反映企业的使命、愿景以及对待员工、客户和社会的态度。

步骤二，领导层身体力行。

领导层是组织文化的制定者，因此更应该是组织文化的践行者。领导层的一言一行都会对员工产生重大的影响，因此领导层在日常的管理和沟通中，应展现出对核心价值观有坚定信仰，并以身作则，持续践行。例如，如果企业的核心价值观之一是"团队合作"，那么领导层在分配任务、评价绩效时，就应强调团队的整体表现和协作精神。

步骤三，员工广泛参与共创。

塑造组织文化时要广泛吸纳员工的意见和建议。企业可以通过举办组织文化建设研讨会、开展问卷调查、设立员工意见箱等方式，鼓励员工积极参与到企业组织文化的塑造过程中。这样不仅能增强员工对组织文化的认同感，还能确保组织文化更加贴近实际，更具生命力。

步骤四，制订全面的组织文化落地计划。

组织文化落地计划应涵盖员工培训、文化活动、内部宣传等多个方面。例如，可以计划定期举办以企业核心价值观为主题的培训课程，帮助员工深入理解并践行组织文化；策划举办各类文化活动，如团建活动、组织文化学习分享会等，让员工在轻松愉快的氛围中感受组织文化的魅力。

步骤五，建立与组织文化相关的激励与认可机制。

为进一步强化员工对组织文化的认同感，企业应建立起和组织文化相关的激励与认可机制。例如，设立组织文化践行奖、优秀员工奖等，表彰那些在工作中积极践行企业组织文化的员工；基于组织文化制定奖惩制度，对于那些违反企业组织文化的行为，要及时进行纠正和处罚，以确保组织文化的严肃性和权威性。

2. 传播组织文化的方法

企业可采取以下方法来传播组织文化：

（1）在企业内多渠道传播。

企业应充分利用各种内部沟通渠道，如员工手册、内网、电子邮件、公告板等，定期发布与组织文化相关的信息，鼓励员工通过这些渠道分享自己的学习故事和实践经验，增强组织文化的感染力和传播效果。

（2）定期开展组织文化培训与教育活动。

企业可定期开展与组织文化相关的培训和教育活动，如与组织文化相关的专题讲座、互动研讨会、案例分享会等，以帮助员工更深入地理解组织文化的内涵和意义，懂得怎样在工作中践行组织文化。

（3）举办丰富多彩的文化活动。

举办各类文化活动也是传播组织文化的重要手段。企业应定期举办团队建设、节日庆典、员工才艺展示等活动，让员工在参与活动的过程中感受到组织文化的魅力。

（4）向外宣传。

组织文化的传播不应仅限于企业内部。企业可以通过参与社会活动、举办公开讲座或研讨会等方式，向外界展示企业的组织文化，这不仅有助于塑造企业的品牌形象，还能吸引更多认同企业组织文化的人才加入。

（5）利用社交媒体进行网络传播。

在数字化时代，社交媒体是重要的信息传播平台。企业应积极利用社交媒体发布关于自家组织文化的内容，并和外界进行互动和交流。此外，应鼓励员工在社交媒体上分享与组织文化相关的动态，形成口碑传播效应。

通过以上丰富多样的方法，企业可以有效地塑造和传播组织文化，构建一个积极、健康的工作环境，进而推动企业持续发展。

（二）高效团队的建设与管理

在现代企业中，高效团队的建设与管理显得愈发关键。高效团队不仅能够显著提升企业的整体工作效率，还能提升企业的创新能力和市场竞争力。拥有一个配合默契、行动迅速且目标一致的团队，无疑是拥有一份宝贵的资产。那么，如何建设与管理一个高效团队呢？

第一，要确立清晰明确的团队目标与愿景。任何团队在成立之初，都需要有一个清晰、明确的目标，这个目标不仅为团队成员指明了共同努力的方向，同时也是衡量团队工作的重要标准。一个激动人心的愿景也是需要的，这样的愿景能够点燃团队成员的激情，使他们真心投入工作，为了共同的目标而奋斗。团队目标应该与企业的整体战略紧密联系，每个团队成员都应能准确理解团队目标并愿意为之努力。

第二，精心选拔和全面培养团队成员。一个优秀的团队离不开出色的成员。在选拔团队成员的过程中，不仅要考察他们的专业技能，还要关注他们的沟通能力、团队协作精神以及解决问题的能力。对团队成员的培养同样关键，因为技能和知识是可以通过培训和实践来不断提升的。企业应该为团队成员提供各种培训机会，帮助他们不断进步。

第三，建设开放、顺畅的沟通渠道。沟通是团队协作的基石，必须确保信息能够在团队成员之间自由流通，无论是工作中的问题还是创新的点子，都应该被及时分享和讨论。企业应该鼓励开放、透明的沟通方式，定期组织团队会议，确保每个成员的声音都能被听到，每个问题都能及时得到解决。

第四，创造积极向上、互相支持的团队氛围。团队氛围对于团队效率有着至关重要的影响。一个积极向上、互相支持的团队氛围能够极大地提升团队成员的工作热情和创造力。企业应该倡导团队协作精神，鼓励团队成员之间互相学习、互相帮助，共同面对挑战，对有利于彰显团队协作精神的行为也要及时给予认可和奖励。

第五，实施细致入微、富有弹性的团队管理。管理团队既需要有宏观的战略眼光，也需要有微观的实操能力。企业不仅要关注团队的整体发展，还要关心每个团队成员的个人成长，要通过制订合理的工作计划、分配适当的任务来确保团队资源得到最大化利用。

高效团队的建设与管理是一个系统工程，它涉及目标设定、成员选拔与培养、沟通机制建立、团队氛围营造、管理策略实施等多个环节，只有综合考虑这些因素，才能打造出一支真正高效、协作、创新的团队，为企业的长远发展提供坚实的支撑。

案 例

星巴克的组织文化管理之道

星巴克是全球知名的咖啡连锁品牌，以拥有独特的咖啡产品体验、优质的服务和深厚的组织文化而著称。星巴克深知组织文化对于企业发展的重要性，因此一直致力于打造一种积极、包容、创新且富有责任感的组织文化，以吸引、留住并激励优秀员工，共同推动企业的持续发展。星巴克的组织文化管理有以下显著特点：

一是注重塑造与传播核心价值观。星巴克用明确的使命、愿景和价值观来引导员工行为。能体现星巴克核心价值观的口号之一是"激发并孕育人文精神——每人、每杯、每个社区",与此相对应的是,星巴克注重咖啡的品质、员工的服务态度以及对社区的贡献。星巴克通过内部培训、员工手册、企业文化活动等多种方式,将核心价值观深深植入每一位员工的大脑中。

二是注重员工激励与关怀。星巴克通过提供丰富的员工福利、职业发展机会和建立认可机制来激发员工的工作热情,提升员工的忠诚度。星巴克为员工提供全面的薪酬福利,包括医疗保险、员工股票购买计划、带薪假期等。此外,公司还注重员工的职业发展,给员工提供丰富的培训资源和众多晋升机会。星巴克还设立了"咖啡豆"认可机制,员工可以通过积累"咖啡豆"来获得奖励和认可,从而增强员工的归属感和成就感。

三是注重营造积极的工作环境。星巴克通过打造舒适的工作空间、鼓励团队合作和创新、举办丰富多彩的企业文化活动来提升员工的幸福感和满意度。星巴克的工作环境设计注重舒适性和人性化,为员工提供宽敞明亮的工作空间、舒适的休息区和丰富的娱乐设施。公司鼓励团队合作和创新,定期举办团队建设活动和创新研讨会。此外,星巴克还经常举办各种企业文化活动,如咖啡品鉴会、员工音乐会等,以增强员工的凝聚力和归属感。

四是注重社会责任与可持续发展。星巴克通过响应环保倡议、参与社区服务和公益项目等方式来展现企业的社会价值和使命感。星巴克积极响应各种环保倡议,采取了一系列措施来减少对环境的影响,如使用可再生能源、推广环保包装等。星巴克还积极参与社区服务和公益项目,如为贫困地区的儿童提供教育支持、为灾区提供援助等。这些举措不仅展现了星巴克的社会责任感,也增强了员工对自己身份的认同感和自豪感。

第三节 人力资源管理

一、人力资源规划

在现代企业管理体系中,人力资源管理占有举足轻重的地位,而人力资源规划作为人力资源管理的起始环节，可以说是确保企业人才资源得到合理配置与高效利用的关键。我们也可以认为，人力资源规划是企业人力资源管理的基础和核心，它直接关系到企业的长远发展和竞争力提升。因此，企业应高度重视人力资源规划工作，不断优化规划流程和方法，以确保企业拥有稳定、高效的人才队伍，为企业的可持续发展提供人力资源方面的支撑。

在管理学中，人力资源规划的定义是："根据企业的发展战略、业务需求和内外部环境变化，预测企业未来的人力资源需求和供给状况，制定相应的人力资源获取、利用、保持和开发策略，以确保企业在合适的时间以合适的成本获得合适数量和质量的员工，从而支持企业目标的实现。"其重要性体现在以下四个方面：

（1）满足企业发展和战略的需求。通过人力资源规划，企业可以确保拥有足够数量和质量的员工来支持其业务的发展和战略的实施。

（2）优化人力资源成本。合理的人力资源规划有助于避免发生人力资源过剩或不足的情况，从而减少人力成本，提高经济效益。

（3）提高员工的满意度和忠诚度。好的人力资源规划能够很好地满足员工的职业发展需求，增强员工的归属感，提高他们的满意度和忠诚度。

（4）应对外部环境变化。在快速变化的市场环境中，做好人力资源规划工作有助于企业及时调整人才结构，以适应市场的需求和技术的变革。

企业可以依照以下步骤来做好人力资源规划：

步骤一：分析环境。

需要分析的环境包括企业的内部环境（如组织结构、组织文化、现有员工队伍等）和外部环境（如市场趋势、竞争对手、政策法规等）。

步骤二：预测需求。

基于企业的发展目标和业务计划，预测未来一段时间内企业对各类人才的需求量和需求结构。

步骤三：预测供给。

评估现有员工的能力、潜力和流动情况，以及外部劳动力市场的供给状况。

步骤四：制定规划方案。

根据需求和供给的预测结果，制定招聘、培训、晋升、薪酬等具体的人力资源管理策略。

步骤五：实施并监控。

将规划方案转化为实际行动，定期评估实施效果，并根据实际情况不断调整和优化。

企业的人力资源规划工作往往会遇到市场环境不确定、技术变革过快、员工流动频繁等带来的挑战，为此，企业应做好四项应对措施：一是建立灵活的人力资源规划模型，以适应不断变化的环境要求。二是加强数据分析能力和预测能力，提升规划的准确性和前瞻性。三是重视员工的培训和职业发展，提高员工的忠诚度和工作效率。四是建立完善的人才储备机制，以应对可能出现的员工流动情况。

二、招聘与选拔

在人力资源管理中，招聘与选拔是至关重要的环节。这个环节对于构建高效团队、提升企业竞争力具有十分重要的作用，也关系到企业的人才队伍建设和整体运营效率。

招聘，就是企业为了弥补岗位空缺，通过各种途径和方法，寻找并吸引有意愿、有能力的人才前来应聘的过程。选拔，则是通过一系列的评估和测试，从吸引到的众多应聘者中挑选出最适合岗位的人才。

招聘与选拔环节的重要性主要体现在以下三个方面：

（1）招聘与选拔是确保企业人才质量的关键。那些既具备专业技能又有良好工作态度和团队合作精神的人才会成为好员工，而严格的招聘与选拔可以帮助企业找到这样的人，从而使整体的员工素质得到提升。

（2）招聘与选拔有助于提高企业的整体工作效率。那些优秀的入职者往往能够很快适应岗位，迅速融入团队，培训和适应所需的时间将大幅缩短，这显然能提高企业的整体工作效率。

（3）招聘与选拔对于增强企业竞争力具有重要意义。在激烈的市场竞争中，优秀的人才是企业最宝贵的资源，他们的加入可以为企业带来新的思路和创意，有助于企业在竞争中脱颖而出。

招聘与选拔的流程通常包括以下几个步骤：

步骤一：分析需求。

这是整个招聘与选拔流程的起点。人力资源部门需要与用人部门进行深入沟通，明确招聘岗位的岗位职责、任职要求以及期望达成的目标，确保招聘工作的针对性和有效性。

步骤二：发布职位。

根据需求分析的结果，人力资源部门编写并发布招聘广告。这一步骤的关键是要准确描述岗位职责和任职要求。

步骤三：筛选简历。

在收到大量应聘简历后，人力资源部门和用人部门需要进行仔细地筛选，挑选出那些符合岗位要求、具备潜在能力的候选人。

步骤四：初步面试。

初步面试一般通过电话或视频的方式进行。在这一步骤中，面试官将对候选人的基本能力、沟通表达能力和解决问题能力进行初步评估。

步骤五：深入面试与评估。

通过初步面试的候选人将被邀请参加现场面试。在这一步骤中，企业会采用多种评估方法（如行为面试、技能测试等）来深入评估候选人的能力、性格和潜力。

步骤六：背景调查与录用决策。

在确定最终录用名单之前，企业通常还要对候选人的教育背景、工作经历等进行核实，然后再综合考虑其面试表现、能力评估结果以及岗位需求等因素来作出录用决策。

在招聘与选拔人才的过程中，有以下一些关键要素需要特别注意：

（1）明确描述岗位职责与任职要求。这是整个招聘与选拔流程的基础。只有明确了岗位职责和任职要求，企业才能有针对性地去寻找和选拔合适的人才。

（2）科学的评估方法。科学的评估方法既可以帮助企业更全面地了解候选人的能力和潜力，也确保招聘与选拔的准确性和公正性。

（3）高效的招聘渠道。为了提高招聘效率，企业应充分利用各种招聘渠道，扩大招聘信息的传递范围，吸引更多的潜在应聘者。

（4）专业的面试官团队。面试官的专业素养和经验会影响招聘与选拔工作的质量。企业应组建一支具备专业知识且经验丰富的面试官团队，以确保招聘与选拔出的人才"货真价实"。

在招聘与选拔人才的过程中，企业可能会遇到一些挑战。首先，随着市场竞争的加剧，吸引和留住优秀人才变得越来越困难。为了应对这一挑战，企业需要建立完善的薪酬福利体系，提供良好的职业发展机会，以吸引更多的人才加入并让人才留在企业。其次，招聘与选拔过程中可能存在的主观性和不公平性也是需要关注的问题。为了解决这一问题，企业需要提高招聘与选拔流程的规范化程度和透明度。例如，可以制定明确的评估标准和流程，确保每个候选人都能得到公平、公正的对待。

有一些优秀的招聘与选拔实践经验值得参考：一是定期对招聘与选拔流程进行审查和改进，以确保其有效性和效率。二是采用先进的招聘管理系统和在线评估工具，利用它们来提高招聘与选拔的效率和准确性。三是建立人才库，将优秀的候选人纳入人才库，以便在未来有合适的岗位时能迅速地联系到他们。四是强化雇主品牌，即通过向外宣传来展示良好的工作环境和优厚的福利待遇，提升企业的雇主品牌形象，从而吸引更多的优秀人才。

三、培训与发展

员工的培训与发展是人力资源管理工作的重要组成部分，它不仅关乎员工的个人成长和技能提升，更直接影响企业的长远发展和市场竞争力。

员工的培训与发展所具有的重要意义主要体现在以下几个方面：

（1）经过专业的培训，员工可以系统地掌握新的知识和技能，从而提升自身的工作效率和工作质量。这种提升不仅有助于员工更好地胜任当前岗位，还为其未来的职业发展奠定了坚实基础。

（2）员工能力的提升直接促进了企业整体运营水平的提升。员工具备更高的专业素养和技能后，能够更高效地完成任务，继而推动企业的业务流程变得更加顺畅。

（3）企业为员工提供培训与发展的机会，显示了企业对员工的关心和重视，这会让员工感受到自己在企业中的价值和地位。这种认同感和归属感会极大地提高员工对企业的忠诚度，降低企业的人才流失率。

（4）市场环境快速变化，通过开展培训，企业可以确保员工具备应对新挑战的能力。

为了确保员工培训与发展的针对性和有效性，企业需要明确一些核心内容，主要包括以下方面：

（1）技能培训。针对员工所在岗位的具体技能要求开展专业的技能培训，包括操作技能、沟通技能、团队协作技能等多个方面的培训。

（2）知识更新与拓展。随着科技的进步和行业的发展，新知识不断涌现，因此企业需要为员工提供与技术、行业最新知识相关的培训，帮助他们拓宽视野，了解行业动态和技术的发展趋势。

（3）职业态度与价值观塑造。除了专业技能和知识外，员工的职业态度和价值观也至关重要。企业应通过开展组织文化、职业道德等方面的培训，引导员工树立正确的职业观和价值观，提升团队的凝聚力和向心力。

（4）领导力与管理能力提升。对于管理岗位的员工来说，领导力和管理能力是必不可少的。企业需要为这部分员工提供专门的领导力培训和管理技能提升课程，帮助他们更好地带领团队和完成任务。

为了确保员工的培训与发展规划得以顺利实施，企业应做好以下工作：

（1）深入进行需求分析。在实施培训之前，企业需要对员工的实际需求和现有能力进行深入分析，包括了解员工的岗位要求、个人职业规划等。通过需求分析，企业可以明确培训的目标和内容，确保培训有针对性和实效性。

（2）制订详尽的培训计划。根据需求分析得到的结果，制订详细的培训计划，包括确定培训的时间、地点、方式以及具体的教学内容等。只有周密计划、妥善安排，才能确保培训顺利进行和取得预期效果。

（3）采用多元化的培训方式。企业应采用多种培训方式相结合的办法来提升培训效果，包括传统的讲座式教学、互动式研讨会、实践操作训练以及在线学习等方式。多元化的培训方式可以满足不同员工的学习需求和学习风格，这也提高了培训的吸引力。

（4）建立持续评估与反馈机制。培训结束后，企业还需要对培训效果进行评估和总结，要做的工作包括收集员工的反馈意见、分析培训成果以及评估培训对企业运营的实际影响等。有了持续评估与反馈机制，企业就可以及时发现培训中存在的问题和不足，从而有针对性地进行改进和优化。

在实际操作过程中，员工的培训与发展工作会遇到诸多挑战，这些挑战主要出现在时间安排、成本控制、资源调配以及员工参与度等方面。企业可以采取以下措施来应对这些挑战：

（1）利用现代科技手段来提高培训效率。借助在线学习平台、虚拟现实技术等现代科技手段开展远程培训或进行模拟实操训练，可以突破时间和空间的限制，提高培训效率和员工参与度。

（2）建立内部导师制度以传承经验。鼓励经验丰富的老员工担任内部导师，让他们用言传身教的方式将宝贵的经验和技能传授给新员工，实现知识的有效传承和经验共享。

（3）与教育机构合作，引入优质教育资源。主动与专业教育机构建立合作关系，引入外部优质教育资源，共同开发满足企业需求的培训课程和教材，提升培训的质量和水平。

（4）完善激励机制，激发员工的积极性。通过建立完善的激励机制，如设立奖学金、提供晋升机会等，激起员工参与培训的热情。此外，可将培训成果与晋升机会、薪酬等挂钩，提升员工对培训的重视程度和投入程度。

四、绩效管理

绩效管理工作对于提升员工工作效率、实现企业战略目标具有重要意义。企业需要了解绩效管理的定义、目的、流程和关键要素，懂得应对实际操作中可能面临的挑战，这样才能构建起科学有效的绩效管理体系，推动企业不断优化人力资源配置，提升整体运营水平，为企业的持续发展提供有力支持。

绩效管理是指通过制定明确的绩效目标，对员工的工作行为和成果进行定期评估，以便及时发现问题、改进工作流程，最终实现组织战略目标的过程。绩效管理的目的有以下几点：

（1）明确目标和方向。通过设定具体的绩效指标，帮助员工明确工作目标和方向，使其努力的方向与组织的战略目标保持一致。

（2）提升效率。通过对员工绩效做定期评估，及时发现并纠正其在工作中存在的问题，从而提升其工作效率。

（3）激励员工。通过把绩效与薪酬、晋升机会挂钩，激励员工更加努力地工作，从而实现个人和组织共同发展。

（4）培养人才。从绩效管理过程中找出员工的优点和不足，为其制订有针对性的培训计划，促进员工个人成长。

绩效管理的流程通常包括以下几个环节：

（1）制定绩效目标。根据组织的战略目标制定具体的绩效目标，明确评估周期和评估标准，同时与员工进行充分沟通，确保双方对绩效目标有一致的理解。

（2）绩效辅导与沟通。在绩效周期内，定期对员工的工作进展进行检查和指导，及时解决员工在工作中遇到的问题；与员工持续沟通，确保绩效目标能够顺利实现。

（3）绩效评估。在绩效周期结束时，对员工的工作成果进行客观、公正地评估。可以综合运用360度反馈、关键绩效指标考核等多种方法来进行评估，确保评估结果的准确性和全面性。

（4）绩效反馈。将绩效评估结果及时反馈给员工，指出其在工作中的优点和不足，督促其对存在的问题进行改进。

（5）绩效评估结果应用。将绩效评估结果与薪酬、晋升机会、培训机会等挂钩，激励员工继续努力工作。绩效评估结果也可作为企业选拔和培养人才的依据。

在实施绩效管理的过程中，需要关注以下几个关键要素：

（1）目标设定。绩效目标应具有明确性、可衡量性、可达成性、相关性和时限性。

（2）持续沟通。要通过定期的检查、指导和反馈，帮助员工明确工作方向，提升工作效率。

（3）客观评估。绩效评估应客观、公正，不可掺杂主观臆断和偏见。

（4）及时反馈。绩效评估结果应及时反馈给员工，以便员工了解自己的工作表现，进而及时调整工作方式。

（5）激励措施。将绩效结果与激励措施挂钩，激发员工的工作积极性和创新的主观能动性。

在实际操作中，绩效管理可能会遇到三个挑战：一是员工有抵触心理。部分员工可能会对绩效管理产生抵触心理，认为评估结果不公平或存在主观偏见。二是评估标准难以量化。某些岗位的工作成果难以量化，这会导致评估标准模糊，进而影响评估结果的准确性。三是沟通不畅。管理者与员工之间沟通不畅，可能会导致员工对绩效目标产生误解或无法及时了解自己的工作表现。针对以上挑战，企业可以采取有针对性的策略来应对：一是加强宣传与培训。通过开展宣传和培训，让员工了解绩效管理的目的和意义，消除其抵触心理。二是制定明确的评估标准。针对不同岗位制定明确的、可量化的评估标准，确保绩效评估结果客观、公正。三是建立有效的沟通机制。建立定期沟通机制，确保管理者与员工之间的信息交流渠道保持通畅，能够及时发现并解决问题。

五、薪酬与福利管理

薪酬与福利管理关系到员工的工作动力、企业的凝聚力和长期竞争力。合理的薪酬与福利制度能够为企业吸引和保留顶尖人才，同时提高员工的工作满意度和工作效率。

薪酬与福利管理远非给员工发工资和提供一些额外待遇那么简单，在现代企业管理中，它具有更为深远的意义。首先，一个公平且具有竞争力的薪酬体系是吸引外部人才的重要因素。在人才竞争日益激烈的今天，一个具有吸引力的薪酬福利方案往往是企业赢得人才战的关键。其次，合理的薪酬福利制度对于激发员工潜能、提高员工工作效率具有显著作用。当员工感到自己的付出得到了公正的回报时，他们可能会把更多的热情和精力投入到工作中，从而推动企业整体业绩的提升。最后，提供良好的薪酬福利也是塑造和维系企业文化的重要手段。提供人性化的福利待遇，展示出对员工的关心和尊重，能够有效提升员工的归属感和忠诚度。这种文化上的共鸣不仅有助于团队的稳定，还能形成口碑传播效应，进一步提升企业的品牌形象。

在设计薪酬福利体系时，企业需要遵循以下几个核心原则以确保其合理、有效：

（1）公平性原则。公平，包括内部公平和外部公平两个方面。内部公平意味着在同一企业内部，不同职位、不同层级的薪酬应该是根据岗位的难度、责任的大小和个人的贡献来合理设定的，不可出现同工不同酬或薪酬倒挂的现象。外部公平则要求企业的薪酬水平要与市场标准相匹配，只有这样，企业在招聘和留住人才方面才会有竞争力。

（2）激励性原则。薪酬和福利不仅要能满足员工的基本生活需求，更应该成为激励他们不断进步和创新的动力。企业可以设置与绩效紧密挂钩的奖金、提成或其他形式的激励品，促使员工更加积极主动地达成工作目标。

（3）经济性原则。企业在制定薪酬福利政策时，必须充分考虑自身的财务状况和长期发展规划。提供过高的薪酬福利可能会导致企业负担过重，影响企业的盈利能力和市场竞争力。因此，找到薪酬福利支出与企业经济效益之间的平衡点至关重要。

（4）合法性原则。企业的薪酬福利制度必须符合国家及地方的法律法规，在最低工资标准、社会保险缴纳、加班费支付等方面都不可违法违规。这不仅是企业履行社会责任的体现，也是确保企业稳健运营、避免法律风险的基础。

薪酬福利的类型多种多样，大众所熟知的有基本薪酬、绩效奖金、补贴、保险等。基本薪酬是员工收入的基础部分，通常根据员工的职位、经验、技能等来确定。绩效奖金是对员工工作成果的直接奖励，它可以根据个人的工作表现、团队的业绩或企业的整体效益来设定。补贴是对员工日常工作中可能产生的额外费用的补偿，如交通补贴、话费补贴等。虽然这些补贴的金额可能不大，但它们对于提高员工的生活质量和工作满意度却具有不可忽视的作用。企业通常需要为员工缴纳国家规定的社会保险，如养老保险、医疗保险等。此外，许多企业还会提供额外的福利项目，如补充医疗保险等，以此来增强员工的保障获得感和归属感。

在制定薪酬福利管理制度时，企业需要注意以下几个关键要点：

（1）要做充分的市场调研。了解同地区、同行业企业的薪酬福利状况对于制定具有竞争力的薪酬福利制度至关重要。这样做不仅可以帮助企业合理定位自己的薪酬福利水平，还可以避免因信息不对称而出现决策错误。

（2）薪酬福利制度要透明。员工有权了解自己的收入构成和增长路径。薪酬福利制度公开透明，有利于增强员工对企业的信任感，同时也有利于员工规划自己的职业发展路径。

（3）薪酬福利制度需要具有动态调整的能力。市场环境在不断变化，企业也在不断发展，企业需要随时对薪酬福利制度进行调整以适应新的形势。薪酬福利制度具有灵活性，这不仅可以确保薪酬福利制度持续有效，还可以帮助企业更好地应对外部的挑战。

(4) 要包含个性化的关怀。在满足员工基本需求的基础上，企业可以根据员工的个人特点和特殊需求提供差异化的福利待遇。例如，为需要照顾家庭的员工提供更灵活的工作时间安排，为追求职业发展的员工提供更多的培训和学习机会等。这种个性化的关怀不仅可以提高员工的满意度和忠诚度，还有助于企业构建更加和谐、积极的工作氛围。

案 例

华为的人力资源管理之道

作为全球领先的信息与通信技术解决方案提供商，华为的商业成就令世界瞩目，其人力资源管理实践同样在国内外具有广泛的影响力。华为在人力资源管理上的成功，主要得益于以下几个方面：

(1) 东西方人力资源管理理论的融合创新。华为将东西方的人力资源管理理论进行了整合并加以创新，成为集大成者，形成了独特而富有成效的管理体系。

(2) 承认和重视知识分子的资本价值。华为建立了与知识分子共创共享的机制，通过虚拟股权计划、获取分享制等措施，激励员工积极参与知识创新和价值创造，实现了人力资本价值的最大化。

(3) 以奋斗者为本的人才管理理念。华为独创了以奋斗者为本的人才管理理念，强调奋斗精神和价值贡献，通过科学的评价机制和激励机制来激发员工的积极性和创造力。

(4) 运用热力学熵减理论与小熵人才管理理论。华为创造性地引入热力学熵减理论，提出了小熵人才管理理论，用其激活组织，保持组织的活力和竞争力。

(5) 构建以能力为核心的任职资格体系。华为在融合英国职业资格标准及美国合益胜任能力理论与方法的基础上，构建了以能力为核心的任职资格体系，明确了员工的职业发展路径和能力要求，有效促进了员工的个人成长，大幅提升了组织绩效。

(6) "三位一体"的价值管理循环模型。华为首创了"三位一体"的价值管理循环模型（全力创造价值、科学评价价值、合理分配价值），通过这一模型实现了价值创造、价值评价和价值分配的闭环管理，确保了企业持续健康发展。

（7）独特的轮值董事长制度。华为实行轮值董事长制度，旨在进一步提升公司的领导力和决策效率，确保公司能够在快速变化的市场环境中保持竞争力和创新能力。

（8）人力资源管理"三权分立"管理体制。华为独创了"三权分立"的人力资源管理体制，由人力资源委员会、人力资源部、党委会共同负责人力资源管理工作，确保人力资源管理的公正性、专业性和战略性。

可以说，华为在人力资源管理方面的卓越表现不仅体现在人力资源管理理论的创新上，更体现在对人才价值的尊重与实现、对奋斗精神的倡导与激励以及对组织活力的保持与提升上，其人力资源管理理念的成功实践为华为的持续健康发展提供了有力的人才保障和组织支撑。

第四节　生产、质量与供应链管理

一、生产管理

企业的生产管理是指对整个生产运行系统中的各个环节进行计划、组织、协调和控制，以达到降低成本、保障产品交付、提升效益和实现公司各项运营目标的过程。企业做好生产管理，实现生产过程的精细化管理和高效运作，应从以下几个方面入手：

（1）制订生产计划和排程。生产计划和排程是生产管理的核心环节。企业需要根据市场需求、产品库存、员工能力等因素，科学合理地制订生产计划和排程，确保生产得以顺利进行。生产计划应明确产品种类、生产数量、生产周期等关键信息。排程则要对生产计划的具体实施作出安排，如分配生产线和生产任务，安排好生产时间等。精细化的生产计划和排程可以最大限度地利用生产资源，提高生产效率。

（2）优化生产流程。优化生产流程是提高生产效率的关键。企业需要对现有生产流程进行全面分析，找出瓶颈环节和浪费环节并采取相应的措施进行优化，如引入先进的生产设备和技术、改进生产工艺流程、优化生产线布局等。此外，企业还要注重生产流程的标准化和规范化，确保每个生产环节都按照既定的标准和流程进行，减少人为因素对生产过程的影响。

（3）强化生产现场管理。生产现场是生产活动的场所，因此，对生产现场的管理也是生产管理的重要环节之一。企业要加强对生产现场的管理，确保生产现场整洁有序、设备完好、物料充足，有条件的企业应实施"6S"［整理（SEIKI）、整顿（SEITON）、清扫（SEISO）、清洁（SEIKETSU）、素养（SHITSUKE）、安全（SECURITY）］管理，以营造良好的生产环境，确保员工按照既定的制度和规程进行操作，提高员工的工作效率，避免发生安全事故。

（4）加强对员工的管理和培训。员工是企业生产管理的主体，他们的素质和能力直接影响生产管理的效果。企业应制定合理的工作职责和绩效考核制度，激发员工的工作积极性和创造力，同时也要定期组织员工参加技能培训和安全教育等活动，提高员工的技能水平和安全意识。

（5）做好生产调度和监控。生产调度和监控是确保生产计划顺利实施的关键环节。企业要建立完善的生产调度系统和监控系统，对生产过程中的各个环节进行实时监控和调度。企业利用调度系统收集和分析生产数据，可以掌握生产进度和存在的问题等相关信息，进而可以采取相应的措施来进行调整和优化。例如，当发现某个生产环节陷入瓶颈时，企业可以通过调整生产计划、增加生产线或引入外协加工等方式来解决问题。

（6）推进数字化转型。随着信息技术不断发展，数字化转型已经成为企业生产管理的发展趋势。企业应积极推进生产管理的数字化转型，利用先进的信息技术手段来提高生产管理的效率和准确性。通过建立或引入生产管理信息系统（如 ERP 系统），企业可以实现生产数据的实时采集和分析、生产计划的自动生成和调整、生产进度的实时监控，这无疑大大提高了生产管理的效率和准确性，减少了人为因素对生产过程的影响。

二、质量管理

企业的质量管理是确保产品质量达到并超越客户期望的关键环节，它不仅关乎企业的市场竞争力，还直接影响到企业的品牌形象和长期发展。企业的质量管理是一个系统工程，要想把它做好，需要做好以下方面的工作：

（1）制定明确的质量策略与质量标准。质量策略用以明确企业的质量目标、质量方针和质量承诺，为整个质量管理活动提供指导方向。质量标准是衡量产品质量是否合格的具体尺度，其作用是确保产品符合法律法规和客户要求。

（2）建立完善的质量管理体系。质量管理体系是企业进行质量管理的基础框架，它涵盖了质量策划、质量控制、质量保证和质量改进等多个方面。企业应依据ISO9001系列国际标准，并结合自身实际情况，建立一套科学、合理、有效的质量管理体系，该体系应明确质量管理的流程、职责分配、资源保障和持续改进机制，确保质量管理工作系统、规范。

（3）加强质量意识教育。员工是企业质量管理要求的直接执行者，他们的质量意识和技能水平直接影响到产品的质量。因此，企业应加强员工的质量意识教育，通过培训、宣传、考核等方式，提高员工对质量的认识和重视程度。企业要鼓励员工积极参与质量管理活动，形成全员关注质量、人人参与质量管理的良好氛围。

（4）实施严格的质量控制。质量控制是确保产品质量达到预期标准的关键环节。企业应通过制订详细的质量控制计划、采用先进的检测设备和手段、实施严格的过程监控和成品检验等措施，对生产过程和产品质量进行全面控制，一旦发现质量问题，应及时分析原因并采取纠正措施，以防止类似问题再次发生。

（5）推行持续改进机制。持续改进是质量管理永恒的主题。企业应建立持续改进机制，通过收集和分析质量数据、开展内部审核和管理评审、鼓励员工提出改进建议等方式，不断发现质量管理中的薄弱环节和潜在问题并采取有效措施加以改进。此外，企业应关注市场动态和客户需求的变化，及时调整质量策略和质量标准，确保产品的质量始终能够满足市场和客户的需求。

（6）开展客户满意度调查。客户满意度是衡量企业质量管理成效的重要指标之一。企业应定期开展客户满意度调查，收集客户反馈的意见和建议，了解客户对产品的满意程度和改进需求。对于客户提出的不满意项，企业应认真分析原因，接着采取改进措施并跟踪改进效果，以确保客户满意度持续提升。

（7）强化质量文化建设。质量文化是企业质量管理的灵魂。企业应强化质量文化建设，将质量理念融入企业的核心价值观和经营哲学中，形成具有企业特色的质量文化，通过质量文化的引导和熏陶，形成追求卓越质量的良好企业风尚。

三、供应链管理

企业的供应链管理是一个复杂而关键的过程，它涵盖了从原材料采购到最终产品交付的全过程。企业可通过综合运用以下措施和方法来实现供应链的高效运作：

（1）明确供应链战略与供应链管理目标。明确供应链战略和供应链管理目标是供应链管理的基石。在战略方面，要明确供应链的核心竞争力、关键合作伙伴以及期望达到的服务水平和成本效益；在目标方面，要设定诸如提高供应链响应速度、降低库存成本、增强供应链灵活性等具体的目标，为供应链管理提供明确的方向。

（2）优化供应商管理。优化供应商管理是提升供应链整体效能的关键。企业应建立科学的供应商评估体系，对供应商的资质，供应货品的质量、价格、交货期等进行全面评估，选择符合企业要求的优质供应商。与此同时，要加强与供应商的沟通与协作，和供应商建立起长期稳定的合作关系，共同应对市场变化和挑战。此外，要定期对供应商进行评估，及时淘汰不合格的供应商，引入新的优质供应商，以确保供应链的活力和竞争力。

（3）加强采购管理。采购管理是供应链管理的核心环节之一。企业应制订合理的采购计划，确保采购的及时性和准确性。在采购过程中，要加强与供应商的沟通，明确提出采购需求和质量标准，确认采购物资的质量和交货期。此外，要优化采购流程，降低采购成本，提高采购效率。有条件的企业应引入电子化采购系统，实现采购过程的自动化和信息化，提高采购管理的透明度和可追溯性。

（4）优化库存管理。库存管理对于降低企业成本、提高供应链响应速度具有重要意义。企业应通过准确的需求预测和合理的库存策略来控制库存水平，避免发生库存积压或缺货现象。有条件的企业应引入先进的库存管理系统，实现对库存的实时监控，根据库存动态及时调整库存策略。此外，要加强与销售、生产等部门的沟通与协作，确保库存信息的准确性和及时性，为供应链管理提供有力支持。

（5）提升物流配送效率。企业应建立完善的物流配送体系，优化配送路线和运输方式，降低物流成本，提高配送效率。此外，要加强与物流服务商的沟通与协作，确保物流配送的顺畅和及时。引入先进的物流管理系统是必要的，因为它可以帮助企业实现物流配送的自动化和信息化，提高物流配送的准确性和可追溯性。

（6）强化信息的管理与共享。企业应建立高效的信息管理系统，以实现供应链各环节信息的实时共享。企业可使用供应链管理软件或平台来整合供应链各环节的信息资源，提高信息处理的效率和准确性。此外，企业应加强与供应链上各合作伙伴的信息共享，以便共同应对市场变化，进而使供应链的整体效能得到提升。

（7）注重风险的管理与应对。在供应链管理过程中，企业不可避免地会遇到各种风险，如供应中断、需求波动、价格变动等。为此，企业应建立完善的风险管理机制，对供应链各环节作出风险评估并进行监控，及时发现潜在风险。此外，要制定好应急预案，确保在风险发生时能够迅速采取应对措施，从而保障供应链稳定运行。

案 例

丰田汽车公司的生产、质量与供应链管理创新

丰田汽车公司是全球知名的汽车制造商，以高效的生产方式、卓越的产品质量和出色的供应链管理而著称。丰田汽车的成功在很大程度上归功于其独特的生产体系——"丰田生产方式"（Toyota Production System，TPS），以及在此基础上发展起来的全面质量管理（Total Quality Management，TQM）和精益供应链管理。

TPS 强调通过消除浪费、提高生产效率和灵活性来降低成本和提高质量。丰田汽车采用了"即时生产系统"（Just-In-Time，JIT），确保仅在需要时才有零部件到达生产线，从而减少了库存，降低对存储空间的需求。

TQM 强调全员参与、持续改进和以客户为中心的质量管理。丰田汽车公司将质量管理融入从设计、采购到生产和销售的每一个生产环节。丰田汽车公

司鼓励员工提出改进意见，并通过持续的培训和教育来提高员工的质量意识。此外，丰田汽车公司还建立了严格的质量控制体系，确保每一辆汽车都符合高质量的标准。

精益供应链管理强调与供应商建立长期合作关系，共同追求成本降低、质量提高和交货期缩短。丰田汽车公司与供应商建立了紧密的合作关系，共同研发产品和对质量进行控制。丰田汽车公司还通过信息共享和协同计划，实现了供应链的透明化和高效化。此外，丰田汽车公司还注重提升供应链的灵活性和响应能力，以应对市场的快速变化。

第五节　市场营销与客户关系管理

一、市场营销管理

企业的市场营销管理是一个复杂而系统的过程，其目的是通过科学、系统、有效的方法来实现企业的销售目标，提升企业的市场份额，增强企业的品牌竞争力。那么，怎样才能做好营销管理呢？

第一，要明确营销目标与营销策略。企业首先需要明确其营销目标，这些目标应与企业的整体战略相一致，并具体、可衡量、可达成、相关性强、时限明确。常见的营销目标有提高销售业绩、增加市场份额、提升品牌价值等。树立明确的目标，能为后续的营销活动和资源配置提供指导。企业应基于营销目标制定全面的营销策略，内容包括市场定位、产品策略、价格策略、渠道策略和促销策略等。制定营销策略时应综合考虑市场环境、竞争态势、消费者需求等因素，确保营销活动具有针对性和有效性。

第二，要做好市场调研与数据分析。市场调研是制定有效的营销策略的基础。企业应定期进行市场调研，收集有关市场趋势、消费者需求、竞争对手动态和行业变化的信息。这些信息可以通过问卷调查、访谈、数据分析等多种方式获得。在收集到市场数据后，企业还要进行深入的数据分析，以找出市场中存在的机会和威胁。通过市场调研和数据分析，企业可以更好地了解目标市场的需求、消费者的偏好和购买动机，为制定精准的营销策略提供依据。

第三，要有产品策略，要做好品牌的建设与维护工作。产品是营销策略的核心，因此，企业应不断创新和改进产品，包括研发新产品、改进现有产品、拓展产品线等，以满足消费者多样化的需求。此外，企业还需要注重产品的生命周期管理，确保产品在市场上具有可持续的竞争力。品牌是企业的重要资产，对提升产品附加值和市场竞争力具有重要意义，因此，企业应注重品牌的建设和维护，做好品牌定位、品牌形象塑造、品牌传播等一系列工作，通过品牌建设来提升消费者对产品的认知和好感度。

第四，要有渠道策略。渠道策略是确保产品或服务能被有效传递至目标市场并实现销售目标的关键。企业需要定义目标市场，要根据市场特征和需求选择适合的渠道类型，设计合理的渠道结构，化解渠道冲突，优化渠道合作伙伴，建立渠道绩效评估系统，加强信息共享和沟通，同时要不断创新渠道策略以适应市场变化。在当今商业环境下，企业大多通过多条渠道进行销售，因此企业还需强化渠道管理技能，确保各渠道能够协同发挥作用，从而实现市场覆盖和销售增长等目标。

第五，要有定价策略，要做好成本控制。企业应根据成本、市场需求、竞争对手的价格和产品价值来制定价格策略。合理的价格策略可以帮助企业平衡收益和提高市场占有率。常见的定价策略有成本加成定价、市场导向定价、促销定价和动态定价等。在定价过程中，企业还需要关注成本控制。企业可通过优化生产流程、提高生产效率、降低采购成本等方式来降低产品成本，为制定更具竞争力的价格提供空间。

第六，要有促销策略，要做好市场推广。促销是营销手段之一，主要用于提高品牌知名度和增加产品销售量。企业应综合运用广告、公关、促销活动等手段，吸引和保留顾客。在当下，数字营销的兴起让促销方式更为多元化，社交媒体营销、内容营销等新方式层出不穷，企业应不断创新促销方式，以吸引消费者的注意力并激发他们的购买欲望。在制定好促销策略后，企业还需要开展市场推广活动。在推广过程中，企业需要关注市场反馈信息和销售数据的变化，及时调整策略以加强推广效果。此外，企业还可利用数据分析工具对市场推广活动进行精准监测和评估，以确保资源的有效利用和回报最大化。

第七，做好营销绩效评估，及时调整营销策略。企业应设定明确的营销目标,并定期评估营销绩效,在发现绩效不佳时及时调整策略以确保营销目标的实现。在评估营销绩效时,不仅要关注销售业绩的变化,还要关注市场份额、品牌价值等多个维度的变化。在营销过程中,市场环境、竞争态势和消费者需求等因素都可能发生变化,因此,企业需要定期评估营销策略的有效性,并根据市场变化及时作出调整。此外,企业还应鼓励营销团队的成员提出创新性的想法和建议,为营销策略的优化提供源源不断的动力。

营销的本质是通过价值交换来满足他人的需求,从而获取利润。价值交换一般遵循需求法则和供给法则。在短缺经济时期,需求远大于供给,社会处于产品时代;供需均衡后,社会进入促销时代,企业要开展宣传推广才能先人一步;供给大于需求后,社会进入营销时代,此时的企业要承担起更多的社会责任,因此要更加注重质量、品牌形象、企业文化的建设和社会责任的履行。如今的时代是一个数字化营销时代,互联网和移动互联网极大减少了信息传播的时空限制,并缓解了信息不对称现象,人们的消费行为、消费习惯、消费观念和消费决策模式都产生了巨大变化,变得更加个性化,因此,企业在开展营销时要更加注重以消费者为中心,更加注重客户的综合付出成本,更加注重客户沟通渠道的便利性、互动性以及客户的体验感,在做好营销管理的同时也做好客户关系管理。

二、客户关系管理

企业的客户关系管理是一个全面且细致的过程,其目的是深入了解客户需求、优化客户体验、增强客户忠诚度和提升客户满意度,从而构建起长期稳定的客户关系。做好客户关系管理可从以下几个方面入手:

(1) 明确客户关系管理的目标。客户关系管理的目标,包括提高客户忠诚度、增加客户价值、优化客户体验等。这些目标应具体、可衡量,并与企业的整体业务目标相契合。

(2) 收集与分析客户数据。客户关系管理的核心在于收集与分析客户数据。企业应建立完善的客户数据库,把客户的基本信息、交易记录、沟通历史、投诉与建议等都收入数据库中。获取客户数据后,企业可运用客户关系管理软件工具来对这些数据进行深度挖掘和分析,从而洞察客户的偏好、行为模式和购买习惯,然后基于数据分析结果制定更加精准的营销策略和服务方案。

(3）开展个性化营销，提供个性化服务。"个性化"是客户关系管理的重要原则之一。企业应充分利用客户数据的分析结果，开展个性化的营销活动，为客户提供个性化的服务，以更好地满足客户需求，提升客户的满意度和忠诚度。与此同时，企业还应关注客户的反馈和建议，及时调整、优化产品和服务，以满足客户不断变化的需求。

（4）建立信任，搭建沟通渠道。企业应通过诚信经营、履行承诺和提供优质服务来赢得客户的信任。此外，企业还应搭建起多种沟通渠道，以便能够与客户便捷地交流。紧密的沟通有助于企业及时了解客户的需求，及时解决问题、处理投诉，从而使客户对企业的信任感和满意度都得到提升。

（5）实施客户忠诚度计划。客户忠诚度计划是指通过维持客户关系和培养客户忠诚度而建立客户长期需求，并降低其品牌转换率的客户计划，常见的形式有客户分级会员制度、累计消费奖励制度等，如航空公司的里程奖励、信用卡的使用奖励。实施客户忠诚度计划是提升客户忠诚度的有效手段。给予忠诚客户更多的优惠和特权，可以激励他们持续购买和推荐新客户，从而扩大企业的市场份额和品牌影响力。此外，客户忠诚度计划也有助于企业与客户建立更加紧密的联系，提升客户对企业的归属感。

（6）优化客户体验。企业应关注客户在整个购买、使用过程中的感受，从产品选择、购买流程、售后服务等各个环节入手，不断优化客户体验。企业可以通过简化购买流程，提高售前、售中服务质量，加强售后服务等措施来提升客户的体验，同时应关注客户在社交媒体等渠道给出的评价和反馈，据此优化产品和服务。

（7）持续改进与创新。客户关系管理需要持续改进和创新。企业应不断关注市场的变化和客户需求的变化，更新和完善客户关系管理策略，通过引入新技术、新方法和新理念来不断提升客户关系管理的效率和效果。例如，利用大数据、人工智能等先进技术来分析客户数据，能更加精准地洞察客户的需求和行为模式；通过引入社交媒体营销等新型营销手段，来扩大企业的市场覆盖范围和品牌影响力。

当下的时代，客户关系管理要以客户为中心，华为就基于此建立了著名的"铁三角"模式。要做好客户关系管理，我们还需要了解一些营销学知识，尤其是要知道营销达成的关键是什么。

企业营销的过程是一个发现价值、创造价值、交换价值和兑现价值的过程——价值，指的是能满足他人需求的事物。换句话说，企业营销的过程实质上是一个深度挖掘与创造价值的循环。企业需要通过市场调研和洞察，发现市场中潜在的价值与机会，即需要了解消费者的需求、偏好以及未被满足的痛点，然后基于这些发现，通过产品创新、服务优化或独特的营销定位来创造价值，形成与众不同的竞争优势。这要求企业具备敏锐的市场嗅觉以及强大的执行力，能够将市场洞察转化为实际的产品或服务。营销达成的关键则在于企业与客户之间的充分沟通与深入理解。这意味着企业需要建立有效的沟通机制，倾听客户的声音，了解和理解客户的真实需求与期望，在此基础上，企业才能精准地为客户提供有价值的产品和服务，满足他们的需求。企业不仅要为客户利益着想并照顾到客户的利益，同时还要不断为客户创造价值和增加价值，进而实现价值的交换。

总之，满足客户需求并达成交易的核心要义是以客户为中心，为客户创造价值，为客户利益着想，提升客户满意度。在营销管理和客户关系管理中，满足客户的企业利益和个人利益既是基础要求也是重点（客户的企业利益体现在想规避风险并追求价值最大化，客户的个人利益体现在人性中"趋利避害"的需求，如贪婪心理、侥幸心理、虚荣心理等，还包括兴趣爱好、社交娱乐、精神成长、自我实现等方面的需求，甚至包括一些解决私人问题、履行家庭责任、保障人身安全等方面的需求）。企业要从提供差异化的产品和服务入手，以双方均能获得最大赢面为目的，做好营销管理和客户关系管理。

三、CRM 系统的选择

（一）CRM 系统简介

CRM 系统全称为客户关系管理（Customer Relationship Management）系统，是一种利用信息技术实现对客户关系进行有效管理的软件系统。它可以帮助企业建立、发展和维护客户关系，提高客户的满意度、忠诚度和企业的盈利能力。

CRM 系统主要具有以下功能和用途：

（1）客户信息管理。CRM 系统可以帮助企业集中存储和管理客户信息，包括客户的基本资料、历史交易记录、沟通记录等，这能有效帮助企业全面地了解客户，为后续的销售和服务提供有力支持。

（2）销售机会管理。CRM系统可以追踪销售线索和机会，帮助销售团队有效地管理销售流程，提高销售转化率。通过对销售数据进行分析，企业可以及时发现新出现的商机，从而制定出有针对性的销售策略。

（3）服务管理。CRM系统可以记录和跟踪客户的服务请求，确保客户的问题得到及时解决。此外，企业还可通过对服务数据进行分析来不断改进服务质量，提升客户满意度。

（4）市场营销支持。CRM系统可以协助企业开展市场营销活动，如邮件营销、短信营销等。通过对营销数据进行挖掘和分析，企业可以制定出更精准的营销策略。

（5）数据分析与报告。CRM系统提供了丰富的数据分析工具，这些工具能够帮助企业深入了解客户需求、市场趋势和业务绩效，为企业的战略决策提供有力支持。

（6）自动化与工作流程管理。CRM系统可以实现一系列任务的自动化，如自动分配销售线索、自动发送跟进邮件等，这大大提高了客户关系管理的工作效率。企业还可通过CRM系统的工作流程管理功能来优化客户关系管理的业务流程，提高客户管理工作的效率。

实践证明，CRM系统在四个方面有显著作用：一是提高客户满意度和忠诚度。CRM系统能帮助企业提供优质的服务和制定个性化的营销策略，更好地满足客户需求，从而提升客户满意度和忠诚度。二是提升销售业绩。CRM系统通过优化销售流程、追踪销售机会和提供数据支持来帮助企业提高销售业绩。三是降低运营成本。CRM系统的自动化功能和数据分析功能可以帮助企业大幅提高客户关系管理的效率，减少人工操作成本。四是增强企业竞争力。CRM系统能有效帮助企业进一步了解客户需求和市场动态，从而制定出更具针对性的战略决策，提升企业竞争力。

（二）国内外主流CRM系统介绍

1. 国内主流CRM系统

（1）纷享销客CRM系统。纷享销客CRM系统具有强大的功能且容易使用，受到用户的广泛好评。纷享销客CRM系统不仅提供了客户信息管理、销售机会跟进、报价管理等基础功能，还融入了社交功能，使团队成员之间的沟通和协作变得更加便捷。此外，纷享销客CRM系统还提供了丰富的数据报表和统计功能，能够帮助企业更好地了解销售情况和市场动态。

（2）销售易CRM系统。销售易CRM系统是一套专为销售团队设计的CRM系统，其核心理念是通过移动化、社交化和智能化的手段来提升销售团队的效率和业绩。销售易CRM系统提供了客户信息管理、销售机会管理、订单管理、业绩统计等功能，并支持多种移动设备访问，这使得销售人员可以随时随地进行客户跟进和销售管理。

（3）用友CRM系统。用友CRM系统以全面性和集成性著称。该系统不仅包含了客户信息管理、销售机会管理、客户服务管理等基础功能，还提供了市场营销自动化、电子商务集成等高级功能。此外，用友CRM系统还可以与用友公司的其他企业管理软件无缝连接，实现企业内部信息的全面共享和工作协同。

（4）金蝶CRM系统。金蝶CRM系统因其易用性和灵活性而广受用户喜爱。金蝶CRM系统除了提供客户信息管理、销售机会管理、客户服务管理等基础功能外，还额外提供了支持自定义字段和自定义报表的功能。此外，金蝶CRM系统还提供了丰富的数据分析和挖掘功能，能够帮助企业更好地了解客户需求和市场趋势。

（5）悟空CRM系统。悟空CRM系统是一款通用型企业客户关系管理软件，它采用了先进的LAMP架构，具有良好的开放性、可扩展性、安全性和透明性。悟空CRM系统不仅提供了客户信息管理、销售机会跟进、订单管理、业绩统计等基础功能，还提供了自定义销售漏斗、财务管理等特色功能。此外，悟空CRM系统还支持多种定制功能，可以按照客户的需要进行个性化定制。悟空CRM系统有免费开源版本，收费版的定价也较低，对那些预算有限的小企业十分友好。

（6）励销CRM系统。励销CRM系统是一款能够"主动式获客"的智能销售系统，它提出了"找客—筛客—管客—沉淀数字资产"的"营销服务一体化"解决方案。励销CRM系统不仅提供了客户开发、客户信息管理、营销策略管理等基础功能，还提供了全流程记录销售场景、对接呼叫中心、客户查重避免撞单、提醒销售跟进等特色功能。此外，励销CRM系统还提供可视化的数据报表，支撑企业决策，帮助企业更好地了解销售情况和市场动态。

2. 国外主流 CRM 系统

（1）Salesforce 产品系列。Salesforce 公司是全球领先的 CRM 系统提供商，其所推出的一系列 CRM 系统产品以具有强大的功能和广泛的集成对象而闻名，受到全球企业的青睐。Salesforce 公司推出了 Sales Cloud、Service Cloud、Data Cloud（包括 Jigsaw）、Collaboration Cloud（包括 Chatter）和 Custom Cloud（包括 Force.com）等一系列 CRM 系统产品，全面为企业提供客户信息管理、销售机会管理、客户服务管理、市场营销自动化等功能，并支持多种定制和开发方式，企业可以根据自身需求进行个性化定制和二次开发。此外，Salesforce 公司还提供了丰富的定制和开发接口，使企业可以轻松地将 CRM 系统与其他业务系统进行结合。

（2）Zoho CRM 系统。Zoho CRM 系统是一套功能全面且易于使用的 CRM 系统，因具有丰富的功能和良好的用户体验而广受好评。Zoho CRM 系统提供了客户信息管理、销售机会管理、客户服务管理、市场营销自动化等功能，支持多种移动设备访问和在线协作。此外，Zoho CRM 系统还提供了强大的数据报表和统计功能，能够帮助企业更好地了解销售情况和市场动态。Zoho CRM 系统十分注重用户数据安全，采用了多种加密技术来保护用户数据。

（3）Microsoft Dynamics 365 CRM 系统。这是一套微软公司推出的企业级 CRM 系统，以强大的集成能力和容易使用而闻名，用户可以轻松上手并快速掌握该系统的使用方法。Microsoft Dynamics 365 CRM 系统不但功能全面，而且支持嵌合微软公司的其他企业级应用，如 Office 365、Power BI 等。

（4）HubSpot CRM 系统。该系统是一款免费的入门级 CRM 系统，以其易用性和强大的营销自动化功能而受到中小企业的青睐。HubSpot CRM 系统提供了客户信息管理、销售机会管理、任务管理和基本的销售自动化功能。尽管是免费产品，但 HubSpot CRM 系统并不逊色于其他付费的 CRM 系统。此外，HubSpot CRM 系统还提供了丰富的营销自动化工具，如电子邮件营销工具、社交媒体营销工具等，能够帮助企业更好地进行市场推广和客户互动。

（5）Oracle CRM 系统。该系统是甲骨文公司推出的企业级 CRM 系统，以功能全面和集成能力强大而著称。Oracle CRM 系统提供了客户信息管理、销售机会管理、客户服务管理、市场营销自动化等功能，可与甲骨文公司的其他企业级应用，如 Oracle ERP、Oracle Human Capital Management 等集成。Oracle

CRM 系统也提供丰富的定制和开发接口,企业可以根据自身需求进行个性化定制和二次开发。Oracle CRM 系统适用于各种企业,特别是那些需要获得定制化解决方案的企业。

(6) Sugar CRM 系统。该系统是一款开源的 CRM 系统,因具有易用性、灵活性而受到中小企业的喜爱。Sugar CRM 系统提供了客户信息管理、销售机会管理、客户服务管理等基础功能,支持多种定制和开发方式。由于 Sugar CRM 系统是开源的,因此企业可以随意进行二次开发,无须向系统的开发者支付任何费用。

(三) 如何选择 CRM 系统

国内外的各种主流 CRM 系统各具特色,企业在选择 CRM 系统时,大的方向是根据自身的业务需求、团队规模、预算以及未来的发展规划等因素进行综合考虑,同时关注系统的易用性、集成性、安全性以及售后服务情况等方面——易用性是指系统是否易于上手和使用,集成性是指系统是否能够与其他业务系统集成,安全性是指系统是否能够保护用户数据的安全,售后服务情况则是指系统提供商是否能够提供及时、专业的技术支持和服务。只有全面、综合考虑所有因素,企业才能选择到最适合自己的 CRM 系统。

在具体操作上,企业应遵循一系列的步骤,确保选出的 CRM 系统能够满足企业的实际需求。以下是详细的步骤:

步骤一:明确企业需求。

首先,要明确业务目标定位,即企业需要明确希望通过 CRM 系统达成什么业务目标(提升客户满意度、优化销售流程、增强市场营销效果等)。其次,要列出功能需求清单。企业要根据业务目标,列出必需的 CRM 系统的功能清单,如"销售机会管理、客户服务管理、市场营销自动化、数据分析……"。

步骤二:广泛调研与比较。

一是要研究市场上主流的 CRM 系统,了解每一种 CRM 系统的基本功能、服务特点和价格区间。二是要进行细致比较——比较不同 CRM 系统的功能覆盖面、用户体验、集成能力和定价模型,找到不同 CRM 系统在易用性、可定制性、可扩展性、数据安全性、移动应用支持能力等方面的区别。

步骤三：试用与评估。

大多数 CRM 系统的提供商都会给企业提供免费试用期，企业应充分利用这一机会试用不同的 CRM 系统，评估它们的实用性。在此期间，企业还要对购买 CRM 系统的投资回报率（ROI）做一个评估，确保 CRM 系统能带来足够的商业价值——包括在提升客户满意度、优化销售流程、提高销售额等方面的潜在收益。

步骤四：考虑成本与预算。

企业在做 CRM 系统预算时，需要对成本进行全面分析，不仅要考虑软件购买费用这项短期成本，还要考虑在功能定制、实施、集成、维护等事项上要付出的长期成本。

步骤五：选择信誉良好的供应商。

从那些信誉良好、经过市场验证的 CRM 系统供应商处购买系统，确保 CRM 系统有良好的稳定性和服务质量。在作出购买决定之前，可以通过查看客户案例、客户证言或专业的测评报告来评估供应商的信誉。供应商是否能提供充分的培训材料和客户支持服务，确保员工能够快速上手，以及能否及时帮忙解决系统在使用过程中出现的问题，这些是选择供应商时应考虑的重点。

步骤六：关注行业适配性与未来发展趋势。

不同行业有其特定的业务需求和工作流程，因此，企业在选择 CRM 系统时应关注该系统是否能提供行业垂直化解决方案或支持定制化业务模块，同时要关注新兴技术（如人工智能、大数据分析和物联网）在 CRM 系统中的应用场景，以及供应商的产品开发路线图和创新计划，以确保所选中的系统能够满足未来技术发展带来的需求。

此外，企业在选择 CRM 系统时容易陷入一些误区，需要提防。常见的误区和正确做法如表 3-1 所示。

表 3-1　选择 CRM 系统的误区与正确做法对照表

误区	正确做法
交给个人做选择	咨询相关团队后再做选择
匆忙、鲁莽做决定	多花时间考察研究，不着急

续表

误区	正确做法
仅根据现有需求做选择	考虑企业的中长期规划
片面追求低价	列出系统必备功能，综合考虑
忽视已有用户的使用经验	试用和评估多种 CRM 系统
相信每一种 CRM 系统都必定有效	将样本数据导入候选 CRM 系统中进行测试

案 例

阿里巴巴集团的市场营销与客户关系管理创新

阿里巴巴集团（简称阿里巴巴）是中国乃至全球领先的电子商务巨头，旗下拥有淘宝、天猫、阿里巴巴国际站等多个知名电商平台。在市场营销与客户关系管理方面，阿里巴巴不断创新，通过精准的市场定位和客户关系管理策略，实现了业务的快速增长和市场份额的稳步提升。

一是开展精准的市场营销。阿里巴巴利用大数据和人工智能技术，对消费者行为进行深入分析，实现精准的市场营销。阿里巴巴通过收集用户在平台上的浏览、购买、搜索数据，构建用户画像，进行个性化推荐和营销。

二是开展客户关系管理创新。阿里巴巴注重客户关系管理，通过设立会员制度、推行客户忠诚度计划等多种方式来提升客户的满意度和忠诚度。阿里巴巴为会员提供专属优惠、积分兑换等福利，通过购买商品可以使会员的积分得到累积、会员等级得到提升等手段来激励客户持续使用平台服务。

三是开展跨界合作与品牌联名。阿里巴巴积极开展跨界合作，与众多知名品牌联动营销，通过联合开展营销活动、品牌联名等方式，吸引了大量用户关注和参与，这些合作不仅提升了阿里巴巴的品牌形象，还带动了平台销售额的增长。

四是注重数据驱动的决策优化。阿里巴巴注重数据驱动的决策优化，通过数据分析来指导市场营销和客户关系管理的策略制定和执行。阿里巴巴建立了完善的数据分析体系，对市场营销和客户关系管理的数据进行深入挖掘和分析，更准确地把握了市场趋势和用户需求，因此能制定出有效的市场营销和客户关系管理策略。

第六节　财务管理

一、财务管理的重要性

财务管理是影响企业运营和发展的核心要素之一，企业必须高度重视财务管理，建立健全财务管理体系，不断提升财务管理水平，以确保企业的长期稳健发展。概括起来，财务管理的重要性主要体现在以下几个方面：

（1）保障企业资金的安全与运营的稳定。财务管理通过严格的资金管理制度实时监控企业的资金流动情况，确保资金安全、高效使用，防止出现资金风险。有效的财务管理能够优化企业的现金流，确保企业资金在各个环节都能得到合理分配与使用，避免出现资金短缺或闲置的情况，保障企业运营的稳定。

（2）提升企业的经济效益与市场竞争力。财务管理通过成本核算与分析来明确企业成本的构成和变动趋势，采取有效的成本控制措施来降低企业成本，这能提升企业产品的竞争力。财务管理提供准确的盈利分析报告，帮助企业领导层作出明智的投资与经营决策，进而提升企业的经济效益。

（3）促进企业可持续发展。通过制定和执行财务预算，企业能够合理规划收支、控制成本，确保资源得到有效利用，为企业的长期发展奠定基础。通过对各种财务风险进行识别、评估和管理，企业可以及时发现异常并采取应对措施，降低运营风险，让自身得以持续发展。

（4）增强企业的信誉与融资能力。规范的财务管理能够确保企业财务报表的透明度和准确性，提升企业在投资者、债权人和合作伙伴心中的信誉度。良好的财务管理状况也是企业获得银行贷款、发行债券以及吸引投资者的重要条件。

（5）支持企业的战略决策。财务管理通过提供全面的财务数据和分析报告，为企业的战略决策提供有力的数据支持。对财务指标进行跟踪和分析，还能监控企业战略的执行情况，及时发现战略执行过程中的问题。

二、财务管理的核心内容

财务管理的内容涉及多个方面的事项，而其中最为重要的是财务规划、投资决策、融资决策以及营运资金管理四个方面的事项：

(1) 财务规划。在财务规划中，预算编制是至关重要的一环。企业需要根据历史数据、市场趋势以及内外部因素来制定详细的财务预算，以确保资源得到有效分配和利用。此外，现金流管理也是财务规划的重要组成部分。企业需要密切关注现金流的变动情况，确保有足够的资金来支持企业的日常运营和帮助企业应对突发事件。

为了制订有效的财务规划，企业需要进行全面的市场分析和竞争分析，同时要评估自身的财务状况和风险承受能力，以确保财务规划可行和可持续。

(2) 投资决策。企业在做投资之前，需要评估不同投资项目的风险和收益，制定出最符合企业战略目标的投资方案。常用的投资评估指标有净现值（NPV）、内部收益率（IRR）以及投资回收期等，这些指标可以帮助企业量化投资项目的经济效益和风险程度，从而作出明智的投资决策。

在做投资决策时，企业还需要考虑市场趋势、竞争格局以及政策法规等因素对投资项目的影响。此外，企业还需要制定完善的投资决策流程，确保投资决策的科学性和合理性。

(3) 融资决策。企业需要根据自身的资金需求和融资条件来选择合适的融资方式。在做融资决策时，企业需要综合考虑融资成本、融资风险以及融资对企业资本结构的影响。企业应选择融资成本较低、风险可控且能够优化企业资本结构的融资方式。此外，企业还应关注融资市场的动态和政策法规的变化，以确保融资决策的及时性和有效性。

(4) 营运资金管理。营运资金管理涉及企业现金、存货以及应收账款等的管理。企业需要建立起完善的现金管理制度，确保现金具有足够的流动性，通过优化存货管理和应收账款管理来降低营运资金的占用，提高资金的周转效率。此外，企业还需要加强与供应商和客户的沟通与合作，以确保供应链顺畅和资金及时回收。

三、强化财务管理的手段

企业应从多个方面入手,全面加强财务管理,为企业的盈利和发展奠定坚实的财务基础。以下是企业强化财务管理需要采取的措施:

(1)建立健全财务管理制度。一要制定详细的财务管理制度。企业应制定包括财务审批流程、会计核算方法、财务报告制度、内部审计制度等在内的财务管理制度,确保所有财务管理活动都有章可循、有据可查。二要持续优化财务管理制度。企业要根据自身的实际情况和市场变化,不断完善财务管理制度,以使财务管理制度能够适应企业发展的需要。

(2)强化财务预算管理。一要编制预算。在每个会计年度开始之前,企业应根据经营情况和市场环境编制预算,合理规划资金的使用。二要做好预算的执行与监控,确保预算目标得到实现。

(3)加强资金管理。一要建立严格的资金管理制度,确保资金安全、高效使用。二要做好现金流管理。要实时掌握资金的流动情况,规范资金的使用和归集,加强风险的预警和控制工作,确保企业资金的安全。三要优化资金结构。通过合理调配资金、优化资金结构来降低资金的使用成本,提高企业的经济效益。

(4)加强成本控制。一要做好成本核算与分析。采用成本核算方法,分析各项成本的构成和变化,明确成本的构成和变动趋势。二要采取成本控制措施。采取有效的成本控制措施,如降低采购成本、提高生产效率、减少浪费等,这些措施能够降低企业的运营成本,提高企业的市场竞争力。

(5)提高财务人员的素质。一要选派合适的人员。企业领导应选派思想素质好、责任心强、业务水平高的人员来担任财务人员。二要加强培训与教育。加强对财务人员的培训和教育,提高他们的专业素养和职业道德水平。

(6)利用现代信息技术。一是引入财务管理软件。通过引入财务管理软件,实现财务数据的实时更新和便捷分析,提高财务管理的透明度和准确性。二是利用大数据、云计算等先进技术,深入挖掘财务数据背后的价值,为企业的各项决策提供有力支持。

(7)建立内部控制与审计机制。一要建立健全内部控制制度,规范企的管理和运营流程,加强对资产和人员的监管和保护。二要定期开展内部审计和外部审计,以便及时发现和纠正财务问题。

四、发挥财务管理的价值

企业要不断挖掘和发挥财务管理的功能、作用和价值,以此来为企业战略目标的达成提供支撑,为企业正确决策提供支持,促进企业业务发展,提升企业内部效率,加强企业降本增效的能力,为风险管控防控充当"哨兵",充分发挥财务的协同效应。

(1) 全面做好财务的预算管理。财务的预算管理具有提供决策支持、优化资源配置、提高运营效率、加强内部管理等作用,其核心目标则是推动战略目标和战略任务实现。要想取得竞争优势,企业就要做好财务的预算管理,在战略成本上多给预算,尽量节省非战略成本,将更多的资源投入到可持续、有利润的业务上,以提升企业的竞争力,实现企业的经营目标。

(2) 深刻理解财务报表的价值作用。财务报表是企业管理的重要工具,可用于协助制订经营计划、监控经营状况、评估经营绩效、促进经营管理水平提升、改善内部管理、调整经营策略、助力实现提质降本增效以及风险的识别和防控等。

各类财务报表中,资产负债表、利润表和现金流量表这三张财务报表具有丰富的财务内涵,它们能反映企业的经营状况、经营成果和盈利能力(三者又分别被称为企业的"底子""面子"和"日子")。资产负债表体现的是企业的财务实力、资源结构及权益归属;利润表体现的是企业的经营能力,即企业在一定时期内的经营成果;现金流量表展现了企业的钱从哪里来、花到哪里去,企业资金流转的情况是否达到预期,它体现了企业的经营质量。做好财务报表分析工作有两方面作用:一方面,有利于经营管理人员了解企业各项任务指标的完成情况,评价管理人员的经营业绩,及时发现问题并调整经营方向,制定措施以改善经营管理水平,提高经济效益;另一方面,可以帮助企业了解自身的财务状况、经营情况和未来发展前景,为经济效益预测和经营决策提供参考依据。

(3) 发挥财务的风险识别和预警防控功能。企业可以利用财务报表来诊断企业财务和企业经营的健康状况,判断企业中存在哪些风险点,为企业进行风险管理提供依据。从企业财务的"金三角"(增长性、盈利性、流动性)可以看出经营基本面的健康状况——增长性反映企业市场竞争力的强弱,盈利性体现企业存在价值的大小,流动性反映企业管理水平的高低。分析利润表、现金流量表和资产负债表中的关键数据,能对企业当前的经营情况正常与否作出判断。如从利润表可看出企业的赚钱能力(看净利润)与产品的盈利能力(看销售毛利率),从现金流量表可看出企业赚到的钱能否收回来(看经营活动现金净流量),从资产负债表可看出企业的偿债能力、债务风险情况(看资产负债率、流动比率、速动比率)。企业做好财务报表分析工作,能及时识别企业可能面临的现金流风险、债务风险、应收应付账款风险、预收预付账款风险、库存风险、无形资产风险、投资风险,继而做好风险的预警提示和管控工作。

(4) 多举措建立"数字财务",充分发挥财务的协同效应。在当前的新环境下,企业需要做好财务的数字化转型和升级工作,建立数字化的财务体系,实现业务、财务一体化;利用新技术进行创新,建立财务协同平台,实现财务处理的数字化、智能化和自动化。此外,还要加强财务团队的建设,提高财务管理的效率和质量,充分发挥财务的协同效应,提升企业的竞争力及创新能力。

案 例

京东集团的全方位成本管理与财务优化

京东集团(简称京东)是中国领先的自营式电商企业和零售基础设施服务商,拥有庞大的商品种类和高效的物流体系。自成立以来,京东就不断创新和优化财务管理策略,为公司快速而稳健的发展提供助力。

一是基于价值链开展全方位成本管理。京东采用基于价值链的全方位成本管理方法,将成本管理嵌入到供应链、物流、营销等各个环节中,通过提高价值链效率和降低各环节成本,来实现整体成本的最优化。京东建立了先进的信息系统,通过即时库存管理和高效的物流体系来减少库存积压和物流成本,同时利用大数据来分析消费者行为,从而实现精准营销,降低营销费用。

二是开展全面预算管理。京东实施全面预算管理，狠抓预算制定、执行、监控和评估等环节，确保企业资源的合理配置和财务目标的实现。京东设立了专门的预算管理委员会，负责全面预算的制定和执行。公司提出"人人成为经营者"的口号，将由单个员工或若干员工组成的基准单位设定为独立核算的"经营体"，将预算目标层层分解和落实。

三是开展资本结构优化与融资管理。京东通过多元化的融资渠道和灵活的资本结构安排来确保企业资金的充足。京东在发展过程中，既通过发行股票筹集长期资金，也通过发行债券和利用银行贷款等方式筹集短期资金。此外，京东还积极利用供应链金融等创新融资工具，以降低融资成本，提高资金使用效率。

四是开展风险管理。京东建立了完善的风险管理体系来管理市场风险、信用风险、流动性风险等，通过风险的预警、监控和应对机制来确保企业的财务安全。京东利用财务报表分析、压力测试等手段，定期评估企业面临的各类风险，以风险应急响应机制来确保在风险事件发生时能够迅速采取应对措施，减少损失。

五是注重财务分析的决策支持作用。京东构建起全面的财务分析体系，可以作出准确的偿债能力分析、盈利能力分析、营运能力分析，为管理层提供准确、及时的财务信息，帮助管理层作出最佳决策。

第七节 风险管理

一、风险管理的作用

风险管理是指企业在经营过程中，为了有效抵御风险、实现预期经营效益而对可能产生的风险进行识别、评估、应对和监控的过程。这一过程涉及对企业内外部环境的全面分析。企业应利用科学的方法来识别潜在的风险，评估其可能带来的影响，并据此制定和实施相应的风险管理策略，以使风险给企业带来的负面影响最小化。

风险管理关乎企业运营的方方面面，其作用主要有以下几点：

（1）保障经营稳定。风险管理在企业管理中扮演着至关重要的角色，它能帮助企业全面识别和评估潜在的风险，从而采取相应的预防和应对措施。有效的风险管理能够减少影响企业运营的不确定性因素和会对企业正常运营造成干扰的突发事件，确保企业经营稳定，而这种稳定性对于企业的发展来说是十分重要的。

（2）降低经济损失。风险管理不仅为企业的稳定经营提供了保障，它还能使企业免于遭受一些不必要的经济损失。通过深入分析和评估各种风险，如市场风险、信用风险等，企业可以及时发现那些可能会给经济造成损失的危险因素，进而采取措施来保护企业的资产和利益，最终确保企业的财务健康。

（3）提升决策质量。风险管理要求企业对各种风险进行全面分析和评估，包括风险发生的可能性、影响程度以及应对策略等，这些分析结果为企业的决策提供了重要的参考信息，使企业能更加科学地制定战略和计划。基于风险管理的决策会考虑得更加周全，能够预见潜在的问题和挑战，这样的决策更有质量，也更有效。

（4）增强企业竞争力。在竞争激烈的市场环境中，企业面临的风险更加复杂多变。通过科学的风险管理，企业能够更好地把握市场机遇，降低经营风险，从而提升自身的竞争优势和市场地位。有效的风险管理使企业能够更加灵活地应对市场变化，抓住商机，并在竞争中保持领先地位。

（5）促进企业可持续发展。风险管理关注企业的长期利益，致力于为企业创造一个稳定、可预测的经营环境，这有助于企业在不断变化的市场环境中保持竞争力，从而实现长期盈利和持续增长。

（6）提升企业形象和信誉。如果企业能够妥善处理风险事件，保护消费者和利益相关者的权益，那么毫无疑问，它将赢得更多的信任和支持。这种信任和支持对于企业的长期发展来说是至关重要的。因此，风险管理也有助于企业建立良好的品牌形象，提升信誉，使企业能够吸引到更多的客户和合作伙伴。

（7）确保企业经营合法合规。风险管理要求企业深入了解和分析法律法规的变化和要求，及时调整经营策略和管理措施，避开法律风险，这促使企业意识到合法合规经营的重要性，而合法合规经营也具有提升企业社会形象的作用。

二、风险的类别

企业在经营过程中可能遇到的风险可以分为两大类——系统性风险和非系统性风险。

系统性风险也被称为宏观风险或不可分散风险，是指由企业外部不可预计和控制的因素造成的风险。系统性风险通常会影响整个市场或市场中的大部分参与者，具有普遍性和全局性，它包括且不限于政策风险、利率风险、购买力风险和市场风险等。系统性风险主要由政治、经济及社会环境等宏观因素造成，如国家政策调整、经济周期波动、突发全球性或区域性的经济事件等都可能引发系统性风险。系统性风险是企业完全无法避免的风险，因此，它不是企业风险管理的对象。

非系统性风险也被称为可分散风险、特定风险、异质风险或个体风险，是指只对某个行业或个别企业产生影响的风险。这种风险通常由内部因素或与企业相关的特有事件引起，例如由企业的财务状况变化、管理决策变更、市场竞争地位变动、技术变革等引起，它是可测可控的，也是企业风险管理的真正对象。

一般来说，企业在经营过程中可能会遇到的非系统性风险主要有以下几种：

（1）经营风险。经营风险是指企业的日常运营产生问题而导致的风险。日常运营问题包括管理失误问题、生产问题、产品或服务失败问题、劳工关系问题等。这种风险直接影响企业的收入和盈利能力。

（2）财务风险。财务风险与企业的财务状况，如债务水平、现金流问题等紧密相关。例如，高负债水平可能使企业在经济环境发生变化时面临更大的偿债压力，而现金流出问题则可能导致企业无法按时支付款项或进行必要的投资。

（3）信用风险。信用风险指借款人或债务人可能无法履行还款义务，导致债权人遭受损失的风险。在企业经营中，信用风险主要体现在债务违约和应收账款坏账等方面——企业无法按时偿还债务或应收账款无法收回，都将对公司的现金流和财务状况产生不利影响。

（4）流动性风险。流动性风险本质上是企业的现金流入和流出在某个时点或数量上不匹配所导致的风险，它一般表现为企业无法及时获得充足的资金以偿付到期债务、满足运营需求或抓住投资机会。

（5）合规风险。合规风险是指企业因未能遵守法律法规而可能遭受的损失。随着法律法规的不断完善和监管力度的加强，企业面临的合规风险日益增加，如果企业未能及时了解和适应相关法律法规的变化，可能会因违法违规行为而受到处罚，从而遭受损失。

（6）声誉风险。声誉风险是指企业因负面事件而可能遭受的损失。在互联网高度发达的今天，企业发生的负面事件很容易被广泛传播，这将会严重影响其品牌形象和市场信誉，进而对公司的经营业绩产生不利影响。

（7）技术风险。技术风险是指企业因出现技术过时、数据泄露或系统故障等方面的问题而遭受的损失。对于那些身处高科技行业的企业而言，控制技术风险尤为重要，如果企业未能及时跟上技术发展的步伐或未能有效保护其技术资产和数据的安全，那么其竞争力和市场地位将受到严重影响。

三、风险的识别

风险识别是企业风险管理的核心环节，其重要性不言而喻。它不仅关乎企业能否及时洞察潜在威胁，还直接影响到后续的风险评估、风险监控和风险应对。因此，企业需要运用科学的方法和工具来深入识别风险因素，为后续的风险管控工作奠定坚实的基础。

要想做好风险识别工作，需要从以下几个方面入手：

（1）确定科学的风险识别方法。风险识别不能凭空臆断，而是要借助科学的方法。企业应结合行业特性与自身的业务特点，灵活选择和运用多种风险识别方法，如问卷调查法、深度访谈法、头脑风暴会议法、专家调查法、情景模拟分析法等。这些方法各有优势，能够帮助企业从不同维度、不同层面深入挖掘潜在的风险，确保风险识别的全面性和准确性。

（2）深入识别内部和外部的风险因素。风险识别，既要关注企业内部的运营流程、财务状况、人力资源配置、技术创新能力等因素，也要时刻留意市场环境、法律法规、竞争对手以及供应链等外部因素。只有内外结合、细致入微地进行分析和梳理，企业才能够更准确地识别出那些可能对实现战略目标和维持日常运营造成不利影响的风险因素。

（3）建立健全风险识别机制。为了确保风险识别具有可持续性和时效性，企业应制订需定期执行的风险识别计划，并建立相应的风险报告制度。任何人一旦发现新的风险点或原有风险发生变化，应立即向风险管理部门或领导层报告。此外，企业应积极营造全员参与风险管理的文化氛围，鼓励员工在日常工作中主动识别和报告风险，形成上下联动、全员参与的风险管理格局。

（4）持续更新与完善风险识别体系。风险管理是一个动态的过程，企业的内外部环境会不断变化，风险识别体系也需要不断更新和完善。企业应定期对现有的风险识别方法和工具进行评估和调整，确保其能够满足企业风险管理的需求，确保风险识别体系的先进性和有效性。

四、风险的评估

风险评估是在风险识别的基础之上，对已经识别出的风险做更为深入、细致的定性和定量分析的过程。这一过程旨在帮助企业更全面、准确地了解风险，为后续的风险监控和风险应对提供科学、有力的支持。

要做好风险评估工作，需要从以下几个方面入手：

（1）确定风险评估的标准和方法。企业要基于风险管理的目标和原则，选择适合行业特性和自身业务特点的风险评估方法，包括数理统计法、模糊综合评价法、敏感性分析法、情景模拟法等。至于具体应选择何种方法，需综合考虑风险的性质、数据的可获得性以及评估工作的可行性等因素后再作出决定。

（2）收集和分析风险数据。风险评估的准确性在很大程度上取决于风险数据的收集和分析情况。因此，企业应广泛收集与风险相关的各种数据，包括市场数据、行业数据以及企业内部的运营数据等。在收集到足够的数据后，企业还要先对数据进行整理和预处理，以确保数据的准确性和一致性，然后再利用统计分析、数据挖掘等技术手段对数据进行深入分析，提取出对风险评估有用的信息。

（3）进行定性评估。定性评估主要是对风险发生的可能性和影响程度作出定性描述和分析。在这一阶段，企业可以采用调查研究法、专家访谈法、逻辑判断法等方法来对风险进行定性评估，全面地了解风险的性质、来源，可能造成的影响以及现有的控制措施等。

（4）进行定量评估。在定性评估的基础上，企业还需利用数理统计法等方法将风险发生的可能性和影响程度进行量化，包括确定风险发生的概率、风险对企业的影响程度（如财务损失程度、市场份额下降程度）等，更准确地了解风险的大小，确定风险处理的优先级，为后续的风险应对工作提供更有力的决策依据。

（5）编制风险评估报告。风险评估工作的最后一环是将风险评估的结果整理成风险评估报告。风险评估报告的内容应包含风险列表、风险描述、定性和定量的风险评估结果、风险处理的优先级以及建议采取的风险应对措施等。

五、风险的监控

风险监控是在风险评估的基础上，对风险的变化和发展趋势进行持续、细致且系统地管理的过程。它要求企业建立起一套科学、高效的风险监控机制，以确保在发生风险时能够迅速采取有效的应对措施。

做好风险监控工作，需要从以下几方面入手：

（1）建立风险监控体系。首先，要制订风险监控的计划和流程，明确监控的步骤、方法和周期，确保风险监控工作的规范性和有效性。其次，要确定风险监控的责任部门和责任人，明确其职责和分工，以确保监控工作顺利开展。最后，要为风险监控提供必要的资源支持，包括人力、物力、财力等，确保监控工作可以持续、稳定进行。

（2）确定风险监控的方法和工具。首先，要选择适合行业特性和企业自身业务特点的风险监控方法和工具。不同行业、不同企业面临的风险可能是不一样的，因此需要有针对性地选择监控方法和工具。其次，利用大数据分析、人工智能等先进技术手段不仅对风险进行实时监控。这些技术手段不仅能够快速处理大量数据，发现潜在的风险，也能为后续的风险应对提供有力支持。

（3）实施风险监控。首先，要对已识别出的风险进行持续跟踪，关注风险的变化发展情况。其次，要定期对风险进行重新评估，更新风险评估结果和风险处理的优先级。企业的内外部环境是变化的，风险也随时可能发生变化，定期对风险进行重新评估的目的就是确保监控工作有效。

（4）建立风险预警机制。首先，要设定风险的预警指标和预警阈值。当风险的严重程度超过预警指标的阈值时，风险监控系统能及时发出预警信号。

其次，要制订预警响应计划。预警响应计划应包括应对措施、责任人、执行时间等内容，以确保在风险发生时能够迅速、有序地应对风险。

（5）编制风险监控报告。首先，要将风险监控的结果整理成报告形式。风险监控报告的内容应包含风险的当前状态、变化趋势、预警情况等。其次，要将风险监控报告提交给风险管理部门的主管领导甚至领导层，让他们及时了解企业当前的风险状况。

六、风险的应对策略

在企业风险管理中，常见的风险应对策略主要有风险承担策略、风险规避策略、风险转移策略、风险转换策略、风险对冲策略、风险补偿策略和风险控制策略。

（1）风险承担策略。选择风险承担策略，意味着选择了直面风险，主动承受其可能带来的后果。这种策略通常用于应对那些影响较小、发生概率较低的风险。当企业认为采取其他策略付出的成本会超过风险造成的损失时，也可能会选择风险承担策略。例如，当面对轻微的市场波动时，大多数企业会选择按兵不动，承担潜在的市场风险。

（2）风险规避策略。风险规避策略是一种预防性的风险应对策略，它指的是企业主动回避、停止或退出可能蕴含风险的商业活动或环境，避免成为风险的承担者。例如，在管理新项目时，企业往往会采用成熟的项目管理方法和工具，以规避项目管理创新带来的风险。

（3）风险转移策略。风险转移策略是指企业通过合同或其他合法工具，将风险的责任和潜在损失转移给第三方。这个策略通常通过业务外包、购买保险或制定有利于自己的合同条款来实现。例如，在软件开发项目中，企业选择将部分或全部开发工作外包给专业的软件开发公司，从而转移软件开发失败的风险。

（4）风险转换策略。风险转换策略指的是企业通过战略调整或其他手段，将一种风险转换为另一种风险。这也意味着企业需要在不同风险之间进行取舍。例如，为了增加销售额，企业放松对客户的信用标准要求，这虽然会使坏账风险增加，但也带来了销售增长的机会。

（5）风险对冲策略。风险对冲策略是指企业采取多种手段，引入多个风险因素或承担多个风险，使这些风险能够相互抵消，从而使风险水平整体降低。例如，一些大企业通过构建多元化的投资组合来降低单一经营带来的风险。

（6）风险补偿策略。风险补偿策略是指企业对可能出现的风险损失采取了"预先补偿"的措施。"预先补偿"的措施包括财务储备、人力资源调配、物资准备等。例如，企业设立专项储备金用于弥补潜在的损失，或提前培训备用人员以应对关键岗位的人员流失。

（7）风险控制策略。风险控制策略指的是企业通过控制风险发生的动因、环境和条件来降低风险的影响程度，或是降低风险发生的概率。例如，在制造业中，企业可以通过实施严格的质量控制流程来降低产品不良率，从而控制质量风险。

需要提醒的是，这些风险应对策略是可以综合使用的，企业应结合自身实际情况来灵活选择，以最大限度地规避风险。此外，企业一定要定期做好风险评估，以确保已选的风险应对策略仍然有效。

案　例

华为的全面风险管理体系与实践

华为是全球领先的信息与通信技术解决方案供应商，其业务遍布全球多个国家和地区。在快速发展的过程中，华为深知风险管理的重要性，因此建立了一套全面而有效的风险管理体系，以确保企业能够稳健发展。

一是建立风险识别与评估机制。华为建立有内部风险报告系统、外部情报收集和分析系统，以及时、准确识别风险，并定期开展风险评估工作，对风险发生的概率和影响进行量化分析，确定风险处理的优先级。

二是建立风险应对机制。对于每种类型的风险，华为都有相应的应对策略。对于那些高概率发生且影响重大的风险，华为通常选择规避策略，因此我们可以看到，华为很少涉足高风险的业务领域。

三是建立内部控制与合规机制。华为很注重内部控制和合规管理，建立了完善的内部控制体系，其在财务控制、供应链管理、信息安全等多个方面的管理都被其他企业视为学习的榜样。华为有专门的合规部门，负责监督企业的各个运营环节是否符合相关的法律法规和行业标准。

四是建立风险监控与报告机制。华为通过自建的信息系统实时监测企业运营中的风险，定期编制风险报告，确保管理层能够及时了解企业面临的风险状况。

五是注重风险文化建设。华为倡导稳健经营的理念，注重培养员工的风险意识，并定期为员工提供风险管理知识和技能培训，致力于通过风险文化建设来提高员工对风险的认识和应对能力。

第八节　创新与变革

一、创新之路

（一）创新思维的重要性

在这个一切都在快速变化的时代，创新思维成为推动企业不断进步和适应市场变化的关键因素，因此，企业应注重培养员工的创新意识和能力，建立有利于创新的组织文化和机制。

创新思维的重要性主要体现在以下方面：

（1）创新思维有助于企业打破常规，找到新的市场机会。在当下这个充满变数的市场环境中，企业需要不断探索新的业务领域，找到新的业务增长点。企业要有创新思维，跳出传统的思维框架，去发现并抓住那些被忽视或未被充分开发的市场，以在未来的竞争中占据先机，获得更多的市场份额和更大的利润空间。

（2）创新思维可以促进企业产品和服务升级换代。随着科技飞速发展和消费者需求日益多样化，企业需要不断创新以满足客户的需求。创新思维可以帮助企业开发出更具竞争力的产品，提升产品的性能和用户体验，从而满足消费者的期望并赢得他们的忠心。产品持续创新不仅有助于巩固企业的市场地位，还能推动整个行业的进步和发展。

（3）创新思维有助于企业内部管理的优化和提升。很多企业的管理模式存在层级烦琐、决策缓慢等问题，这些问题不仅影响了企业的运营效率，还会阻碍企业的创新和发展，而创新思维则可以推动企业采用更加灵活和高效的管理方式。

（4）创新思维有助于激发员工的创造力和工作热情。那些充满创新氛围的企业更能吸引和留住优秀的人才，而这些人才又将为企业带来更多的创新举措，推动企业持续发展，从而形成良性循环。当员工提出的创意或想法被企业重视和采纳时，他们的归属感和忠诚度也自然会提升，工作也自然更有激情。

（二）创新思维的培养

培养创新思维需要有系统的方法和策略，以下是一些可供参考的建议：

（1）建立开放包容的企业文化。企业应允许员工自由表达自己的想法，不以传统观念来束缚他们，积极鼓励员工多提出建设性意见，并给予肯定和支持，让员工知道他们的声音是被听见和重视的。此外，企业还应倡导员工用多元化的思维方式思考问题，尊重不同的观点，以促进更多创新和创意行为诞生。

（2）为员工提供学习和成长的机会。企业要经常组织各种形式的培训活动，包括内部培训、外部培训、行业会议等，让员工不断接触新技术、学习新知识。这不仅可以拓宽员工的视野，还可以激发他们的创新思维。此外，设立创新奖励机制是很有必要的。对好的创新点子、实施成功的创新项目给予奖励和支持，可以有效地激发员工的创新动力，促使他们继续发展创新思维。

（3）开展跨部门交流活动。企业应该鼓励跨部门合作，让不同背景、不同专业的员工多多交流。这种交流可以让思维碰撞出火花，员工在分享经验、探讨问题的过程中会冒出许多创新的点子。

（4）鼓励尝试和失败。企业应鼓励员工勇敢大胆地尝试，并为其可能遭遇的失败兜底。这种包容是员工在创新之路上前行的动力。

（5）设立创新基金或创新实验室。企业可以设立专门用于支持创新项目的基金，为创新提供必要的资金支持。有条件的企业还可以创建一个创新实验室，其功能是负责孵化和管理创新项目，为创新提供资源支持。

二、创新的途径

企业创新的途径有很多，从理念、文化到具体的产品、技术，都可以走出一条创新之路。

（1）理念创新。理念创新是企业创新的灵魂。它要求企业不断审视和更新自身的核心价值观、使命和愿景，以确保它们与时代的发展和市场的需求保持同步。企业可以通过引入新的管理理论来打破传统的思维定式，为企业注入新的思想活力。

（2）文化创新。文化创新关注的是企业文化的重塑和升级。富有创新精神的企业文化能够激发员工的创造力和凝聚力，推动企业持续发展。企业可以通过倡导开放、包容、鼓励尝试和容忍失败的文化氛围来培养员工的创新意识和创新精神。

（3）组织创新。组织创新涉及企业组织结构的调整和变革。为了适应快速变化的市场环境，企业需要构建更加灵活、高效的组织结构。这可以通过扁平化管理、项目制作和运作、跨部门协作等方式来实现。

（4）商业模式创新。商业模式创新要求企业重新审视和定义自身创造价值、传递价值和实现价值的方式，通过探索新的盈利模式、渠道策略、合作伙伴关系等，开辟新的市场空间，实现可持续发展。

（5）管理模式创新。管理模式创新是对旧有管理模式的改进和升级。企业可以通过引入先进的管理方法和管理工具来提高管理的效率和质量。

（6）产品创新。产品创新是企业创新的核心领域之一，它包括了推出新产品、改善产品品质、增加产品功能以及提升产品价值等行为。企业可以利用市场调研、技术研发、用户体验等手段，不断推出有市场需求的新产品，保持竞争优势。

（7）技术创新。技术创新是企业创新的重要组成部分，它涉及新技术、新材料、新工艺的研发和应用。企业应通过加大研发投入、开展产学研合作、引进技术等方式，不断提升自身的技术水平和创新能力，从而推动产品或服务升级。

（8）流程创新。流程创新关注企业内部生产、运营、管理等流程的优化和再造。企业可通过流程梳理、流程再造、自动化和数字化等手段，提高各个业务流程的运作效率和运作质量，降低运作成本和运作风险，从而增强企业的竞争力和可持续发展能力。

（9）营销创新。营销创新涉及市场营销策略、营销渠道、促销手段等方面的创新。企业可通过采用新的营销理念、技术和工具，更好地满足市场需求，提高自家品牌的知名度和市场份额。

（10）服务创新。服务创新关注如何提供更加优质、高效、个性化的服务以满足客户需求。企业可以通过定制服务、服务流程优化、数字化服务以及建立有效的客户反馈机制等手段，不断提升服务质量和客户满意度，提升客户忠诚度和企业的市场竞争力。

（11）数字创新。当下是一个数字经济时代，产品的设计开发、制造以及物流运输和销售等环节都可用数字技术加以改善。企业要在创新的过程中积极将数字技术、信息技术、通信技术进行组合运用，以创造新产品、改进生产流程、变革组织模式、搭建数字平台、创建或改变商业模式。

需要提醒的是，在创新的同时，企业也要注重创新的系统性和整体性，确保各个领域的创新能够协同和互补，从而获得全面的创新优势。

三、变革之路

（一）变革的必要性

时代在发展，环境在变化，企业变革是不可避免的。具体而言，企业变革的必要性主要体现在以下四个方面：

（1）企业变革是适应市场环境变化的必然要求。无论在哪个时代，"变"都是唯一"不变"的东西，更何况是在当下的时代。新技术的涌现、行业格局的重塑、政策法规的调整……这些变化都在不断向企业发起新的挑战，企业如果不能及时地进行变革，就很容易被市场淘汰。因此，企业必须有敏锐的市场洞察力，能够及时发现市场变化，并通过变革来适应这些变化，以确保自身拥有足够强大的市场竞争力。

（2）企业变革是满足消费者需求的必经途径。随着社会发展，消费者对产品和服务的需求也在不断地升级和变化，企业如果不能及时了解消费者需求的变化并满足消费者的新需求，就会失去消费者的信任和支持。因此，企业必须通过变革来不断地提升产品和服务的质量，开发新产品，升级服务，以留住消费者。

（3）企业变革是激发内部活力和创新力的必要手段。一个长期不进行变革的企业，很容易陷入故步自封的境地，员工的积极性和创造力也会受到压制。只有变革，打破原有的束缚和框架，才能激发员工的创新意识和创造力，为企业的发展注入新的活力。此外，变革也可以促进企业内部的优胜劣汰，让那些具有创新能力和更强适应能力的员工得到更多的发展机会。

（4）企业变革是赢得未来竞争优势的必要条件。未来的市场竞争会越来越激烈，只有那些能够不断进行变革并在变革中不断创新的企业，才能赢得胜利。变革的目的不应仅是为了应对当前的挑战，更应着眼于应对未来的挑战。企业只有通过变革不断地提升核心竞争力，才能在未来的市场上继续占有一席之地。

（二）企业变革可能遇到的挑战

企业变革的过程注定不会一帆风顺，在这个过程中，企业可能会遇到来自多个方面的挑战，不仅有来自企业内部的挑战，也有来自外部环境的挑战。企业在变革过程中最常遇到的挑战主要来自以下四个方面：

（1）员工的阻力。一些员工习惯了旧的工作方式和流程，对变革持怀疑或抵触态度，他们担心变革会影响到自己的利益（如职位、权力等），从而成为变革的反对者。这种来自内部员工的阻力是大多数企业在变革过程中都会遇到的。在变革实施之前，企业一定要做好充分的沟通和动员工作，让员工理解变革的必要性和变革能给企业、个人带来的好处，鼓励他们积极参与其中。企业要通过开展培训、举办研讨会等方式，提升员工对变革的认知程度和接受程度，同时也要建立相应的激励机制，鼓励员工积极参与变革并为之贡献自己的力量。

（2）短期的业绩波动。在变革初期，出于流程调整、资源重新分配等原因，企业的业绩可能会下滑或变得不稳定，一旦发生这样的情况，企业的领导甚至员工就会有压力，从而就会出现质疑和反对变革的声音。因此，企业需要在变革实施之前做好充分的规划和准备，确保企业安稳度过变革的过渡期。在变革的过渡期，企业领导层一定要保持耐心和信心，要相信变革最终会为企业带来长期的收益和持久的竞争优势。

（3）时间和资源的花费。变革可能是一个长期的过程，也需要企业付出巨大的成本，如果企业没有足够的决心和投入，变革很可能半途而废。因此，企业在决定进行变革之前，一定要充分评估自身的资源和能力，确保有足够的资源支持、推动变革。

（4）外部环境的不确定性。市场环境、政策法规、竞争对手的变化等都会影响变革的进度和效果，因此，企业需要在变革过程中时刻保持高度敏感，在外部环境发生变化时及时调整策略。

（三）变革的途径

企业变革的途径有理念与文化变革、战略与定位变革、组织与流程变革、技术与产品变革等，几乎涉及企业运营的所有方面，企业应根据自身的实际情况和市场变化选择合适的变革途径并制订相应的实施计划。各种变革途径的解释如下：

（1）理念与文化变革。企业的理念和文化是企业行动的指南，任何深层次的变革都必须从改变理念和文化开始。

首先，要调整企业理念。一是要重定企业使命。企业使命是企业存在的根本目的和原因，它回答了"我们的企业为什么要存在"这个问题。内外部环境发生重大变化后，员工们可能会对未来感到迷茫，重定企业使命可以为他们指明努力的方向。二是要确立经营思想。经营思想是企业经营活动的根本原则，它指导企业如何开展业务、如何处理与客户的关系、如何对待员工，一个明确的经营思想可以帮助企业在复杂多变的市场环境中保持一致性和稳定性。

其次，要重塑文化。一是要培育积极向上的企业文化。企业应该注重培育一种开放、创新、协作的企业文化，激发员工的创造力和工作热情，提高组织的整体效率。二是要重视文化的冲突与融合。在并购或合作过程中，不同企业之间的文化差异可能会导致冲突产生。因此，企业应该重视文化冲突的问题，努力建设一种"合金文化"，即让不同的企业文化能够相互融合、相互补充。

（2）战略与定位变革。和理念与文化近似，战略和定位是企业发展的指南，任何与企业未来相关的变革都必须从改变战略和定位开始。

首先，要重新定位企业战略。一是要根据市场变化调整战略方向。市场环境是不断变化的，企业应该根据市场的变化及时调整自己的战略方向。二是要梳理产品线。企业应该对现有的产品线进行梳理，明确不同产品的市场定位和未来发展策略。

其次，要采用不同的战略变革方式。战略变革方式主要有四种：一是渐变式变革。这种变革方式适用于市场环境和企业经营状况相对稳定的情况。在此情况下，企业可以通过渐进式的变革来逐步优化自己的战略。二是连变式变革。当企业需要抓住某个市场机遇或应对某个挑战时，可以采取这种方式。这种变革方式要求企业具备较强的应变能力和创新能力，能够不断地调整和优化自己的战略。三是突变式变革。当企业经营状况不佳或面临重大危机时，需要采取果断的变革措施来迅速扭转局面。这种变革方式要求企业高层具备强烈的变革意识和决心，能够迅速作出决策并采取行动。四是跳变式变革。当企业面临重大的市场机遇或挑战时，可以采取跳跃式变革的方式。这种变革方式要求企业具备敏锐的市场洞察力和创新能力，能够迅速抓住市场机遇或应对挑战，实现企业的快速发展或转型。

（3）组织与流程变革。组织与流程是企业运营的基础，任何有关企业效率的变革都必须从改造组织与流程开始。

首先，要优化组织结构：一是实施扁平化管理，通过减少管理层级、提高决策效率来优化组织结构。扁平化管理可以使企业变得更加灵活和高效，能够更好地适应市场和客户需求的变化。二是调整部门设置和职能划分。根据业务需求和市场变化来调整部门设置和职能划分，可以确保资源得到高效配置和高效利用。例如，当企业需要加强某个业务领域的发展时，可以增设部门或调整现有部门的职能来支持该业务领域的发展。

其次，要进行流程再造与优化。一是要重新设计工作流程，以消除冗余环节，提高整体工作效率和工作质量。二是要引入自动化和数字化工具，提高工作流程的自动化水平和运行效率。例如，可以采用自动化生产线、智能仓储系统等来提高生产效率和减少人力成本。

（4）资源与能力变革。资源与能力是企业发展的基石，任何有关企业竞争力的变革都必须从资源与能力的变革开始。

首先，要优化资源配置。一是要重新评估现有的资源配置。企业应该定期对资源配置进行评估和调整，以确保关键业务领域有充足的资源支持。二是要加强供应链管理。企业要通过优化供应链管理来降低供应端的成本及提高响应速度。

其次，要提升员工能力。企业要加强员工培训，通过制订有针对性的员工培训计划和发展计划来提升员工的专业技能和综合素质。例如，可以针对不同岗位和职级的员工制订不同的培训计划，通过提供一系列晋升机会和职业发展路径来激励员工积极学习和成长。

（5）市场与渠道变革。市场与渠道是企业与客户之间的桥梁，任何有关企业市场拓展的变革都必须从市场与渠道的变革开始。

首先，要拓展新市场。做法分两步：第一步是做市场调研与分析，找到新的市场机会和潜在客户群体。例如，可以采用问卷调查法、数据分析法等方法来了解市场需求和竞争态势。第二步是制定市场进入策略。根据市场调研与分析的结果制定出市场进入策略，包括产品定位策略、价格策略、推广策略等。例如，可以通过差异化定位、价格战略、网络营销等方式进入新市场并吸引潜在客户。

其次，创新营销渠道。一是利用新媒体渠道来拓展营销网络并提高品牌知名度。例如，可以建立企业官方网站、开设社交媒体账号，通过新媒体渠道进行宣传和销售。二是加强线上线下渠道的融合。例如，可以采用线上线下同步推广、线上预约线下体验等方式来为客户提供更加便捷和全面的服务体验。

（6）技术与产品变革。技术与产品是企业竞争力的核心，任何关于企业创新的变革都必须从技术与产品的变革开始。

首先，要创新技术。一是要加大研发投入，引进新技术或升级现有技术，以提升产品的竞争力。例如，可以设立专门的研发团队或研发中心来负责新技术和新产品的研发工作。二是要建立技术创新体系，鼓励员工参与创新活动。

其次，要升级产品，实现产品多元化。一是要根据市场需求和竞争态势来调整产品策略，从质量、功能、外观等方面对产品进行升级改进。二是要拓展产品线，实现多元化发展，减少对单一产品的依赖。例如，既可以通过开发新产品或进入新的业务领域来扩大企业的收入来源和客户群体，也可以通过与其他企业进行合作或并购来实现资源共享和优势互补。

CHAPTER 4
第四章

资本为翼，展翅腾飞

第一节 资本运作概述

一、资本运作的定义及其作用

资本运作是指企业通过投融资、并购、资产重组等方式，有效地利用和配置资本，以实现企业价值的增值与最优的资源配置。简单来说，它就是企业为了发展壮大而进行的一系列与资本相关的运作活动。

资本运作的过程，就像是一场精心策划的金融棋局——企业通过巧妙地调动和运用资本这颗"棋子"，在市场竞争这场博弈中占得有利地位。

资本运作可以分为内部资本运作和外部资本运作两大类，它们共同构成了企业资本运作的完整版图。

内部资本运作主要是指企业在其内部进行的财务管理和资金调度等活动。这些活动主要围绕如何优化企业内部的资本结构、提高资金利用效率展开，旨在提升企业的整体运营效率。例如，一家大型制造企业通过优化其存货管理、应收账款和应付账款的流程来提高现金流的周转率；一家科技公司通过调整其研发投入和市场营销投入的比例来实现最佳的利润增长。这些操作都属于内部资本运作的范畴。

外部资本运作则更像是企业在金融市场上的一场"舞蹈"。它涉及企业在资本市场的各种投融资活动，如股票发行、债券发行、并购等，目的是通过金融市场的操作来实现企业的战略目标。这些活动都是企业为了实现规模的扩张和资源的优化配置而进行的。例如，一家初创的互联网公司通过发行股票以吸引更多的投资者，从而筹集到足够的资金来推动业务的快速发展；一家已经成熟的企业通过并购进一步拓展市场份额、提升市场竞争力，这些都是外部资本运作的典型例子。

资本运作的作用主要体现在以下几个方面：

（1）为企业提供资金支持。企业可以通过开展资本运作，利用各种投融资方式获得必要的资金支持，这种支持对于维持企业正常运营、实现扩张以及完成新项目的开发都至关重要。例如，企业可以通过股权融资以吸引更多的投资者，从而筹集到更多的资金来支持企业做大做强。

（2）优化资源配置。企业可以通过资本运作整合外部优质资源，包括技术、人才、品牌等，提高企业的核心竞争力。例如，企业可以通过并购或资产重组的方式，获得被并购企业的先进技术、专业人才和知名品牌，从而提升自身的市场竞争力。

（3）实现规模经济效应。企业可以通过并购、重组等方式整合行业资源，扩大市场份额，实现规模经济效应。这种规模经济效应不仅可以降低企业的生产成本，还能提高市场占有率，进一步增强企业的盈利能力。

（4）拓展市场空间。资本运作可以帮助企业进军新的市场领域，扩大市场份额，实现快速增长。例如，通过跨国并购或投资，企业可以迅速进入国际市场，拓展其业务范围。

（5）提升企业价值。成功的资本运作不仅能够提升企业的市场价值和品牌形象，吸引更多的投资者和合作伙伴，还能为企业带来更多的机会和资源，以此形成良性循环。

（6）分散风险。多元化的资本运作可以降低企业的财务风险。例如，投资不同行业或不同国家的金融工具可以实现风险的分散，避免因单一业务环境恶化而发生财务风险。

（7）改善企业治理结构。资本运作往往伴随着企业治理结构的改善。例如，引入战略投资者和实施股权激励，可以优化企业的股权结构和管理层激励机制，提高企业的治理水平。

二、资本运作战略规划

资本运作战略规划是指，企业为了实现资本增值和优化资本结构，通过一系列资本运作手段来达到预定目标的计划和行动。企业在做资本运作战略规划的过程中，需要做好以下几个方面的工作：

（1）明确战略目标。在资本运作战略规划的起始阶段，企业需要明确资本运作的长期目标和短期目标。长期目标可能包括长期增长、市场扩张、产品多样化等；短期目标则可能聚焦于特定的财务指标，如提高股东回报率、降低负债水平或增加现金流等。

（2）分析企业现状。在明确战略目标之后，企业需要对自身的资本结构、财务状况、市场地位和竞争环境等进行全面分析。资本结构分析主要是分析企业的资产负债表，包括流动资产、固定资产、流动负债和长期负债等。财务状况分析主要是通过财务报表分析企业的盈利能力、偿债能力、营运能力和投资能力。市场地位分析主要是评估企业在目标市场中的地位，包括市场份额、品牌影响力和客户忠诚度。竞争环境分析主要是研究竞争对手的资本运作策略，以及这些策略对企业的影响。

（3）市场和行业分析。市场和行业分析主要包括：一是市场趋势研究，即分析市场的整体趋势，包括经济增长趋势、消费者行为变化趋势和技术进步趋势等；二是行业动态分析，即研究行业内的主要变化，如新技术的出现、法规的变化或消费者偏好的转变等；三是竞争对手分析，即深入分析主要竞争对手的市场表现和潜在弱点。

（4）资本运作方案设计。如果企业的目标是市场扩张，那么并购可能是一个有效的策略，在设计并购方案时，需要考虑并购的目标、时机和方式；如果企业的目标是优化资本结构，那么重组可能是一个合适的选择，在设计重组方案时，需要考虑资产出售、业务剥离和资本注入等方面；如果企业的目标是筹资，那么肯定需要融资，在设计融资方案时，需要考虑融资的方式。

（5）风险评估与管理。在设计资本运作方案的同时，企业需要对潜在风险进行评估，并制定相应的管理措施，如市场风险管理措施（应对市场波动可能对资本运作造成的影响）、信用风险管理措施（应对交易对手可能存在的信用风险）、操作风险管理措施（确保资本运作过程中的各个环节都能按照既定流程顺利进行）等。

（6）财务预测与评估。对资本运作方案做财务预测和评估，包括现金流预测（预测资本运作对企业现金流的影响，确保企业有足够的流动资金来支持运营）、收益预测（评估资本运作对企业收益的潜在影响，包括对短期收益和长期收益的影响）、成本效益分析（把资本运作方案的成本和预期收益进行比较，确保方案具有经济合理性）等。

（7）制订实施计划。制订详细的实施计划，包括时间表（为资本运作的每个阶段设定明确的时间节点，确保项目按时推进）、资源分配方案（确定实施资本运作方案所需的资源，如资金、人力和物力等）和责任分配方案（明确各个团队成员在资本运作过程中的职责和任务）等内容。

（8）法律和监管合规性检查。确保资本运作方案符合法律法规和监管的要求。为此，企业要研究与资本运作相关的法律法规，了解监管机构对资本运作的具体要求，如信息披露、交易审批等方面的要求，确保操作合法合规。

（9）沟通与协调。与内部团队、投资者、合作伙伴等进行有效沟通，确保资本运作方案得到各方的支持和理解。既要确保企业内部各个部门都对资本运作方案有清晰的认识，又要向投资者清楚地传达资本运作的策略和预期效果，还要与合作伙伴进行协调，确保在资本运作过程中合作顺畅。

（10）监控与调整。在资本运作实施过程中，要持续监控进展情况，根据实际情况进行必要的调整。一是要定期检查资本运作的实施进度，确保项目按计划进行。二是要评估资本运作的实际效果并与预期目标进行比较。三是要根据监控和评估结果，在必要时对资本运作策略进行调整。

（11）绩效评估。在资本运作完成后，对实施效果进行评估，总结经验教训。评估内容分财务绩效评估和非财务绩效评估两方面。其中，财务绩效评估主要是评估资本运作对企业财务状况的影响，如对收益、成本和现金流的影响；非财务绩效评估主要是评估资本运作对企业非财务方面的影响，如对市场份额、品牌价值和客户满意度的影响。

三、资本运作涉及的法律法规

企业在开展资本运作时，需要遵守一系列相关的法律法规，确保资本运作的合法性、公平性和透明性。以下是一些企业在开展资本运作时可能需要遵守的法律法规：

《中华人民共和国公司法》：与公司的设立、股权结构、治理、合并与分立等相关，它是企业资本运作要遵守的基础法律。

《中华人民共和国证券法》：与上市公司相关，它规范了股票的发行、上市、交易以及信息披露等行为。

《中华人民共和国反垄断法》：在进行兼并、收购等操作时，企业需考虑是否会触犯该法。

《中华人民共和国破产法》：企业在重组或清算过程中会用到该法。

《中华人民共和国外商投资法》：如果资本运作涉及外国投资者，需要遵守该法关于外资企业的设立、变更和撤销等方面的法律规定。

《中华人民共和国税收征收管理法》：资本运作中可能涉及的各种税务问题，如所得税、增值税、印花税等方面的问题，都需要按照该法的规定进行处理。

中国知识产权法：资本运作若涉及知识产权的转让或许可，需要遵守知识产权保护的相关规定。

《中华人民共和国劳动法》：企业在进行重组、并购等操作时，需要依该法处理好企业与员工的劳动关系问题。

《中华人民共和国企业国有资产法》：国有企业的资本运作或涉国有资产的资本运作都需要遵守该法中的有关条款，确保国有资产不流失。

《中华人民共和国反洗钱法》：在资本运作中，企业需遵守该法，严禁将资金用于非法目的。

《中华人民共和国环境保护法》：企业的资本运作如果涉及可能对环境产生影响的项目，需要遵守该法的相关规定。

《中华人民共和国外汇管理条例》：跨境的资本运作需遵守该条例的相关规定。

企业在开展资本运作时，必须充分考虑上述法律法规的要求，必要时可向专业律师或专业机构咨询，确保所有操作均合法合规。此外，企业也需要关注法律法规的变化，能够在法律环境发生变化时及时地调整资本运作策略。

第二节 企业上市与后续的资本运作

一、企业上市的方式

（一）IPO 上市

"IPO"（Initial Public Offering，首次公开募股）指的是股份有限公司（有限责任公司在申请 IPO 之前，应先变更为股份有限公司）首次向社会公众公开招股的发行方式，而"上市"则是企业在证券交易所中向社会投资者们发行股票、募集资金的过程。

1. 我国企业常用的 IPO 上市方式

我国企业常用的 IPO 上市方式主要有境内直接上市、境外直接上市、境内外间接上市三种。

（1）境内直接上市。在上海证券交易所（简称上交所）、深圳证券交易所（简称深交所）、北京证券交易所（简称北交所）上市。

（2）境外直接上市。在香港证券交易所、纽约证券交易所、纳斯达克证券交易所、新加坡证券交易所等境外证券交易所直接上市。

（3）境内外间接上市。通过购买境内外上市公司或在境外设立离岸公司的方式，在境内外的证券交易所上市。

2. 国内上市板块

企业在国内上市，主要是登陆主板、创业板、科创板和北交所。

（1）主板。一般来说，大型企业通常会选择在上交所、深交所主板上市。上交所主板企业股票代码以"60"开头，深交所主板企业股票代码以"00"开头。

（2）创业板。设于深交所，企业股票代码以"300"开头，主要服务成长型企业，服务范围比较广，但其要求比科创板严格。

（3）科创板。设于上交所，企业股票代码以"688"开头，主要服务那些符合国家战略、有核心技术的高科技企业（专精特新企业、小巨人企业等），服务范围比较小。与创业板相比，科创板对企业的盈利能力要求较低，更注重企业的创新能力。

（4）新三板及北交所。企业股票代码通常以"4"或"8"开头。与其他板块不同，新三板的股票只能通过股份转让的形式进行交易，而且设立了很高的投资者门槛，原因是投资新三板具有较高的风险。北交所脱胎于新三板，属于场内交易市场。投资者门槛降低，与科创板差不多。

3. IPO 上市流程

企业的 IPO 通常需要四个阶段：筹备阶段、辅导阶段、申报与审核阶段、IPO 上市阶段。

（1）筹备阶段。在筹备阶段，企业一般要先组建工作小组，选定中介机构进行企业内部尽职调查，然后根据企业的背景以及规划制定上市方案。这一阶段的主要工作内容包括前期准备、股改、尽职调查、整改等。

（2）辅导阶段。在辅导阶段，相关机构会对拟上市企业进行正规化培训和辅导监管。辅导监管相关规定要求，拟上市企业在向交易所提出上市申请前，须由具有主承销资格的证券公司进行辅导，证监会派出机构验收辅导工作后出具验收工作完成函。验收工作完成函的有效期为12个月，辅导对象未能在验收工作完成函有效期内提交IPO上市申请的，需要重新履行辅导备案及辅导验收程序。

（3）申报与审核阶段。在此阶段，发行人和中介机构须按照证监会的要求制作申请文件、审核注册等。

（4）IPO上市阶段。在此阶段，企业要做的工作主要有刊登招股说明书、询价、路演、刊登上市公告和挂牌上市。

4. IPO上市的注意事项

（1）需满足IPO上市的相关要求。一是要满足板块要求，如行业定位、核心技术、研发等方面的指标要求。二是要满足基本要求，如主体资格、独立性、公司治理、相关主体合规性、财务指标、股本及发行比例等方面的要求。

（2）需满足合规性要求。"合规"包括财务合规和非财务合规。财务合规，主要指财务会计和税收方面要合规；非财务合规，主要指主体资格、独立性、公司治理、规范运作、法律和业务等方面要合规。

（3）需满足持续盈利能力和成长性要求。首先，盈利指标要过关。其次，要能展示出企业的盈利能力、核心竞争力和成长性。

（4）需满足其他方面的要求。如政策要求、进度要求、募投要求等。

案 例

现场督导查出"三宗罪"，斩断华智融再上市之路

《深交所发行上市审核动态》公布的相关数据显示，2023年1月1日至12月31日，深交所共受理IPO上市申请260家。其中主板受理147家，包括注册制改革在主板落地后平移申报的拟主板上市企业105家；创业板受理113家。深交所对华智融申请首次公开发行股票并在主板上市实施保荐业务现场督导，发现该拟主板上市企业在外销收入的真实性、股权的清晰性及劳务派遣用

工的合规性三方面皆存在问题。

问题一：外销收入不具真实性。作为一家电子支付产品及支付解决方案的专业提供商，华智融主要从事金融 POS 终端产品及相关软件的技术研发、生产、销售业务，致力于为全球用户提供安全可靠、技术先进的电子支付产品及解决方案。在 2020 年至 2022 年的 IPO 报告期内，华智融的境外销售收入涉及多个国家和地区，且规模呈现增长趋势，但其在部分国家和地区的收入波动较大，境外销售毛利率大幅高于境内毛利率，而其境外前五大客户中，部分客户的经营规模较小。此外，华智融对某客户 A 的收入在前一次 IPO 的申报期内大幅增长，IPO 被否后则大幅下滑，在本次申报期内又再次大幅增长，且华智融对客户 A 的销售毛利率也远高于对其他客户的毛利率。经查，客户 A 的业务覆盖多个相距较远的国家和地区。深交所现场督导组发现，作为此次华智融主板 IPO 的保荐人，民生证券对华智融的外销收入核查程序执行不到位：一是未审慎核查发行人与外销客户是否签署了框架协议。二是未审慎核查华智融对部分重要外销客户销售的业务流、货物流以及资金流是否存在异常。三是未审慎核查华智融通过第三方回款形成的外销收入是否存在异常。四是未审慎核查发行人通过供应链公司间接出口形成的外销收入是否存在异常。五是未审慎核查华智融第二大股东和境外销售负责人资金流水资料的完整性。六是未审慎核查华智融的产品终端销售情况。

问题二：股权不具清晰性。首先，华智融和保荐人未就华智融实际控制人是否安排他人代持股份作出合理解释。据华智融披露，2021 年 3 月，其实际控制人杨晓东将当时约占华智融总股本 2.34% 的股份过户至自然人付某名下，并称这一举动为"代持还原"。原来，早在 2020 年 6 月，付某作为财务投资者就从杨晓东处受让华智融股份 197.6 万股，理由是"看好公司前景"。华智融称付某经常去外地出差，其与杨晓东是多年的好友关系，为避免自己的缺席对公司召开股东大会产生影响，付某决定由杨晓东代持股份。但直到 2021 年 3 月，付某的持股被"还原"之时，付某并未向杨晓东支付上述股权的受让款。华智融给出的解释是付某享有对杨晓东的债权，故后者未要求其支付对价。深交所现场督导组发现，华智融实控人杨晓东与付某之间签订的借款协议未明确约定借款金额，仅约定前者可按需向后者借款，后者则按照实际空余资金提供借款，且后者向前者转账的大部分金额并非整数（如 56.1234 万元等），以上行为均不符合正常的借贷惯例；绝大部分转账亦未备注"借款"等字样，杨晓东本人存入的部分现金也被认定为付某提供的借款，但缺乏佐证借款真实性的客观证据。此外，保荐人无法核实上述借款协议的实际签订日期。深交所认为，上述双方的债权债务关系的真实性存疑。其次，华智融也未如实披露其实际控制人杨晓东与相关私募基金签订的对赌协议。

问题三：劳务派遣用工不具合规性。深交所现场督导组发现，华智融公司里的劳务派遣人员占比违反了相关部门的规定。一是在华智融所签的劳务派遣协议当中，约定的劳务派遣人员输送数量不合规。2022年，华智融与劳务派遣公司签订劳务派遣协议，其中约定，劳务派遣公司当年向华智融输送约80名劳务派遣人员，这个数量明显超过了华智融用工总人数的10%。二是华智融实际使用劳务派遣人员的数量不合规，且相关信息披露不真实。华智融的IPO申报材料披露，其在2022年12月仅使用了37名劳务派遣人员，占企业用工总人数的比例为9.37%，但深交所现场督导组发现，华智融在2022年12月实际使用了63名劳务派遣人员，明显超过企业用工总人数的10%，IPO申报材料披露的信息不真实。后经保荐人补充核查确认，除2022年2月份（春节期间）以外，华智融在2022年各月份实际使用的劳务派遣人员数量均超过企业用工总人数的10%，存在违规使用劳务派遣人员的情形。

（二）借壳上市

借壳上市，是指一家母公司（集团公司）把资产注入一家市值较低的已上市公司，得到该公司一定程度的控股权，利用其上市公司的地位，使母公司的资产得以上市。

借壳上市的途径主要有以下几种：

（1）收购壳公司。未上市的公司收购已经上市的壳公司，从而获得上市资格。走这条途径通常需要支付一定的收购费用，并且需要符合相关监管机构的规定和审批程序。

（2）资产注入。未上市的公司将自身的资产注入壳公司中，从而获得上市资格。走这条途径需要符合相关监管机构对于资产注入的规定和审批程序。

（3）股权置换。未上市的公司通过与壳公司进行股权置换，从而获得壳公司的控制权，进而实现借壳上市。

(4) 反向收购。壳公司反向收购未上市公司，未上市公司通过壳公司的上市地位实现上市。

借壳上市有以下好处：

(1) 加快上市进程。相较于 IPO 上市，借壳上市更为便捷，可以更快速地实现公司上市，节约上市时间。

(2) 节省成本。相较于 IPO 上市，借壳上市减少了很多费用支出，需要付出的成本更少。

(3) 提升企业形象。企业通过借壳上市获得上市公司的身份，这可以提升企业的形象和信誉度。

(4) 获得更多融资渠道。借壳上市后，企业可以通过股权融资等方式获得更多资金，支持企业的发展和扩张。

(5) 提高企业价值。借壳上市有助于提高企业的价值，企业的市场竞争力也得以增强。

(6) 提高股权流动性。借壳上市后，企业的股权更容易流通，股权的流动性得到提高。

案　例

济川药业借壳洪城股份

置出资产：洪城股份（全称湖北洪城通用机械股份有限公司）的全部资产及负债。

置入资产：济川药业（全称济川药业集团股份有限公司）100%的股权。

置换过程：以双方的评估价格为交易价格，用洪城股份的全部资产及负债置换济川药业 100%的股权，交易价格的差额部分由洪城股份向济川药业发行股份购买，同时洪城股份非公开发行股份募集配套资金投向特定项目。

一、资产置换

资产置换涉及置出置入双方的评估价格。评估机构对交易双方给出的最终评估见表 4-1。从评估结果中可看到，相较于资产账面价值，洪城股份和济川药业的评估值大幅度提升，分别为 6 亿余元和 56 亿元，评估增值率分别为 29.25% 和 509.56%。济川药业高达 509.56% 的增值率在市场中引发巨大争议。

表 4-1 置换前洪城股份与济川药业的评估报告表

置出资产：洪城股份			
评估方法	评估与否	资产账面价值	评估值	增值率
资产基础法	√	4.67 亿元	6.04 亿元	29.25%
收益法	√	4.57 亿元	4.65 亿元	1.78%
市场法	×	×	×	×
置入资产：济川药业			
评估方法	评估与否	资产账面价值	评估值	增值率
资产基础法	×	×	×	×
收益法	√	9.19 亿元	56 亿元	509.56%
市场法	√	9.19 亿元	64.88 亿元	606.17%

资产置换前，洪城股份和济川药业的股权结构分别如表 4-2 和表 4-3 所示。

表 4-2 资产置换前洪城股份的股权结构

股份类别	股份数量/股	所占比例/%
一、有限售条件股份	—	—
二、无限售流通条件股份	138,200,400	100
其中：洪泰置业	28,549,358	20.66
其他流通股股东	109,651,042	79.34

表 4-3 资产置换前济川药业的股权结构

序号	股东名称	股份数/万股	持股比例/%
1	济川控股	25,380.00	84.600
2	曹龙祥	2,281.27	7.604

续表

序号	股东名称	股份数/万股	持股比例/%
3	周国娣	1,053.02	3.510
4	华金济天	685.71	2.286
5	恒川投资	600.00	2.000
	合计	30,000.00	100

二、洪城股份向济川药业发行股份购买资产

洪城股份发行股份募资49.97亿元,但实际上并没有收到现金,而是新增了6.11亿股本——相当于济川药业以评估资产(减去6.04亿元的置出资产)购买了6.11亿股的新股。这次交易前后洪城股份的股权结构变化如表4-4所示。本次发行的新增股份限售期为36个月,解除限售时间为2016年12月26日。

表4-4 洪城股份发行股份购买资产前后的股权结构变化表

序号	股东名称	本次交易前 股数/股	本次交易前 占比/%	股东性质	本次交易后(募集配套资金前) 股数/股	本次交易后(募集配套资金前) 占比/%
1	济川控股	—	—	本次交易对方	516,757,360	68.99
2	曹龙祥	—	—	本次交易对方	46,448,458	6.20
3	周国娣	—	—	本次交易对方	21,440,299	2.86
4	华金济天	—	—	本次交易对方	13,961,698	1.86
5	恒川投资	—	—	本次交易对方	12,216,486	1.63
6	洪泰置业	28,549,358	20.66	原有股东	28,549,358	3.81
7	其他公众股东	109,651,042	79.34	原有股东	109,651,042	14.64

三、洪城股份非公开发行股份募集配套资金

洪城股份非公开发行股份募集配套资金,计划主要将募集资金投向各类在建工程或项目。募资的过程一波三折:最早的方案是以8.18元/股的价格发行

2.2亿股，募资约18亿元，后来在证监会的施压下，一路缩减募资规模、调整资金投向，最终的募资方案是以20.10元/股的价格发行3243万股，总募资约6.52亿元，股份登记日期按2014年2月11日计，解除限售日期为2015年2月11日。具体内容如表4-5所示。

1. 发行数量和价格

股票种类：人民币普通股（A股）

发行数量：32430000股

发行价格：20.10元/股

募集资金总额：651843000.00元

募集资金净额：622189239.00元

2. 各机构投资者认购的数量和限售期

表4-5 洪城股份非公开发行股份募资最终方案

序号	发行对象	股份数/万股	限售期
1	华宝信托有限责任公司	800.00	12个月
2	中国人寿资产管理有限公司	800.00	12个月
3	招商基金管理有限公司	800.00	12个月
4	兴业全球基金管理有限公司	843.00	12个月

（三）"卖身"上市

"卖身"上市指企业接受上市公司以股权作为支付手段，将自身出售给上市公司，成为上市公司的小股东。从上市公司角度来看，这是一次投资并购。

"卖身"上市有以下特征：

（1）企业的股东将企业的产权证券化，即变成了上市公司的股权，故称"上市"。

（2）企业的股东获得的是上市公司的少数股权，并不能通过控制上市公司而实现对原有企业的控制，故称"卖身"。

如果企业的股东接受上市公司或者其他方以现金作为支付手段，那就是单纯地出售股权了，这不是"卖身"上市而是只"卖身"没上市，因为没有实现产权证券化。

案 例

"卖身"上市的 A 企业

甲拥有 A 企业 100% 的股权。A 企业上年实现净利润 5000 万元。上市公司 B 公司的总股本为 1 亿股，每股市价为 20 元，总市值为 20 亿元。乙是 B 公司的控股股东，持有 B 公司 7000 万股股份，持股比例为 70%。B 公司计划向甲收购 A 企业的全部股权。经谈判，A 企业的全部股权估值按照上年净利润的 10 倍定为 5 亿元。

假设 B 公司以现金收购 A 企业的全部股权，收购完成后，A 企业将成为 B 公司的全资子公司，甲获得 5 亿元现金，那么这是一个单纯的上市公司以现金收购资产的行为。

假设 B 公司以新发行股份的方式收购 A 企业的全部股权，即按照市价 20 元/股新发行股份 2500 万股，以此作为对价来收购 A 企业的全部股权，那么就构成了 A 企业的"卖身"上市。交易后，A 企业成为 B 公司的全资子公司，B 公司的总股本由 1 亿股变成 1.25 亿股，乙仍然持有 7000 万股，持股比例由 70% 下降至 56%，但仍然是控股股东；甲获得 B 公司的 2500 万股股权，持股比例为 20%。

在后一个假设情境里，甲将所拥有的 A 企业的资产以获得股份对价的方式出售给 B 公司，实现了 A 企业的"卖身"上市；而 B 公司则是以换股收购的方式获得了 A 企业，这是一个上市公司以股份支付对价为手段的收购资产的行为。

（四）"拼凑"上市

"拼凑"上市是指企业已将上市纳入公司的未来发展规划，但由于自身暂不具备上市条件，因此与其他公司进行整合，以此来弥补自身的短板，谋求上市。

我国 A 股的上市板块有主板、创业板、科创板和北交所四大板块，各板块对公司上市都有诸多的条件要求，因此有一些公司在其自身条件不满足上市要求时会想办法通过"拼凑"的方式来上市。证监会对"拼凑"上市并不持绝对禁止的态度——如果企业是并购其他企业以谋求主营业务达标的，证监会原则上不禁止，但是对于那些刻意"捆绑上市""凑业绩"的行为，证监会是明确禁止的。如果企业在"拼凑"后能把业务充分有效整合，不形成上市的实质性障碍，那么上市成功的概率还是比较大的。

"拼凑"上市涉及的法律问题主要有以下几点：

（1）主营业务是否稳定突出。上市过程中，发行人的主营业务需要保持相对稳定。《首次公开发行股票并上市管理办法》要求发行人最近3年内主营业务未发生重大变化，《首次公开发行股票并在创业板上市管理办法》则要求发行人最近2年内主营业务未发生重大变化。如果发行人与相关主体进行重组，那么有可能导致发行人的主营业务发生变化，而重组行为是否实际上造成了发行人的主营业务发生重大变化是证监会关注的重点。

（2）关联交易是否合规。为了扩大业务范围、提升业绩，有的企业会在"拼凑"上市的过程中引入上下游企业，在这之后，双方的交易将构成关联交易。证监会并不绝对禁止关联交易，其主要关注点在于关联方之间的交易价格是否公允、关联交易是否必要和合理。

（3）企业是否丧失独立性。企业在资产、业务、机构、人员、财务等方面必须保持独立于控股股东、实际控制人及其控制的企业，不能因"拼凑"而丧失独立性。

（4）持续盈利能力是否受到不利影响。企业的持续盈利能力一直以来都是证监会关注的重点，在一些"拼凑"上市失败的案例中，企业持续盈利能力不足是导致上市申请被否的根本原因。

（5）股权转让的合规性。"拼凑"必然会导致股权发生变动，如果股权转让不合规或者有潜在的股权纠纷，那么就不满足《首次公开发行股票并上市管理办法》的要求。

二、上市企业的资本运作工作

上市企业的资本运作工作主要有投资并购、再融资、市值管理、产业投资并购基金运作、股权激励、股份回购和增减持等。

（一）投资并购

投资并购是指企业通过投资或收购来合并其他企业的资产或业务，其目的包括实现战略扩张、扩大规模、拓展业务、整合资源、降低成本、提高市场占有率等。投资并购有兼并、收购、战略投资等多种形式。据统计，英伟达自上市以来，在25年中开展了27场投资并购。

1. 投资并购的动因

对于上市公司来说，开展投资并购的主要目的不外乎三个：一是为了获取财务回报；二是为了获取上下游的业务，形成产业协同，保障产业链的安全；三是将其他企业的业绩并表，提高公司的收入并扩大公司的盈利规模，增强竞争力。上市公司为了获取财务回报而开展投资并购的情况并不多，因为这相当于用企业的资金、资产去做短期理财，回报率并不高，最主要的目的还是后两个，第一个目的可以说是后两个目的的"附带属性"。

上市公司若单纯以获取财务回报为目的，从理财投资的角度来做投资并购，最好是借助产业投资并购基金来进行，毕竟专业的基金管理人员在这方面更有经验。关于产业投资并购基金的运作，后文会有专门的说明。

上市公司若以实现产业协同为主要目的开展投资并购，应从纵向和横向两个方向进行。纵向指上游供应链和下游客户群，横向指竞争对手及同行相关领域。例如，移为通信的主业是做物联网智能终端设备，往纵向看，投资并购的对象是上游的芯片、电子元器件、传感器和模组等的供应商，以及下游的垂直领域的服务运营商；往横向看，投资并购的对象是其他物联网智能终端设备的供应商。

上市公司若以业绩并表为目的开展投资并购，应选择那些比较成熟、有一定规模和成长性的企业作为标的，例如那些收入和盈利达到一定水平的企业，因为把这样的企业并进上市公司，上市公司可直接得益。当然，也可以选择一些规模小、盈利水平一般但发展速度快、前景好的企业作为标的，那样上市公司的盈利状况不会受太大影响，同时能享受到未来标的企业快速发展带来的溢价。具体操作上，可采取分步并购的办法，即先收购少部分股权，等时机和条件成熟了再将标的企业并入上市公司体系。

2. 投资并购的流程

投资并购是一个复杂的过程，通常包括以下环节：

（1）拟定战略目标。首先需要确定投资并购的目标和战略，包括要并购的企业的类型、规模、所处行业、所处地域等，并制订具体的计划。

（2）搜寻潜在目标。寻找符合投资并购战略的潜在目标，确定要并购的目标企业，并开展初步的市场调研和评估。可以通过内部研究和分析、市场调查和咨询、合作伙伴推荐等方式来寻找目标企业。

（3）进行尽职调查。在确定目标企业后，需要进行尽职调查，包括调查目标企业的财务、法律、税务、业务、人力资源、商业计划、市场前景等方面的情况，了解目标企业的真实情况和所存在的风险，为决策提供依据。

（4）评估目标企业的价值。根据尽职调查的结果，评估目标企业的价值，确定收购价格和交易结构。

（5）制定交易方案。根据尽职调查结果、目标企业价值评估结果以及双方的交流情况，制定符合自身利益的交易方案，内容包括收购方式、交易结构、风险控制、整合计划、估值价格、融资方案等。

（6）开展谈判和协商。与目标企业进行谈判和协商，商定具体的交易细节、协议条款并签署最终协议。

（7）落实交易。完成交易的各项手续，包括签订合同、完成支付、完成资产和业务的转移等。

（8）资源和业务整合。对收购的企业进行资源整合和业务整合，实现效益合并与战略协同。

3. 投资并购过程中的注意事项

（1）投资并购各项事务的重点是交易前的考察和交易后的整合，要用做实业的心来做投资并购，这样更容易成功。要清楚地认识到自身存在的真正问题，以取长补短、追求协同效应为目的去寻找目标企业。要量力而行，不要给公司带来难以承受的整合压力。

（2）设计并购方案时，要懂得运用立体交易思维，多层次、立体化地搭建交易框架，综合自身在支付方式、股份锁定期限、业绩承诺、任职期限等方面的需求，确定并购方案，与被并购方进行全面博弈。

（3）给目标企业估值作价时，应考虑多方面的因素，例如市场中的可比交易情况、被收购对象的利润及成长性、估值方法的特性、支付方式、二级市场估值高低等。关于并购标的的估值，监管层一般会关注是否涉及高估值、高溢价、高业绩承诺，是否向关联方输送利益。在支付形式上，要考虑双方的诉求和小股东的利益，可综合选择使用现金交易、股份对价、资产置换等支付方式。

（4）在业绩承诺与补偿上，需要引入估值调整机制。收购过程中充满风险，例如目标企业的未来发展情况难以预测会导致估值偏高，而引入估值调整机制就是一种有效控制收购风险的方法。《上市公司重大资产重组管理办法》第三十五条规定："采取收益现值法、假设开发法等基于未来收益预期的方法对拟购买资产进行评估或者估值并作为定价参考依据的，上市公司应当在重大资产重组实施完毕后 3 年内的年度报告中单独披露相关资产的实际盈利数与利润预测数的差异情况，并由会计师事务所对此出具专项审核意见；交易对方应当与上市公司就相关资产实际盈利数不足利润预测数的情况签订明确可行的补偿协议。预计本次重大资产重组将摊薄上市公司当年每股收益的，上市公司应当提出填补每股收益的具体措施，并将相关议案提交董事会和股东大会进行表决。负责落实该等具体措施的相关责任主体应当公开承诺，保证切实履行其义务和责任。上市公司向控股股东、实际控制人或者其控制的关联人之外的特定对象购买资产且未导致控制权发生变更的，不适用本条前二款规定，上市公司与交易对方可以根据市场化原则，自主协商是否采取业绩补偿和每股收益填补措施及相关具体安排。"

（5）把握好停牌、复牌的时机，注意做好保密工作。目前的监管导向是"不停牌为原则，停牌为例外"，筹划发行股份购买资产的上市公司可以按照证券交易所的有关规定申请停牌，其他情形的重大资产重组不得停牌。停牌应把握好时机，因为影响并购交易的因素太多，停牌过早和停牌过晚都容易节外生枝。复牌同样需要掌握好时机，因为按规定，上市公司须承诺复牌后 1 个月内不再做并购，这会对并购业务的进程造成影响。此外，一定要做好保密工作，要有强烈的保密意识，掌握一定的保密技巧。并购事项很容易滋生内幕交易，导致股价异动，而一旦股价异动，发股价格和标的价格就会双向浮动，交易谈判会因此变得艰难。因此，并购过程中选择与靠谱的机构合作也很重要。

（6）做好风险控制。开展投资并购需要注意风险，要做好对目标企业的风险评估、对交易方式和交易细节的风险分析等工作，以防止投资并购带来的风险影响企业的财务稳定和经营发展。需要注意防范的风险有信息不对称风险、价值评估和财务税务风险、交易结构风险、合同风险、审批风险、整合管理风险、业绩对赌与纠纷风险、市场风险、法律法规风险等。上市公司需要提前制定好风险控制策略，组建专业的风险管理团队来对投资并购过程中的风险进行控制和应对，确保投资并购顺利进行。

（7）选择正确的融资方式。要考虑融资方式（包括使用自有资金、向银行贷款、发行债券、增发股份或换股等）和融资成本，同时需要制订合理的融资计划和还款计划。

（8）做好组织管理。要建立合适的组织和管理体系，包括设立专门的投资并购部门、配备专业的人员、设定标准的投资并购业务流程等，以确保投资并购顺利进行和业务整合有效实现。

（9）确保合规合法。进行投资并购需要遵守相关的法律法规和行业规范，确保交易的合法性与有效性，同时需要注意合同的合理性和保密性，避免出现法律纠纷以及商业秘密泄露等问题。如监管部门明确要求科创板、创业板上市公司必须由独立财务顾问核查投资并购的交易是否符合中国证监会关于重大资产重组对板块定位的要求，明确了各板块重组上市标的资产的具体利润、收入、现金流等指标，对于拟购买资产的核心技术与核心技术人员的披露也有要求，拟购买资产的业务及其模式具有创新性的，需披露其独特性、创新内容及持续创新机制。

（10）关注对被并购企业的整合和控制。交易完成后，上市公司要关注是否对被并购企业实现了有效控制，有无巩固控制权的相关约定和计划（如是否引入了激励机制、绑定了被收购企业的核心高管和研发团队等），避免管理层频繁发生变动；关注后续的整合目标是否清晰；关注整合方案是否紧密围绕整合风险点而制定，避免出现整合方案难以落地的情况。

4. 投资并购的核心条款

（1）交易标的条款。描述交易标的物，即目标企业的股份或资产。

（2）估值倍数与业绩增长承诺条款。交易初期一般根据未来业绩增长预测情况约定估值倍数区间，后续根据尽职调查、审计评估结果确定交易对价。高估值需要有较高的利润增长承诺匹配，如此可以降低资产出售方的预期。

（3）价格条款。通常包括收购价格以及价格调整机制、税费的承担方等。

（4）支付条件条款。约定支付的方式。若涉及现金支付，应根据标的资产的特点和资产出售方的诉求，灵活调整现金支付比例，把握支付的节奏，如可以根据利润实现情况分期支付。

（5）股份发行条款（收购方式为发股收购的情况下）。约定发行价格、发行数量、价格以及数量的调整机制、发行对象的认购方式、股份锁定期及上市地点。

（6）业绩承诺及补偿措施条款。通常由目标企业的股东对目标企业未来3年的业绩作出承诺，并约定如未达到承诺业绩，目标企业的股东对收购方的补偿方式及补偿金额是什么。上市公司向控股股东、实际控制人或其他控制的关联人之外的特定对象购买资产且未导致控制权发生变更的，已不再强制要求资产出售方给予上市公司补偿，但基于保护上市公司的需要，对赌仍将普遍存在。例如，当交易估值倍数较高时，上市公司可要求资产出售方不得变更业绩补偿承诺且延长承诺期的年限。

（7）超额完成业绩时的奖励对价条款。如需设置奖励对价，应约定上限金额。针对上市公司重大资产重组的业绩奖励安排应基于标的资产实际盈利数大于预测数的超额部分，奖励总额不应超过超额业绩部分的100%，且不超过交易对价的20%。上市公司应在重组报告中充分披露设置业绩奖励的原因、依据和合理性，相关会计处理及对上市公司可能造成的影响。

（8）陈述与保证条款。要求资产出售方对所售资产的合法性、所有权、税务、运营、环境保护、知识产权、合规等各方面作出详尽的陈述与保证，并约定如果资产出售方违反陈述与保证条款，收购方可以提出索赔。

（9）交割条款。通常会约定在符合一定条件的前提下才进行交割，并对交易完成前的滚存利润进行安排。

（10）交割相关承诺条款。通常约定收购方在自协议签署后至交割前有权了解被并购目标企业的运营情况甚至参与目标企业的运营，同时限制资产出售方做出任何非正常的业务行为，资产出售方承诺不从事与目标公司有竞争的业务等。

（11）交易标的滚存利润的分配条款。原则上可以分配，但应保证分配后本次交易的市净率倍数在合理范围之内。

（12）并购期间收益条款。通常约定基准日至交割日期间的期间损益，盈利归上市公司所有，亏损则由资产出售方补足。

（13）税费承担条款。双方各自承担应缴纳的税费。

（14）目标公司运营条款。如果是收购目标企业股权的，可能还需要就目标企业在交易完成后的运营、治理原则进行约定。董事会席位和董事会权限通常在交易完成后由双方友好协商确定。

（15）股份锁定期条款。符合中国证监会规定的锁定期是前提。目标企业的控股股东、核心管理层所持股份应锁定较长时间，如将来分批解禁，也应当保证解禁速度慢于目标企业的利润实现速度。

（16）目标企业核心管理层的任职期限及不竞业承诺条款。核心管理层承诺的任职期限越长越好，至少不应短于盈利承诺年限；核心管理人员在任职期间及离职后的一定年限内不得从事竞争性业务，如有违反，应当给予上市公司补偿。

（17）保密条款、违约责任条款、法律适用及争议解决条款。在设计并购条款时，应将法律法规、监管政策、交易双方利益诉求、并购方式、并购后公司治理安排、关联交易、同业竞争等众多因素考虑进去。

5. 并购主体的选择

选择并购主体开展并购对公司的并购规模、并购节奏、并购后的管理及相配套的资本运作行动均有十分重大的影响。

选择并购主体有四种方案：

（1）以上市公司作为投资主体直接开展投资并购。

（2）由大股东成立子公司作为投资主体开展投资并购，配套资产注入行动。

（3）由大股东出资成立产业投资并购基金作为投资主体开展投资并购。

（4）由上市公司出资成立产业投资并购基金作为投资主体开展投资并购，未来配套资产注入等行动。

6. 上市公司重大投资并购的一般操作流程

当涉及证券发行时，上市公司重大投资并购的一般操作流程如图 4-1 所示。

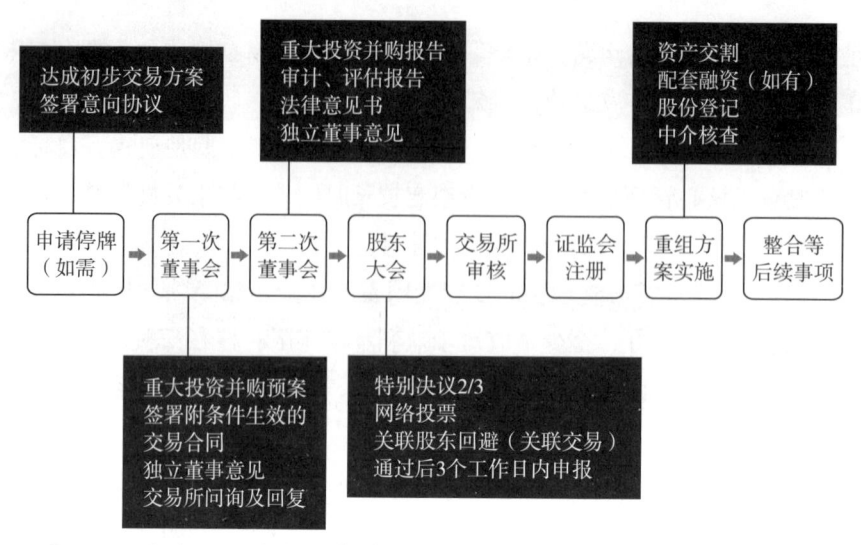

```
达成初步交易方案        重大投资并购报告        资产交割
签署意向协议            审计、评估报告          配套融资（如有）
                        法律意见书              股份登记
                        独立董事意见            中介核查
```

申请停牌（如需）→ 第一次董事会 → 第二次董事会 → 股东大会 → 交易所审核 → 证监会注册 → 重组方案实施 → 整合等后续事项

```
                第一次董事会              股东大会
                重大投资并购预案          特别决议2/3
                签署附条件生效的          网络投票
                交易合同                  关联股东回避（关联交易）
                独立董事意见              通过后3个工作日内申报
                交易所问询及回复
```

图 4-1　上市公司重大投资并购（涉及证券发行）的一般操作流程

（二）再融资

再融资是指企业上市后继续通过发行证券的方式进行募资，包括配股、增发、发行可转债等形式。再融资通常发生在上市公司需要扩大规模、进行重大投资或债务重组时。

我国上市公司的资金来源主要有内源融资和外源融资两种。

1. 内源融资

内源融资指的是企业通过自身的积累和经营活动产生的资金来满足融资需求的方式。这种方式不依赖于外部资本市场或金融机构，而是通过内部的财务策略和资金管理来实现融资。

内源融资的主要特点：

（1）自给自足。企业通过自身的盈利、折旧、摊销等内部现金流来筹集资金。

（2）成本较低。与外源融资相比，内源融资通常不需要支付利息或融资费用，因此成本较低。

（3）控制权不稀释。内源融资不会稀释企业的所有权或控制权，因为不涉及新股东的引入。

（4）灵活性较高。企业可以根据自身的资金状况和经营需要灵活地进行内源融资。

（5）风险较低。内源融资不涉及外部债务，因此企业的财务风险相对较低。

内源融资的主要资金来源：

（1）留存收益。企业将部分利润留存，不分配给股东，而是用于再投资或作为储备资金使用。

（2）折旧和摊销。固定资产的折旧和无形资产的摊销为企业提供了一定的现金流。

（3）营运资金管理。通过有效的应收账款和存货管理，提高资金的周转效率，减少资金占用，腾出一部分资金。

（4）内部成本控制。通过降低成本和提高效率，增加企业的现金流。

（5）资产出售。出售非核心资产或业务以筹集资金。

利用内源融资是企业融资策略的重要组成部分，尤其对于中小企业来说，它们的外部融资渠道可能会受限，因此内源融资的重要性更加突出。然而，过度依赖内源融资可能会限制企业的扩张速度和影响企业对市场机会的把握，因此企业需要妥当确定内源融资和外源融资的比例。

2. 外源融资

外源融资指的是企业通过外部渠道获取资金来满足其融资需求的方式。与内源融资不同，外源融资依赖于企业外部的资本市场、金融机构或其他投资者。

外源融资的主要特点：

（1）资金来源多样。外源融资可以通过多种渠道进行，包括银行贷款、发行股票和债券、私募股权、风险投资、租赁融资等。

（2）成本可能较高。外源融资通常需要支付利息、股息、融资费用等，因此成本相对较高。

（3）可能稀释控制权。特别是以发行股票的方式融资，可能会稀释现有股东的所有权和控制权。

（4）受市场影响较大。外源融资的可行性和成本受资本市场状况、利率水平、投资者情绪等因素的影响。

（5）灵活性较低。与内源融资相比，外源融资的流程更加复杂，需要花费的时间更长，灵活性较低。

各种外源融资方式的介绍见表4-6。

表4-6 外源融资方式一览表

融资方式	融资规模	融资效率	适用公司类型	优点	缺点
发行公司债	发行后累计公司债券余额不超过最近一期末净资产的40%	当期融资效率较高	负债率较低、现金流稳定的企业	(1) 当期融资效率高 (2) 募集资金投向较为灵活，操作周期短	(1) 属债权融资工具，利率较高，刚性还款压力大，较银行贷款还款无成本优势 (2) 难以满足大规模融资需求
发行可转债	发行后累计公司债券余额不超过最近一期末净资产的40%	定价效率较高，转股价相对市场溢价0~10%	负债率较低、规模较大、经营较为稳定并具有一定成长性的公司	(1) 兼具股性与债性，低风险债权与股票增值收益结合 (2) 业绩摊薄为"渐进式"，可配合公司业绩释放 (3) 无锁定期限制（6个月后可转） (4) 发行风险较小，融资效率较高，操作周期较短 (5) 市场接受度高	(1) 存在一定的还本付息压力 (2) 融资规模有限 (3) 转股时间存在一定的不确定性 (4) 有回售压力或向下修正转股价的风险
定向增发	拟发行股份数量原则上不超过本次发行前总股本的30%	受锁定期限制，有定价折扣空间，折价率15%~25%	发行后业绩增长能力较强、负债率不太低、想扩充产能、有并购重组需求的企业	(1) 政策支持，发行条件较为宽松 (2) 特殊投资者可以较低的价格获得股票 (3) 企业无还本付息压力 (4) 市场参与度较高，发行灵活性高	(1) 投资者数量有限，有一定的发行门槛 (2) 有锁定期风险 (3) 较大规模或行业预期不佳的发行存在一定难度 (4) 直接摊薄股本

续表

融资方式	融资规模	融资效率	适用公司类型	优点	缺点
公开发行	无限制，但受市场环境影响	取决于发行期的估值和股价水平	发行后业绩增长能力较强、负债率较高的企业	不需要支付本金和利息，募集的资金规模较大，定价效率相对较高	（1）要求最近三年连续盈利，累计分配的利润不少于最近三年实现的年均可分配利润的30% （2）融资效率取决于发行期的估值和股价水平 （3）受发行期市场环境影响极大，发行风险高，可控性较差 （4）对市场冲击较大，直接摊薄股本，对公司短期业绩形成较大压力
配股	拟配售股份数量不超过本次配售股份前股本总额的30%	定价效率偏低，发行价格折让通常较大（一般为30%~40%）	发行后业绩增长能力较强、负债率较高的企业	（1）不需要支付本金和利息，没有发行价格约束 （2）不涉及新老股东之间的利益平衡 （3）操作简单，审批快捷，发行风险较小 （4）定价较为灵活，发行成功概率较高	（1）对业绩的要求较高 （2）融资规模受限 （3）控股股东需认购较大比例，股东资金负担大 （4）需采用代销方式并引入发行失败机制 （5）直接摊薄股本，对公司短期业绩形成较大压力
发行短期融资债券	债券待偿还余额不得超过企业净资产的40%	高	适合财务集中管理的大型企业集团	（1）与发行公司债相比成本较低，无须担保或抵押 （2）与向银行借款相比，一次性可筹资数额较大	发行条件较严格，必须是有一定信用等级的实力强大的公司

续表

融资方式	融资规模	融资效率	适用公司类型	优点	缺点
发行中期票据	债券待偿还余额不得超过企业净资产的40%	较高	发展稳定、有中长期战略投资或项目资源需求的企业	(1) 与向银行贷款（同期贷款利率）相比具有成本优势 (2) 发行方式较为灵活，可"一次注册、分期发行" (3) 通过直接融资价格机制彰显企业良好的信用	需要有一定的信用评级
向银行贷款	不定	高	所有企业	快速获取资金	(1) 对企业自身条件要求较高，有些情况下需要抵押资产 (2) 金额小，难以满足大规模融资需求 (3) 利率高，刚性还款压力大

这里想谈一谈定向增发中的简易程序定增。

当上市公司定向增发的融资金额不超过3亿元且不超过公司净资产的20%时，可采用简易程序定增的方式。

自2020年创业板实施注册制以来，简易程序定增逐渐成为上市公司再融资的重要方式之一。2023年2月17日全面注册制落地后，简易程序定增已推广至主板。2023年8月27日，中国证监会推出一项政策措施，旨在阶段性收紧IPO的节奏，以优化IPO和再融资的监管安排，这一政策措施被称为"827新政"。该政策措施的实施对A股的IPO市场产生了显著的影响，导致上市企业数量和融资规模均有所下降，同时也引发了市场IPO生态的一系列变化。"827新政"之后再融资监管趋严，这使得越来越多的上市公司开始考虑通过简易程序定增来再融资。

简易程序定增的主要流程：年度董事会提请—年度股东大会授权—召开第

一次董事会审议预案—非公开路演推介—发出认购邀请书，以竞价方式确定发行价格和发行对象—召开第二次董事会审议竞价结果等事项（签订股份认购合同后3个工作日内）—向沪深交易所提交申请文件（20个工作日内）—交易所受理（2个工作日内）—交易所审核并提交证监会注册（3个工作日内）、保荐人上传工作底稿（3个工作日内）—证监会注册—向交易所提交发行相关文件（2个工作日内）—缴款（证监会作出予以注册的决定后的10个工作日内）—验资—提交上市申请文件（验资报告出具当日或后一个交易日9：30前）—新增股份登记上市。

2023年11月8日，沪深交易所再融资监管新规出台，确定与破发、破净、经营业绩持续亏损相关的监管要求不再适用于简易程序定增方式的再融资。这一规定的主要考虑是，简易程序定增的再融资金额较小，既能较好地满足上市公司必要的融资需求，又能兼顾二级市场的稳定。但这同时也意味着简易程序定增依然需要满足与财务性投资、前次募集资金使用、投向主业等相关的监管要求。需要注意的是，简易程序定增募集到的资金必须用于资本性募投项目，且补流比例不可超过30%，这是为了确保上市公司合理使用募集资金，避免上市公司过度依赖短期资金来解决长期问题，从而维护资本市场的健康稳定发展。

案 例

天马科技、新劲刚简易程序定增成功

2024年1月，天马科技、新劲刚均通过简易程序成功定向增发。两家公司的增发历程如表4-7所示。

表4-7 天马科技和新劲刚简易程序定增历程简表

历程/项目	天马科技	新劲刚
募集资金总额	3.00亿元	2.46亿元

续表

历程/项目	天马科技	新劲刚
募投项目	鳗鲡生态养殖基地建设项目二期（2.2亿元），补充流动资金（0.8亿元）	射频微波产业化基地建设项目（1.722亿元），补充流动资金（0.738亿元）
保荐机构	海通证券	民生证券
发行费用	908.13万元	436.83万元
发行对象	魏巍、申万宏源证券有限公司、中信建投证券股份有限公司、林永红、诺德基金管理有限公司、孟凡清	财通基金管理有限公司、诺德基金管理有限公司、佛山正合资产管理有限公司（正合智远6号私募证券投资基金）、北京裕石投资有限公司（裕石9号私募证券投资基金）、佛山市佛控汇创股权投资合伙企业（有限合伙）、安联保险资产管理有限公司（安联裕远12号资产管理产品）、华安证券股份有限公司
限售期	自新增股份上市之日起6个月	自本次发行的股票上市之日起6个月
年度董事会、股东大会审议通过授权	（1）发行人第四届董事会第十七次会议于2023年4月27日召开。经审议，会议一致通过《关于提请股东大会授权董事会办理以简易程序向特定对象发行股票的议案》《关于提请召开公司2022年年度股东大会的议案》等议案	（1）2023年4月19日，发行人召开第四届董事会第十三次会议，审议通过了《关于提请股东大会授权董事会办理以简易程序向特定对象发行股票的议案》，同意提请股东大会授权董事会以简易程序向特定对象发行股票，发行股票的种类为人民币普通股（A股），每股面值人民币1.00元，募集资金总额不超过人民币3亿元且不超过最近一年末净资产的20%，发行数量按照募集资金总额除以发行价格确定，不超过发行前公司股本总数的30%，授权期限自公司2022年年度股东大会审议通过之日起至公司2023年年度股东大会召开之日止，并提请股东大会批准

续表

历程/项目	天马科技	新劲刚
年度董事会、股东大会审议通过授权	（2）2023年5月26日，发行人召开2022年年度股东大会，审议通过了《关于提请股东大会授权董事会办理以简易程序向特定对象发行股票的议案》等议案	（2）2023年5月11日，发行人召开2022年年度股东大会，审议通过了《关于提请股东大会授权董事会办理以简易程序向特定对象发行股票的议案》，同意授权董事会以简易程序向特定对象发行股票，募集资金总额不超过人民币3亿元且不超过最近一年末净资产的20%，授权期限自发行人2022年年度股东大会审议通过之日起至发行人2023年年度股东大会召开之日止
董事会（一董）审议预案	2023年7月14日，发行人召开第四届董事会第二十一次会议。经审议，会议一致通过《关于公司符合以简易程序向特定对象发行A股股票条件的议案》《关于公司2023年度以简易程序向特定对象发行A股股票方案的议案》《关于公司2023年度以简易程序向特定对象发行A股股票预案的议案》《关于公司2023年度以简易程序向特定对象发行A股股票募集资金使用可行性分析报告的议案》《关于公司2023年度以简易程序向特定对象发行A股股票方案论证分析报告的议案》《关于公司2023年度以简易程序向特定对象发行股票摊薄即期回报的风险提示与填补回报措施及相关主体承诺的议案》等议案	（1）2023年8月9日，发行人召开第四届董事会第十六次会议，会议审议通过了《关于公司符合以简易程序向特定对象发行股票条件的议案》《关于公司以简易程序向特定对象发行股票方案的议案》《关于公司以简易程序向特定对象发行股票预案的议案》等议案，并同步披露《关于以简易程序向特定对象发行预案披露的提示性公告》 （2）2023年8月25日，发行人召开第四届董事会第十七次会议，会议审议通过了《关于公司向特定对象发行股票相关授权的议案》
发送认购邀请书	2023年8月14日，主承销商向其与发行人共同确定的73名特定对象发送了认购申请书	2023年11月9日（T-3日）至2023年11月14日（T日）期间，发行人及保荐人（主承销商）向99名投资者发送了认购申请书

续表

历程/项目	天马科技	新劲刚
发行期首日	2023年8月15日	2023年11月10日
申购报价时间	2023年8月17日8:30—11:30	2023年11月14日9:00—12:00
董事会（二董）审议竞价结果	2023年8月21日，发行人召开第四届董事会第二十二次会议。经审议，会议一致通过《关于公司2023年度以简易程序向特定对象发行股票竞价结果的议案》《关于公司与特定对象签署附生效条件的股份认购协议的议案》等议案	2023年11月21日，发行人召开第四届董事会第十九次会议，会议审议通过了《关于公司2023年度以简易程序向特定对象发行股票竞价结果的议案》《关于公司与特定对象签署附生效条件的股份认购协议的议案》《关于公司〈2023年度以简易程序向特定对象发行股票预案（修订稿）〉的议案》等议案
交易所受理、审核、提交证监会注册	2023年11月10日，本次发行申请获上交所受理并收到上交所出具的《关于受理福建天马科技集团股份有限公司沪市主板上市公司发行证券申请的通知》。上交所对公司以简易程序向特定对象发行股票的申请文件进行了审核，并于2023年11月27日向中国证监会提交注册	2023年11月30日，本次发行申请获深交所受理并收到深交所出具的《关于受理广东新劲刚科技股份有限公司向特定对象发行股票申请文件的通知》。深交所发行上市审核机构对公司向特定对象发行股票的申请文件进行了审核，并于2023年12月4日向中国证监会提交注册
取得证监会同意注册批复	2023年12月22日，公司收到中国证监会出具的《关于同意福建天马科技集团股份有限公司向特定对象发行股票注册的批复》	2023年12月15日，公司收到中国证监会出具的《关于同意广东新劲刚科技股份有限公司向特定对象发行股票注册的批复》

续表

历程/项目	天马科技	新劲刚
缴款验资	2023年12月27日，联席主承销商发出《缴款通知书》；2023年12月29日，资金划转至发行人指定账户，会计师事务所完成验资	2023年12月20日，联席主承销商发出《缴款通知书》；2023年12月26日，资金划转至发行人指定账户，会计师事务所完成验资
上市公告书披露	2024年1月17日	2024年1月9日

案 例

誉衡药业、帝科股份简易程序定增失败

2023年10月27日，誉衡药业发布《关于申请撤回公司2023年度以简易程序向特定对象发行股票申请文件的公告》，援引其中内容如下：

"2023年4月21日，公司第六届董事会第四次会议审议通过了《关于提请2022年年度股东大会授权董事会办理小额快速融资相关事宜的议案》。

"2023年5月15日，公司2022年年度股东大会审议通过《关于提请2022年年度股东大会授权董事会办理小额快速融资相关事宜的议案》，授权公司董事会全权办理与本次以简易程序向特定对象发行股票有关的全部事项。

"2023年8月11日，根据2022年年度股东大会的授权，公司召开第六届董事会第七次会议、第六届监事会第六次会议，审议通过了本次发行方案及其他发行相关事宜。

"2023年9月19日，发行人召开第六届董事会第八次会议、第六届监事会第七次会议，审议并通过了《关于公司2023年度以简易程序向特定对象发行股票竞价结果的议案》《关于公司与特定对象签署附生效条件的股份认购协议的议案》《关于公司2023年度以简易程序向特定对象发行股票预案（修订稿）的议案》等议案。根据本次发行的竞价结果，本次发行股票募集资金总

额为 299,999,995.96 元，在扣除相关发行费用后的净额，将拟投入药物研发项目、营销信息服务平台系统建设项目，以及用于偿还银行借款。

"自公司决定开展本次融资以来，公司与中介机构积极有序推进相关工作，但综合考虑行业发展现状、融资环境变化等因素后，经审慎论证分析，公司决定向深圳证券交易所申请撤回公司 2023 年度以简易程序向特定对象发行股票的申请文件，并将根据市场情况适时进行重新申报。"

从中可看出，誉衡药业简易程序定增失败的原因是考虑到行业发展现状及融资环境变化，主动撤回申请。

2023 年 2 月 15 日，帝科股份发布《关于申请撤回公司以简易程序向特定对象发行股票注册申请文件的公告》，公告称："鉴于公司及公司董事长史卫利于 2023 年 2 月 14 日收到中国证券监督管理委员会江苏监管局出具的警示函，违反了《深圳证券交易所创业板上市公司证券发行上市审核规则》第三十三条的规定，使得公司不符合以简易程序向特定对象发行股票的条件，因此公司决定向中国证监会申请撤回向特定对象发行股票注册申请文件（简易程序）。"

与誉衡药业的主动撤回申报不同，帝科股份是因为公司及公司董事长收到中国证监会江苏监督局的警示函而被迫撤回申请。

案 例

移为通信的定向增发过程

2020 年 5 月 22 日，移为通信公布定增预案。7 月 8 日，公司对方案内容进行第一次修订（根据创业板试点注册制改革相关法规制度的要求，修订了履行程序等内容）。8 月 24 日，创业板注册制实施，定增申请转报深交所审核中心。9 月 11 日，公司对方案内容进行第二次修订（把募集金额从 6.3 亿元调整为 6 亿元）。9 月 28 日，公司对方案内容进行第三次修订（把募集金额从 6 亿元调整为 5 亿元）。10 月 21 日，定增申请获深交所审核通过。11 月 11 日，向证监会递交注册申请。2021 年 1 月 12 日，公司对方案内容进行第四次修订（把募集金额从 5 亿元调整为 3.36 亿元）。2 月 19 日，收到证监会注册批文，之后开启路演交流，等待市场良机出现，择机发行。

2021年8月3日，移为通信递交定增发行方案。8月6日，启动发行。8月11日，25家机构参与报价，最终11家机构获配，包括景林资产、财通基金、诺德基金、瑞士银行等。9月3日，定增股份上市，但需要锁定半年。

2022年3月3日，定增股份解禁前一天，移为通信的股价相比定增价格涨幅约为20%。3月4日，定增股份解禁，绝大部分定增获配机构很快将所持股份卖出，获利了结。

（三）市值管理

为贯彻落实《国务院关于加强监管防范风险推动资本市场高质量发展的若干意见》，进一步引导上市公司关注自身投资价值，切实提升投资者回报，证监会制定了《上市公司监管指引第10号——市值管理》。

该指引要求上市公司以提高公司质量为基础，提升经营效率和盈利能力，并结合实际情况依法依规运用并购重组、股权激励、员工持股计划、现金分红、投资者关系管理、信息披露、股份回购等方式，推动上市公司投资价值合理反映上市公司质量。

该指引还明确了上市公司董事会、董事和高级管理人员等相关方的责任，鼓励引导股东（含控股股东、实控人）长期投资，并对主要指数成份股公司制定市值管理制度、长期破净公司披露估值提升计划等作出专门要求。

同时，该指引还明确禁止上市公司以市值管理为名实施违法违规行为。如操控上市公司信息披露；内幕交易、泄露内幕信息、操纵股价、配合其他主体实施操纵行为等；对上市公司证券及其衍生品种交易价格等作出预测或承诺；回购、增持不合规；披露涉密项目信息等。

1. 市值的定义及影响因素

市值是指一家上市公司的股票在市场上的总价值，即上市公司的股票总数乘以股票的市场价格所得到的总价值。市值是衡量公司规模和市场影响力的重要指标，也是投资者评估公司投资价值和投资风险的重要依据。流通市值的具体计算公式为"流通市值=流通股数×股票价格"，其中的流通股数是指公司的总股本减去法人股、内部职工股等不流通股份后剩余的股数。影响上市公司市值的因素众多，但主要的影响因素有以下几点：

（1）公司基本面。一是盈利能力。盈利能力强的公司往往具有更高的市值,因为投资者对公司的未来盈利预期较高。评估盈利能力的指标包括每股收益、净利润率、净资产收益率等。二是成长性。具有高成长性的公司通常能够吸引更多投资者的关注,从而推高市值。三是偿债能力和运营效率。偿债能力强的公司能够降低财务风险,提升市场信心,而运营效率高的公司则能够更有效地利用资源,提升盈利能力。

(2)市场供求关系。股票的市场供求关系直接影响股票价格的波动,进而影响市值。当市场上股票的供应量大于需求量时,股票价格可能下跌,市值减少,反之股票价格可能上涨,市值增加。

(3)行业因素。不同行业的公司的市值可能存在较大差异。热门行业、具有较高成长性的公司通常市值较高,而传统行业、成长性较低的公司通常市值较低。行业前景、竞争格局等也会影响公司的市值。

(4)宏观经济环境。宏观经济环境是影响市值的重要因素之一。经济增长、通货膨胀、利率和失业率等宏观经济指标都会对企业的盈利能力和市场预期产生影响,进而影响市值。例如,经济增长放缓可能导致企业的盈利能力下降,进而导致市值减少。

(5)政策因素。政策环境对市值也有显著影响。当政策有利于某一行业时,相关公司的市值可能上升,反之则可能下降。从本质上看,政策的变动会带来市场预期的变化,进而影响股票价格和公司市值。

(6)企业治理结构和规范运作。良好的企业治理结构能够提升企业的透明度和信誉,吸引更多投资者的关注,从而使市值得到提升;反之,那些存在管理层内斗、利益输送等问题的企业可能面临市值下滑的风险。规范运作方面,如不规范的关联交易、对外担保、资金占用、募集资金管理、内幕信息管理、内控缺陷,同业竞争,各类纠纷处罚等,会计师给予保留审计意见或者无法发表审计意见,均可能导致市值下滑。

(7)技术创新能力。拥有核心技术和创新产品的企业通常具有较高的市值。技术创新能够提升企业的竞争力和市场地位,吸引到更多的投资者。

(8)投资者情绪。对市场的过度恐慌或过度乐观都可能导致投资者做出非理性行为,从而影响市值。例如,在对市场感到恐慌时,投资者可能会疯狂抛售股票,导致市值下跌;而在过度乐观的市场环境下,投资者可能高估企业的价值,大肆买入股票,导致市值虚高。

上述因素的共同作用决定了上市公司的市值水平。

在估值理论中，企业的估值方法主要有绝对估值法和相对估值法。

绝对估值法是一种基于企业未来现金流或收益的预测，并通过贴现方式计算企业当前价值的方法。这种方法侧重于评估企业的内在价值，即不考虑市场波动和交易价格，仅从企业的基本面出发进行估值。绝对估值法认为，企业的价值等于其未来所有现金流或收益的现值之和——这些现金流或收益可以是股利、自由现金流、经济增加值等形式，将未来的现金流或收益按照一定的贴现率折现到当前时点，就可以计算出企业的内在价值。绝对估值法使用的估值模型主要有股利贴现模型、自由现金流量贴现模型、经济增加值模型。

相对估值法也被称为比较估值法或相对估价法，是一种通过与市场上可比公司或交易案例进行比较来评估目标企业价值的方法。这种方法基于一个假设——相似的企业应该有相似的价值。相对估值法广泛应用于股票投资、并购、风险投资等领域，是投资者和分析师常用的一种估值工具。相对估值法又可分为市盈率法、市净率法、市销率法、企业价值倍数法等具体方法。

对于有盈利的 A 股上市公司，一般会采用市盈率估值法来对其进行估值，具体计算公式为"市值=净利润×市盈率"。从市盈率估值法的角度来看，影响市值的因素主要有七个，原理如图 4-2 所示：

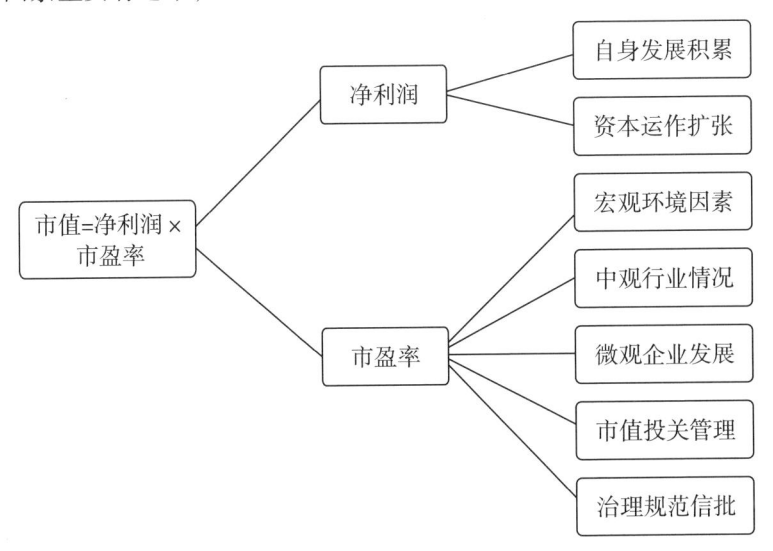

图 4-2　市值的影响因素

对上市公司来说，要想提升市值，最重要的是通过做好经营管理提升公司的盈利水平——包括盈利规模和盈利增速，这会带来"戴维斯双击效应"。"戴维斯双击效应"是指在低市盈率时买入具有成长潜力的股票，待其成长潜力显现后，再以较高的市盈率卖出，从而获取每股收益和市盈率同时增长的倍乘效益。企业快速发展，除了可扩大盈利规模外，还能显著提升市盈率。对于那些科技成长型企业，投资机构一般会用 PEG 估值法（PEG＝PE/G＝市盈率/盈利增长率）来对其进行估值。投资机构通常设定 PE/G＝1，并将 G 设定为企业未来 3 年的盈利复合增长率（反映盈利增速）。因此，企业的盈利增速越快，投资机构给出的市盈率就越高。

影响市盈率的因素主要有宏观方面的因素、中观方面的因素和微观方面的因素。宏观方面的因素有市场的总体估值水平和情绪、政治经济形势和政策、国内外的货币政策和市场流动性等；中观方面的因素有行业估值水平、行业政策和行业发展情况、行业事件、热点概念及赛道等；微观方面的因素有每股收益的增长情况、筹码的流动情况、短期投资者的预期博弈、公司的业务发展情况、公司的资本运作、有关宣传情况等。公司治理、规范运作和信息披露及预期管理等投资者关系管理工作均会影响市盈率。

2. 市值管理的定义、内涵及核心功能

2007 年，中国上市公司市值管理研究中心给市值管理作出了较为精确的定义：市值管理就是上市公司基于公司市值信号，有意识地主动运用多种科学合规的方法和手段，以达到公司价值创造最大化、价值经营及价值实现最优化、风险最低化，最终实现股东价值最大化的过程。2024 年新的市值管理监管指引第二条指出，市值管理是指上市公司以提高公司质量为基础，为提升公司投资价值和股东回报能力而实施的战略管理行为。

市值管理有四个方面的内涵：一是市值管理的对象是市值，核心是价值管理。市值与股票价格有关，上市公司应当关注股票价格，但不能为了迎合市场去操纵股票价格，只有不断提升企业自身的综合实力才是使市值增长的正确且唯一的办法。二是股东价值最大化是市值管理的目标，但不是唯一目标。上市公司要想为股东持续创造最大化的价值，就要不断优化企业战略，提升企业治理水平，改善内外部关系尤其是投资者关系，努力实现企业的高质量发展。三是市值管理是一种长效机制，需要持之以恒，不可能"毕其功于一役"，这就需要企业对经营和治理等各个方面作出长期规划，使各方面协同发展。四是重点突出要提升上市公司质量和投资价值。上市公司以质量为基础，投资价值要合理反映公司质量，重视投资者的利益与回报。

市值管理有五个维度，如图4-3所示。

01	02	03	04	05
企业外部发展的势能	战略核心要点	合规经营	资本运作	价值传递时的沟通能力
政策势能、技术势能	用户洞察、竞争差异、企业核心竞争能力	经营、管理、运作	并购、融资（再融资）、增持/减持、投资和股权激励……	以信息披露为核心，加强同监管机构、机构/个人投资者、证券服务/研究机构、媒体的交流

图4-3 市值管理的五个维度

市值管理的核心功能可以细分为价值创造、价值实现和价值传播。

价值创造是市值管理的基础，它关注的是如何提升企业的内在价值。要提升企业的内在价值，应做好以下工作：

（1）优化资源配置，提升企业运营效率。通过聚焦核心业务与创新发展，优化资源配置，提高企业运营效率，从而实现内在价值的持续增长。例如，剥离非核心业务，集中资源发展具有核心竞争力的主业；加大技术研发和产品创新的力度，提升产品竞争力。

（2）商业模式创新。通过商业模式创新，提升企业的盈利能力和市场竞争力。创新商业模式可以帮助企业开辟新的市场领域，增加收入来源，提高企业的整体价值。

（3）资本运作。合理运用资本运作手段（如资产重组、兼并收购等），优化企业的资产结构，提高资本效率。这些手段可以帮助企业快速扩大规模，提升市场地位。

（4）企业治理。建立完善的企业治理结构，明确决策、执行、监督等的各方权责，形成有效制衡。良好的企业治理是公司基业长青的根本，也是提升企业内在价值的重要保障。

价值实现是市值管理的目的，它关注的是如何使企业的内在价值在市场得到充分体现。要想实现这个目的，应做好以下工作：

（1）信息披露工作和企业透明度提升。通过高质量的信息披露来提升企业的透明度，减少信息不对称现象的发生，使投资者能够充分了解企业的经营状况和未来发展前景，从而作出更正确的投资决策。在这方面，上市公司需要做的工作包括及时披露业绩预告和短期经营情况等。

（2）投资者关系管理。加强与投资者和分析师的沟通和互动，建立和谐的投资者关系。通过定期召开投资者交流会、业绩说明会等，及时向投资者传递企业的发展战略、经营成果和未来规划等信息，增强投资者信心。

投资者关系管理工作的核心在于做好价值梳理和跟踪、价值输出和传播、投资者关系管理评估和优化。价值梳理和跟踪是指通过梳理企业的核心投资价值，构建价值输出和传播的内容，以资本市场的逻辑和语言来展示公司的业务重点和亮点，充分向投资者展示公司的增长历程和投资价值，同时跟踪并定期更新相关信息。价值输出和传播是指通过开展各种形式的投资者关系管理活动，明确价值传播路径，针对不同类型的机构或股东开展精细化的投资者关系管理宣传工作。投资者关系管理评估和优化是指从同行相对估值表现、券商研究跟踪报告、股票流动性和交易活跃度、机构持股情况、股东关注度等几个维度来评估投资者关系管理的效果，并不断地优化和提升投资者关系管理工作。此外，做好投资者预期管理工作也很重要。

（3）资本运作与市场运营协同。通过合理融资、并购重组等战略手段，最大化企业的市场价值。例如，在市场低估公司价值时，采取股票回购、股票增持、发行可转债和股权激励等措施；在市场高估公司价值时，采取增发新股、换股收购等措施。

（4）股价管理。虽然市值管理并不等同于股价管理，但合理的股价管理有助于实现公司价值的最大化。企业可以通过增持、减持等手段来稳定股价，避免股价大幅波动对公司形象和市场信心造成负面影响。

价值传播是市值管理的重要环节，它关注的是如何将企业的价值理念和业绩成果传递给市场，加深市场对企业的认知和信任。要想取得良好的价值传播效果，应做好以下几个方面的工作：

（1）公共关系管理。与媒体、分析师、投资机构、政府监管部门等各方建立良好的关系，通过正面宣传报道和权威分析解读来提升企业的市场形象和知名度。

（2）品牌建设与市场营销。加大品牌建设和市场营销的力度，提升企业的品牌影响力和市场竞争力。通过优质的产品和服务赢得客户的信任，进而提升企业的整体价值。

（3）社会责任履行。积极履行社会责任，主动参与公益事业和慈善活动，提升企业的社会形象和品牌价值。良好的社会责任表现有助于增强投资者和公众对企业的认同感和信任感。

以上的市值管理工作都能对提升公司的市盈率估值起到积极的作用，但更长远、更高级、更硬核的市值管理办法还是提升公司的盈利和盈利增速，因为企业的成长和发展才是市值增长的真正核心源头。因此，更强有力的市值管理工作是通过投资并购等资本运作手段来促进公司快速发展，实现公司实业和市值的循环提升。

市值管理也有"假"的，我们称之为"伪市值管理"，其主要表现有以下几点：

（1）一味追逐市场热门题材进行概念炒作，目的是提升公司股价，然后在高点出货。

（2）上市公司实际控制人和私募基金联手坐庄。

（3）进行"操盘式"的股份大宗减持。

（4）在信息披露上搞选择性披露，以牟取暴利。

（5）利用"上市公司+PE"的模式进行并购重组，钻政策和制度的漏洞，以牟取暴利。

伪市值管理一般的操作流程：私募基金通过定增或二级市场举牌的模式持有上市公司大量股票，进入上市公司董事会，推动上市公司进行上下游产业链的整合或跨界收购，寻找并购标的，一旦上市公司完成并购，可能会刺激股票市值上涨，此时私募基金会考虑卖出持股并退出董事会。这个操作过程常常伴随着内幕交易、信息披露不规范等市场操纵手段和违法违规行为。

（四）产业投资并购基金运作

产业投资并购基金是产业投资基金和产业并购基金的统称。上市公司要进行投资并购或产业布局，可以自己组建团队直接投资或布局，还可以通过产业投资基金或并购基金进行产业链或非产业链的投资布局。上市公司借助基金管理人的行业经验、投资经验、管理和资源优势，通过引入外部资源关系、借用

"外脑",给企业发展带来杠杆效应,为企业的项目、协同、生态等赋能,强化企业的投资能力、管理能力以及抗风险能力。

产业投资基金,国外通常称之为风险投资基金或私募股权投资基金,一般由投资机构设立,向具有高增长潜力的未上市企业进行股权或准股权投资,并参与被投资企业的经营和管理,利益共享、风险共担,待所投资企业发育成熟后通过股权转让或上市等方式实现资本增值。上市公司或大股东及关联方可以参与或自己设立产业投资基金。

产业投资基金的投资流程大致如图4-4所示:

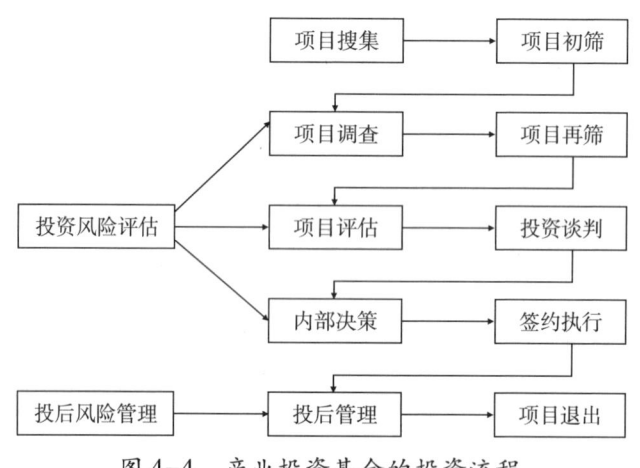

图4-4 产业投资基金的投资流程

关于流程中各环节的具体解释如下:

(1)投前风险评估。投前风险评估工作应包含但不限于以下内容:确定各类风险的权重,拟定各类风险的调查提纲,确定风险评估的具体方法,明确投资项目的关键风险控制节点,提出风险控制预案。风险控制的关键在于预见可能出现的各种不利变化,因此风险管理部门应制订信息收集工作计划,指派专人负责收集宏观经济、法律法规等方面的最新情况,跟踪重点投资领域的最新情况及重大事件,并及时向决策者通报。风险评估工作应采取审慎原则,必须向决策者提示可能出现的最差情况。

(2)项目搜集。根据企业的投资行业方向、投资标准,通过接受申请或推荐、初步接触、走访、查阅相关资料等方式寻找投资项目。对于寻找到的项目,要求项目方提供符合规范标准的项目经营计划书和投资建议书,并进行必要的补充、完善。

（3）项目初筛。通过粗略浏览项目经营计划书来作出直观判断，将在投资规模、行业、地理位置、融资阶段等方面不符合基金投资方向和原则的项目剔除掉。

（4）项目调查。检验项目经营计划书和投资建议书等材料内容的准确性、真实性，发掘其中没有完全表达的其他情况，全面了解拟投资项目的详细情况，明确其中存在的风险和法律问题，并就相关风险和义务进行谈判。

（5）项目再筛。对项目调查阶段获得的项目信息做进一步调查、核实、补充，对项目进行再筛选。进一步仔细审阅、核对项目经营计划书和投资建议书中的关键环节，对投资建议的假设、预期以及其他一些关键信息进行详细分析、查验，剔除不能满足基金投资标准和要求的项目。

（6）项目评估。更进一步分析、评估、筛选项目。一是通过与拟投企业的主要管理人员、相关机构（会计师事务所、银行等）接触、沟通、讨论，进行一些正式的市场研究、技术研究，以增加对项目的了解，同时评估拟投企业管理层对项目的认知情况。二是分析、评估项目的投资障碍。要对影响投资决策的因素作出系统评估。可能影响投资决策的因素有以下几个方面：管理人员方面的因素，如管理人员的工作经历、教育程度、团结程度、领导能力、商业领悟力等；财务方面的因素，如投资规模、退出机会、高收益率潜力、融资历史、企业家股份等；行业与技术方面的因素，如技术先进性、竞争力、政策倾斜度、进入壁垒等；企业与市场方面的因素，如企业发展阶段、企业所处位置、市场大小、市场成长潜力、其他的项目参与者等。对拟投资项目进行系统评估后，出具、签署评估意见，上报审议。

（7）投资谈判。与拟投企业进行谈判，谈判内容包括投资额、股权比例、股权的类型和数量、优先股和债券的转换价格与条件、投资退出条件、声明与担保、积极作为条款、不作为条款、违约处理、登记条款、共同出售条款和其他条款等。

（8）内部决策。将谈判后达成一致协议的拟投项目报请投资决策委员会评审。投资决策委员会综合考虑拟投项目的相关资料、基金公司管理团队的投资建议以及投资专家的书面评审意见，对拟投项目行使决策审批权限。

（9）签约执行。聘请律师事务所根据达成一致意见的投资内容、投资条件等起草相关法律文件，签订投资合同和股东契约，执行和组织实施经投资决策委员会批准的投资计划和方案。

（10）投后风险管理。密切跟踪已投项目的风险变化。投资后的风险管理应以投资前确认的关键风险控制节点为关注重点，根据项目实施后的风险动态变化，取消部分风险控制节点或新增风险控制节点。风险管理部门须根据风险的动态变化及时调整风险控制预案，做好风险预警工作，必要时给出提前退出或中止投资的建议；须定期编写风险评估报告并提交给基金公司相关人员。

（11）投后管理。

投后管理的分工：所投企业的日常经营管理决策由该企业自行作出。基金公司向所投企业委派董事，通过董事会参与企业重大战略决策；向所投企业委派投资代表，监督或参与企业的运营管理，确保投资合同中约定的有关基金公司权利的条款得到执行，保障基金公司的权益。

投后管理的负责人：设投资代表负责所投企业的投后管理业务。投资代表可根据具体的工作需要，申请获得咨询公司、会计师事务所和律师事务所的支持，相关费用由基金公司承担。

投后管理的内容：一是监督管理，包括风险管理、维护基金公司权利、出席所投企业董事会会议。二是管理咨询。为所投企业提供增值服务，包括协助所投企业招聘和解雇关键管理人员；为企业的日常运作管理提供咨询与建议；为企业的发展战略提供咨询与建议，协助企业与关键的原料供应商或产品客户建立稳定的关系；为市场营销策略提供建议；为企业的财务管理提供建议；为企业提供融资方案与建议；等等。三是投资退出方案的设计与实施。根据所投企业的发展态势、市场环境的变化和基金公司自身的投资策略来设计投资退出方案，选择最有利于基金公司的退出方式；在时机成熟时，按照方案确定的退出方式实施投资退出。

分阶段投资项目的投资后管理：对于分阶段投资的项目，投后管理负责人须在各个投资阶段履行投资承诺前作出相应的评估，并提出是否应该履行投资承诺的意见，将意见上报审议。

追加投资管理：实施追加投资前，须听取派驻该项目的投资代表汇报所投项目的投后运行情况，投资代表须提交拟追加投资项目的分析报告和拟追加投资方案。

（12）项目退出。退出方式主要有所投企业上市、转让所投企业股权、所投企业回购股份等。

产业并购基金是上市公司或大股东及关联方设立或参与设立的基金。上市公司可以出部分资金，并利用产业并购基金进行融资，然后对目标企业进行收购。具体操作是先对目标企业进行"体外"培养，待时机成熟之后，上市公司从产业并购基金手中购入目标企业，产业并购基金则实现退出。换言之，并购基金通过大比例参股或直接控股目标企业，从而获得目标企业的经营管理权甚至是最终控制权，后续再对目标企业进行培育、整合、重组及运营，待目标企业的经营状况改善之后，再通过将这项优质资产注入上市公司、出售股权或基金份额等方式实现投资退出，上市公司则完成投资目标、实现产业扩张。一个典型的例子是爱尔眼科借助产业并购基金实现了扩张，跨入千亿市值公司之列——爱尔眼科从2014年开始，通过并购基金撬动更多的资金，投资那些处于成长期的眼科医院，待其稳定盈利后再收购并表。

与自己直接下场投资并购相比，上市公司通过产业投资并购基金实施投资并购的优势有程序更简单、效率更高、资本运作风险低、交易价格低、不受上市公司停复牌时间的限制、标的资产对上市公司业绩的负面影响较小、选择的余地更大、成功率更高等。

下面展示的金城医药收购朗依制药也是一个经典案例。

案 例

金城医药收购朗依制药（2014—2017年）

行业：医药

交易时间：2014—2017年

主收购方：金城医药（山东金城医药股份有限公司）及其相关主体

被收购方：朗依制药（北京朗依制药有限公司）

交易对价：朗依制药100%的股权对价18.8亿元人民币

支付方式：现金与股份结合

一、交易流程

本次产业并购是由上市公司金城医药的控股股东金城实业牵头发起的。一开始，金城实业与GP（普通合伙人）东方高圣共同成立了锦圣基金作为本次产业并购的投资平台，并陆续为该基金引入了数位外部投资人，以现金方式从朗依制药创始团队手中收购了朗依制药80%的股权。

在2年左右的运行整合期过去并取得监管部门的批准后，上市公司金城医药以定向发行股份的方式收购了锦圣基金持有的朗伊制药80%的股权以及朗依制药创始团队仍持有的20%股权，完成了对朗依制药的全资控股。与此同时，金城医药以定向增发的方式从控股股东金城实业处为本次并购募集了配套资金，以支持朗依制药的生产线建设。

本次交易过程中发生的重要事件与相应时间见表4-8：

表4-8 金城医药收购朗依制药过程大事一览表

目的	时间	事件
设立产业并购基金	2014年8月	金城实业与东方高圣发起成立锦圣基金，初始认缴出资额为3.2亿元（同实缴），金城实业与东方高圣各认缴50%，由东方高圣担任普通合伙人
募集外部资金	2015年3月	德融资本、上海祥佑、上海盟敬向锦圣基金认缴增资。其中，德融资本认缴2.8亿元，上海祥佑认缴0.2亿元，上海盟敬认缴800万元，基金原合伙人东方高圣认缴出资额变更为200万元，金城实业认缴额变更为2.9亿元。至此，锦圣基金总认缴出资额变更为6亿元（以上数字均同实缴）。同月，招商财富向锦圣基金认缴增资10.41亿元（实缴10亿元）。至此，锦圣基金总认缴出资额变更为16.66亿元（实缴16亿元）
锦圣基金收购朗依制药80%的股权	2015年3月	锦圣基金从达孜创投处收购了朗依制药80%的股权，交易对价16亿元（朗依制药100%股权估值20亿元），并于3月31日前以现金形式完成了款项支付

续表

目的	时间	事件
上市公司收购朗依制药100%的股权	2015年5月	金城医药发布了《关于发行股份购买资产并募集配套资金暨关联交易的方案》,等待相关部门审批
	2016年10月	金城实业将其在锦圣基金认缴出资的出资额3.02亿元(实缴额2.9亿元)以2.9亿元转让给基金的有限合伙人德融资本
	2016年12月	中国证监会批准了金城医药进行重大资产重组与定向增发募集配套资金的方案
	2017年2月	金城医药以定向发行股票的方式向锦圣基金与达孜创投收购朗依制药100%的股权,对价18.8亿元人民币,并完成了与该交易相关的工商变更手续,同时,金城医药拟向控股股东金城实业定向发行股票为本次交易募集3亿元的配套资金

在这次时间跨度长达两年半的"马拉松式"并购交易中,上市公司金城医药收到了来自监管部门的多轮问询,双方就本次交易是否构成关联交易、上市公司实控人变更的风险、业绩承诺与补偿安排、并购基金的结构化安排等问题展开了反复博弈。金城医药在多方面作出妥协,才最终取得证监会的批准。

这次交易前后相关主体的股权结构变化见表4-9:

表4-9 金城医药收购朗依制药交易前后股权结构变化表

项目	本次交易前		本次交易后(配套融资不能实施)		本次交易后(配套融资得以实施)	
	股份数量/股	持股比例	股份数量/股	持股比例	股份数量/股	持股比例
金城实业	95,160,000	37.58%	95,160,000	25.29%	111,995,016	28.49%
赵鸿富	12,776,000	5.05%	12,776,000	3.40%	12,776,000	3.25%
赵叶青	4,720,000	1.86%	4,720,000	1.25%	4,720,000	1.20%
实际控制人合计	112,656,000	44.49%	112,656,000	29.94%	129,491,016	32.94%

续表

项目	本次交易前		本次交易后（配套融资不能实施）		本次交易后（配套融资得以实施）	
	股份数量/股	持股比例	股份数量/股	持股比例	股份数量/股	持股比例
锦圣基金	—	—	98,493,778	26.17%	98,493,778	25.05%
达孜创投	—	—	24,623,444	6.54%	24,623,444	6.26%
其他股东	140,544,000	55.51%	140,544,000	37.35%	140,544,000	35.75%
合计	253,200,000	100.00%	376,317,222	100.00%	393,152,238	100.00%

二、标的资产的估值

本次交易的标的资产为朗依制药100%的股权。根据朗依制药的原控股股东达孜创投与锦圣基金签订的股权转让协议，在达孜创投将朗依制药80%的股权转让给锦圣基金前，朗依制药将下属全资子公司利祥制药、中瑞普信及朗依国际进行了剥离，因此本次交易的标的资产未包含上述3家全资子公司的相关资产。这个资产剥离操作引发了证监会关注，为此，金城医药解释称：利祥制药的主要产品为注射用磷酸肌酸钠和盐酸左氧氟沙星滴眼液，出于专业性判断，锦圣基金并不看好这两类产品的市场销售前景，且在并购谈判期间，利祥制药因改扩建处于停产状态，因此并未将其纳入并购范围；而中瑞普信、朗依国际非医药生产企业，与本次并购交易的动机无关，因此也未纳入并购的范围。

对于标的资产的估值，第三方资产评估机构表示，由于评估基准日附近中国同一行业的可比企业的买卖、收购及合并案例较少，相关可靠的可比交易案例的相关经营和财务数据很难取得，无法计算出适当的价格比率，因此无法使用市场法进行评估。本次评估同时采用收益法与成本法（资产基础法）进行估值。由于成本法估值的基础是企业现有资产的历史成本，不能很好地反映企业未来的综合获利能力，也不能体现未在财务报表上出现的人力资本、管理效率、自创商誉、行业壁垒、销售网络等对标的资产盈利能力的贡献；而收益法则立足于判断资产获利能力的角度，将被估值企业预期收益资本化或折现来估值企业价值，能更全面地反映标的资产在原料、技术、规模上的优势，因此，最终采用收益法估值的结果作为最终估值结论。

三、业绩补偿的安排

在本次交易的第一阶段（锦圣基金收购朗依制药80%的股权），交易对手达孜创投及朗依制药创始人杨军、韩秀菊作为义务人对锦圣基金作出了业绩承诺。业绩承诺以朗依制药未来各年度分别实现的扣非净利润为基础，具体为：在2015年度至2018年度，朗依制药的净利润分别不低于15600万元、18720万元、7100万元和22464万元；业绩承诺期内，如该年度朗依制药经审计的实际净利润高于该年度的承诺净利润，则超额部分可与后续年度朗依制药经审计的净利润累加，该累加金额视同朗依制药在后续相应年度实际实现的净利润数。补偿承诺具体为：若业绩承诺未能实现，则义务方应在业绩承诺期结束后按照差额的1.5倍向锦圣基金以现金方式支付补偿，补偿的现金金额的总和不得超过本次交易涉及的朗依制药80%的股权的对价（16亿元人民币）。作出业绩补偿承诺的同时，达孜创投将持有的朗依制药的剩余20%股权质押给锦圣基金，用于保证业绩补偿承诺义务的履行。

在本次交易的第二阶段（金城医药收购朗依制药100%的股权），金城医药原本表示"上市公司和达孜创投、锦圣基金经过协商，按照当时达孜创投与锦圣基金签署的业绩承诺与补偿措施条款，由达孜创投向金城医药提供业绩承诺和补偿，锦圣基金则将之前获得的达孜创投提供补偿的权利转让给上市公司"。然而，证监会对金城医药控股股东兼本次并购交易的主要发起方金城实业未参与业绩补偿的安排，以及业绩补偿义务人达孜创投的补偿能力进行了问询。就证监会的关心，金城医药将本次交易的主交易对手锦圣基金添加为业绩补偿的第二顺位义务人。

从业绩对赌的实现情况看，2015—2017年朗依制药均完成各年度约定净利润承诺，但2018年未能完成。根据先前的业绩补偿安排，2015—2018年朗依制药累计实际实现净利润52842万元，未能完成约定承诺的63884万元，故达孜创投应当以现金方式向金城医药支付差额的1.5倍作为补偿款，即须补偿16563万元。2019年7月，达孜创投以现金形式向金城医药完整支付了上述款项。

四、关联交易的定义

在问询函中，证监会援引"锦圣基金于2014年设立时，上市公司大股东金城实业持有其50%的股份""锦圣基金本次收购朗依制药后随即将所持标的公司全部股份转卖给上市公司""锦圣基金全部经营活动均围绕上市公司开展，作为上市公司大股东的金城实业在锦圣基金的经营活动中所起作用仍较为重要"等事实，提请金城医药的财务顾问与律师根据"实质重于形式"的原则对朗依制药与金城医药控股股东的关系作出反馈。

就证监会的关心，金城医药与财务顾问表示，从锦圣基金的控制结构与实际运作上看，金城医药控股股东金城实业当时并不能控制锦圣基金的运作，也不能对锦圣基金的投资决策施加重大影响，但是考虑到本次重大资产重组的确是围绕着金城实业控股的金城医药进行，且金城实业持有锦圣基金一定的出资份额，根据"实质重于形式"的原则并基于谨慎性原则考虑，应将锦圣基金调整界定为金城实业的关联方。随后，为了进一步消除证监会的相关顾虑，金城实业将其向锦圣基金认缴出资的3.02亿元（实缴出资2.9亿元）以2.9亿元全部转让给基金的另一位有限合伙人德融资本，在基金层面退出锦圣基金。但即便如此，出于谨慎性原则的考虑，财务顾问和律师仍旧认为金城医药本次发行股份购买资产的操作构成关联交易。

五、实控人变更的风险

据金城医药披露的重大资产重组方案，本次交易后（无论配套融资能否实施），金城医药第二大股东锦圣基金的持股比例较高，已接近公司实控人合计的持股比例，存在上市公司实控人发生变更的风险，这引发了证监会的关注。

就证监会的关心，金城医药与锦圣基金进行了额外的承诺安排。具体而言，锦圣基金承诺：在本次交易完成后，锦圣基金及其一致行动人不会以任何方式直接或间接增持金城医药股份，不会单独或与他人共同谋求金城医药第一大股东或控股股东的地位，也不会谋求或采取与第三方通过一致行动或协议等其他安排扩大其所能支配的金城医药表决权的数量；不论本次交易相关的募集资金配套融资方案能否得以实施，本次交易完成后，锦圣基金及其一致行动人承诺放弃所持占金城医药总股本7.41%的股份表决权（7.41%为配套融资不能实施时，锦圣基金与金城医药实际控制人合计持股的比例差值）；上述承诺在锦圣基金及其一致行动人所持金城医药股份总数占金城医药总股本7.41%以上（含本数）期间持续有效。由此，金城医药实控人发生变更及构成借壳上市的风险得以消除。

六、并购基金的结构化安排

在问询函中，证监会关注到金城医药本次并购的交易对手锦圣基金及其合伙人存在结构化产品安排，提请金城医药的财务顾问和律师核查并发表明确意见。就证监会的关心，财务顾问表示，根据锦圣基金的合伙协议，锦圣基金的合伙人分为优先级合伙人与次级合伙人，其中优先级合伙人享有优先自合伙企业收入中回收其全部出资本金的权利。

锦圣基金的合伙人结构如表 4-10 所示：

表 4-10 锦圣基金合伙人结构表

优先级合伙人	招商财富
次级合伙人	东方高圣（普通合伙人）
	金城实业、德融资本、上海祥佑、上海盟敬（其他有限合伙人）

由于东方高圣为锦圣基金的普通合伙人，执行合伙企业事务，对锦圣基金具有控制权。因此，尽管锦圣基金存在结构化设计，但是该等结构化设计本身对交易对方内部的控制权稳定性不具有重大影响。而且，锦圣基金作为财务投资人，已经承诺其不以任何方式谋求对金城医药的控制，且在锁定期届满后，其处置所持金城医药股份的行为亦不会导致金城医药的控制权发生变更，对未来金城医药股权稳定性的影响亦较为有限。综上，尽管本次发行股份购买资产的交易对手之一锦圣基金存在结构化安排，但不会对本次交易构成重大不利影响。金城实业随后将其向锦圣基金认缴出资的份额全部转让给了德融资本，在基金层面退出锦圣基金。

（五）股权激励

股权激励，顾名思义，是指企业向员工提供公司股权或股票，以促进员工与企业共同成长并分享发展成果的一种长期激励机制。这种机制旨在将员工的个人利益与企业的整体利益紧密结合起来，从而激发员工的积极性和创造力，促进企业持续健康发展。

股权激励的具体实施方式多种多样，包括但不限于授予股票期权、限制性股票、股票增值权、虚拟股票等。其中，授予股票期权是最常见的一种形式，它赋予员工在未来一定期限内以预先确定的价格购买公司股票的权利，如果员工在工作期间表现良好，推动公司股价上涨，那么他们将来就可通过行使股票期权获得可观的收益。

股权激励的作用有以下几点：

（1）取得长期激励的效果。与传统的薪酬和奖金制度相比，股权激励制度更注重长期效应，能够促使员工关注企业的长期发展而非短期利润。

（2）吸引和留住人才。通过提供股权，企业能够吸引并留住那些有才华、有远见的员工，因为有机会成为企业的股东、分享企业的成功具有极大的吸引力。

（3）提高员工的积极性。股权激励使员工成为企业真正的主人，他们也因此会更加积极地投入工作，为企业创造更多的价值。

（4）降低人力成本。虽然实施股权激励需要支付一定的成本，但把时间拉长来看，与发放高额的薪酬和奖金相比，股权激励能够以更低的成本留住员工和激励员工。

不过，实施股权激励也存在一定的风险，如可能引发内部矛盾、稀释股东权益、增加管理的复杂度等。因此，企业在计划实施股权激励之前需要谨慎考虑，制定合理的方案，确保既能达到激励效果，又能避免发生风险。

股权激励计划的实施程序如图4-5所示：

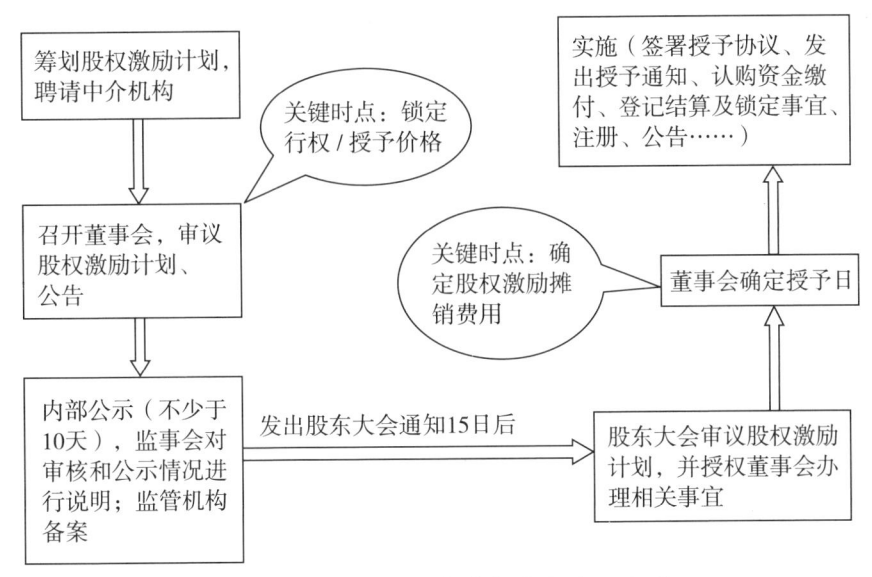

图 4-5 股权激励计划实施程序示意图

其中有一些注意点：第一次董事会审议激励计划时会锁定员工的授予或行权价格；第二次董事会确定授予日时会明确公司股权激励的摊销费用；等达到股份解锁条件解禁时，会涉及员工个人所得税，此外股价的波动情况等，均会影响员工的实际获利。因此，需要在一个很好的时间点和价格位置实施股权激励，尽量减少员工需要付出的成本，增加员工的实际获利。一般来说，在股价处于低点和业绩处于低点的时候实施较合适。总之，要综合考虑市场因素、股价位置等，准确把握操作时间点。

与股权激励作用近似的是员工持股计划。两者的主要区别在于：

（1）主要目的不同。实施股权激励的主要目的是持续做大公司，实现公司、股东、激励对象等多方共赢，侧重点是"持续做大"和"多方共赢"。员工持股计划的主要目的则是通过让员工持有公司股票，将员工利益与公司利益捆绑在一起，提高员工的工作积极性和归属感，侧重点是"利益共享"和"资源配置"。

（2）激励对象不同。股权激励的对象通常是公司董事、高级管理人员、核心技术人员、核心业务人员或对公司有直接影响的其他员工，这些员工往往在公司中占据关键位置，对公司的发展具有重要影响。员工持股计划的激励对象则是公司的全体员工或大部分员工，范围相对更广。

（3）实施条件不同。股权激励通常要求激励对象达到一定的业绩目标或满足其他特定条件，员工持股计划不一定要求员工达到特定的业绩目标。

两者的详细对比情况见表4-11。

表4-11 股权激励与员工持股计划比较表

对比项目	股权激励	员工持股计划
适用的主要法规	《上市公司股权激励管理办法》《深圳证券交易所创业板上市公司自律监管指南第1号——业务办理》《深圳证券交易所创业板股票上市规则（2024年修订）》等	《关于上市公司实施员工持股计划试点的指导意见》《深圳证券交易所上市公司自律监管指引第2号——创业板上市公司规范运作》等
公司实施合规要求	上市公司具有下列情形之一的，不得实行股权激励： （1）最近一个会计年度财务会计报告被注册会计师出具否定意见或者无法表示意见的审计报告 （2）最近一个会计年度财务报告内部控制被注册会计师出具否定意见或无法表示意见的审计报告 （3）上市后最近36个月内出现过未按法律法规、公司章程、公开承诺进行利润分配的情形 （4）法律法规规定不得实行股权激励的 （5）中国证监会认定的其他情形	—
参与对象	董事、高级管理人员、核心技术人员或者核心业务人员（独立董事和监事不可参与）；持股5%以上股东或实际控制人及其父母、配偶、子女原则上不参与，如果参与，需说明必要性和合理性	公司全体员工（监事可参与）或大部分员工

续表

对比项目	股权激励	员工持股计划
买卖限制	董事、监事和高级管理人员在任职期间每年转让的股份不得超过其所持有本公司股份总数的25%	无限制
股份来源	增发、回购	回购、二级市场买入、向特定对象发行、股东自愿赠与、其他
授予总量	现行有效的股权激励所用股份数量不得超过公司总股本的20%	现行有效的员工持股计划所用股份数量不得超过公司总股本的10%
单一对象持股量	现行有效的股权激励计划所用股票累计不得超过公司总股本的1%	现行有效的员工持股计划所用股份数量累计不得超过公司总股本的1%
获取价格	限制性股票为市价的50%。可以自主定价，但需财务顾问发表意见	（1）回购、二级市场买入、股东自愿赠与的，无定价要求（曾有0元购买的案例）。 （2）向特定对象发行的一般最低为市场价的80%
资金来源	合法收入	合法收入、融资等
出资时间	视激励工具而定。激励工具不同，出资的时间也不一样	授予时
持股方式	被激励对象直接持有	被激励对象间接持有
时间要求	每期间隔12个月，有效期不超过10年；每期可行权的股权比例不得超过激励对象获授股权总额的50%	每期员工持股计划的持股期限不得低于12个月，以非公开发行方式实施员工持股计划的，持股期限不得低于36个月，自上市公司公告标的股票过户至本期持股计划名下时起算；上市公司应当在员工持股计划届满前6个月公告到期计划持有的股票数量

续表

对比项目	股权激励	员工持股计划
考核要求	业绩指标	无硬性要求
管理情况	直接登记至员工账户	上市公司自行管理或委托机构管理，机构包括信托公司、保险资产管理公司、证券公司、基金管理公司

案 例

寒武纪的限制性股票激励计划（2021年7月24日）

2021年7月24日，寒武纪发布限制性股票激励计划，该计划的部分内容见表4-12。

表4-12 寒武纪限制性股票激励计划表

项目	第二类限制性股票
股票来源	公司向激励对象定向发行的公司股票
激励数量	800万股限制性股票，约占本激励计划草案公告时公司股本总额40010万股的2.00%。其中首次授予720万股，约占本激励计划草案公告时公司股本总额的1.80%，首次授予部分占本次授予权益总额的90%；预留80万股，约占本激励计划草案公告时公司股本总额的0.20%，预留部分占本次授予权益总额的10%
实施阶段	分次实施授予
授予价格	65.00元/股。授予价格参考公司股票发行价每股64.39元，确定为每股65.00元。本激励计划草案公布前1个交易日交易均价为每股103.53元，本次授予价格为前1个交易日交易均价的62.78%；本激励计划草案公布前20个交易日交易均价为每股120.93元，本次授予价格为前20个交易日交易均价的53.75%；本激励计划草案公布前60个交易日交易均价为每股120.81元，本次授予价格为前60个交易日交易均价的53.80%；本激励计划草案公布前120个交易日交易均价为每股132.89元，本次授予价格为前120个交易日交易均价的48.91%

续表

项目	第二类限制性股票
激励人数	715人，包括中层管理人员、技术骨干、业务骨干
激励对象确定依据	在公司（含子公司）任职的中层管理人员、技术骨干以及业务骨干，包含部分外籍员工。以上激励对象不包括独立董事、监事及单独或合计持有公司5%以上股份的股东或实际控制人及其配偶、父母、子女
有效期	自授予日起不超过72个月
禁售及锁定期	授予的股票期权自授予日起满12个月后，激励对象应在未来48个月内按25%：25%：25%：25%的比例分四期行权
业绩考核	公司：完成目标值，100%行权；完成触发值未完成目标值，80%行权；未完成触发值，不行权解禁。若公司业绩指标未达到，则所有激励对象均不得解除限售，期权作废失效 个人：绩效考核层次为5：4：3：2：2：1，相应解限比例为100%：100%：80%：50%：30%：0%，不解限则期权作废失效

案　例

移为通信股权激励方案（2021—2023年）

移为通信在2021—2023年实施了一次股权激励，该次股权激励的方案部分内容见表4-13、表4-14、表4-15。

表4-13　移为通信股权激励方案权益数量明细表

授出权益	项目	第一类限制性股票	第二类限制性股票	股票期权	合计
首次授予	授予数量（万股）	21.5	181.2	154.7	357.4
	占激励时总股本比例	0.07%	0.62%	0.53%	1.22%
	占本次激励总数比例	5.06%	42.64%	36.40%	84.10%

续表

授出权益	项目	第一类限制性股票	第二类限制性股票	股票期权	合计
预留授予	授予数量（万股）	—	42.3	25.3	67.6
	占激励时总股本比例	—	0.15%	0.09%	0.24%
	占本次激励总数比例	—	9.95%	5.95%	15.90%
合计	授予数量（万股）	21.5	223.5	180	425
	占激励时总股本比例	0.07%	0.77%	0.62%	1.46%
	占本次激励总数比例	5.06%	52.59%	42.35%	100.00%

表4-14 移为通信股权激励方案权益概述表

项目	第一类限制性股票	第二类限制性股票	股票期权
权益来源	发行股份	发行股份	发行股份
授予价格	9.63元/股	9.63元/股	19.38元/股
锁定期（等待期）	12个月	12个月	12个月
解锁、行权、归属期次（分三年）及安排（归属比例）	35.00% 35.00% 30.00%	35.00% 35.00% 30.00%	35.00% 35.00% 30.00%
业绩考核指标（营业收入增长率）	2021—2023年收入相较2020年收入增长率的目标值分别为69%、103%、154%，触发值分别为35%、62%、103%	2021—2023年收入相较2020年收入增长率的目标值分别为69%、103%、154%，触发值分别为35%、62%、103%	2021—2023年收入相较2020年收入增长率的目标值分别为69%、103%、154%，触发值分别为35%、62%、103%
计算模型	差价计提	Black-Scholes模型	Black-Scholes模型

续表

项目	第一类限制性股票	第二类限制性股票	股票期权
首次授予预估摊销成本	205.76 万元	1791.16 万元	461.01 万元

表 4-15　移为通信股权激励方案实施进程表

序号	公告日期	激励计划进程
1	2021 年 6 月 28 日	股权激励草案（董事会）
2	2021 年 7 月 13 日	股权激励草案（股东大会）
3	2021 年 7 月 16 日	授予公告（第二类限制性股票和股票期权）
4	2021 年 7 月 28 日	授予公告（第一类限制性股票）
5	2021 年 8 月 25 日	授予完成公告（股票期权）
6	2021 年 9 月 10 日	授予完成公告（第一类限制性股票）
7	2021 年 10 月 25 日	授予公告（第二类限制性股票预留股份）
8	2022 年 7 月 21 日	权益工具解锁、归属、行权条件是否成就公告
9	2022 年 9 月 14 日	权益工具解锁、归属、行权条件是否成就公告
10	2022 年 10 月 25 日	权益工具解锁、归属、行权条件是否成就公告
11	2023 年 7 月 22 日	权益工具解锁、归属、行权条件是否成就公告
12	2023 年 9 月 14 日	注销权益（董事会）
13	2023 年 9 月 14 日	权益工具解锁、归属、行权条件是否成就公告
14	2023 年 10 月 24 日	权益工具解锁、归属、行权条件是否成就公告
15	2023 年 10 月 24 日	注销权益（董事会）
16	后续至计划完成	权益工具解锁/归属/行权或注销权益等工作

（六）股份回购和增减持

1. 股份回购

股份回购是指上市公司在特定情形下，收购本公司已经发行在外的股份。

从境外成熟市场的立法和实践来看，上市公司股份回购制度是资本市场的基础性制度安排，在优化资本结构、稳定公司股价、提升公司投资价值、回报投资者等方面具有重要作用。2024年全年，A股市场2156家上市公司实施了回购，回购金额合计1659.26亿元，同比上升81.86%。

股份回购的流程如图4-6所示：

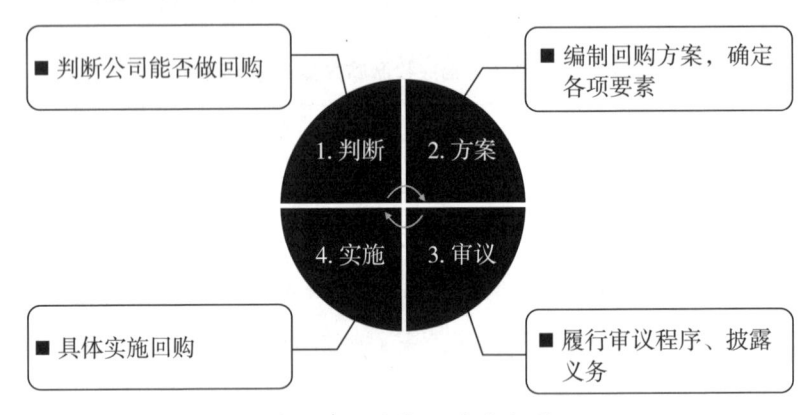

图4-6　股份回购流程图

上市公司应先判断公司是否达到回购条件，再确定是否做回购以及回购的目的。回购的基本条件：公司股票上市已满一年；公司最近一年无重大违法行为；回购股份后，公司具备债务履行能力和持续经营能力；回购股份后，公司的股权分布应符合上市条件。经判断认为公司符合回购条件，可以实施回购的，下一步是编制回购方案，明确各项要素（包括回购的目的、用途、规模、价格、期限、方式、资金来源、特定主体是否存在增减持计划等），然后进入履行审议程序、披露义务的步骤，最后再具体实施。

企业回购股份通常是出于几方面的目的：减少公司注册资本；用于员工持股计划或者股权激励；将股份用于转换上市公司发行的可转债；维护上市公司价值及股东权益。

股份回购的目的不同，相关法规对已回购股份的处理方式的要求也不同，具体如表4-16所示：

表 4-16　不同目的的股份回购后续处理方式要求一览表

目的	用途	时间要求	用途变更
减少公司注册资本	注销	回购完成后 10 日内	不可变更
用于员工持股计划或者股权激励	用于员工持股计划或股权激励	发布回购结果暨股份变动公告后 3 年内授予或注销	可以变更
用于转换上市公司发行的可转债	用于转换上市公司发行的可转债	发布回购结果暨股份变动公告后 3 年内转换或注销	可以变更
维护公司价值及股东权益	以集中竞价方式减持	发布回购结果暨股份变动公告的 12 个月后可以减持	可以变更
	注销	回购完成后 10 日内	不可变更

2. 增减持

企业资产运作中的增减持是指上市公司股东通过增加或减少其持有的公司股票数量，从而改变持股比例的行为。增持行为通常表明股东对公司的未来发展持乐观态度，认为公司股价具有投资价值或被低估。增持行为可以向市场传递积极信号，增强投资者信心，从而推动股价上涨。减持行为则相反，它表明股东可能对公司的未来发展持谨慎态度（也可能是出于资金需求、个人财务规划等原因），故选择减少持股。减持行为可能导致股价下跌，因为大量股票的卖出会增加市场供应，对股价形成压力。

上市公司股东增持是上市公司在市场下行压力较大时常用的价值管理工具之一，有利于传递市场信心，助力市场情绪改善，起到稳定股价的作用。2024 年开年以来，我国上市公司提质增效力度不断加大，增持频次和增持金额屡创新高。据统计，2024 年累计超千家上市公司重要股东进行了增持，合计增持金额 827.15 亿元，龙头企业示范效应显著，中国移动、海康威视、大秦铁路、农业银行等多家上市公司的股东累计增持金额超 1 亿元。

深交所和上交所关于上市公司股东增持的相关规定对比情况见表 4-17：

表 4-17　深交所和上交所关于上市公司股东增持的相关规定对比情况表

规定类型	深交所	上交所
适用情形	（1）持有上市公司股份达到或超过30%（未达到50%）的，自上述事实发生之日起1年后，每12个月内增持不得超过公司已发行股份的2% （2）持有上市公司已发行股份达到或者超过50%的，继续增加其在该公司拥有的权益不影响公司的上市地位 （3）上市公司控股股东、持股5%以上股东、董事、监事和高级管理人员需披露股份增持计划	（1）持有上市公司股份达到或超过30%（未达到50%）的，自上述事实发生之日起1年后，每12个月内增持不得超过公司已发行股份的2% （2）持有上市公司股份达到或者超过50%的，继续增加其在该公司拥有的权益不影响公司的上市地位
适用主体	符合适用情形条件的股东、控股股东、大股东、董监高	符合适用情形条件的股东及其一致行动人
披露要求	（1）首次披露股份增持情况并且拟继续增持的，应当披露其后续的股份增持计划 （2）实施期限过半时，应当在事实发生之日通知公司，委托公司在次一交易日前披露进展公告；期限过半仍未实施的，应当详细披露原因及后续安排 （3）完成增持计划或拟提前终止增持计划的，应及时履行披露义务	（1）首次发生增持且拟继续增持股份的，应当在首次增持之日将后续增持计划一并通知上市公司 （2）计划期限过半，实际增持数量、金额未过半或者未达到区间下限50%的，应当公告说明原因计划期限过半仍未实施增持的，应当公告说明原因和后续的增持安排，并于此后每月披露一次增持计划的实施进展 （3）增持计划实施完毕或者实施期限届满后应及时向上市公司通报实施情况

续表

规定类型	深交所	上交所
增持期限	不得超过6个月	不得超过12个月
增持承诺	（1）披露增持计划的，应当同时承诺将在实施期限内完成计划 （2）相关增持主体在增持期间及法定期限内应承诺不减持公司股份	
权益变动	（1）增持主体持有股份达到上市公司已发行股份的5%时，应当在该事实发生之日起3日内编制权益变动报告书，向中国证监会、证券交易所提交书面报告，并予公告；上述期限内，不得再行买卖该上市公司的股票，但中国证监会另有规定的情形除外 （2）增持主体持有股份的比例每增加5%，应当依照前款规定进行报告和公告。在该事实发生之日起至公告后3日内，不得再行买卖该上市公司的股票，但中国证监会另有规定的情形除外 （3）增持主体持有股份达到上市公司已发行股份的5%时，增持主体持有股份的比例每增加1%，应当在该事实发生的次日通知该上市公司，并予公告	
其他披露要求	（1）相关股东增持前持股比例在30%至50%的，应当在增持股份比例达到公司已发行股份的2%时，或者在全部增持计划完成时或者实施期限届满时（如适用），按孰早时点，及时通知公司，聘请律师就本次增持行为是否符合《中华人民共和国证券法》《上市公司收购管理办法》等有关规定发表专项核查意见，并委托公司在增持完成后3日内披露股份增持结果公告和律师核查意见 （2）相关股东增持前持股比例在50%以上且继续增加其在本公司拥有的权益且不影响公司的上市地位的，应当在增持完成时，及时通知公司，聘请律师就本次股份增持行为是否符合《中华人民共和国证券法》《上市公司收购管理办法》	（1）相关股东增持前持股比例在30%以上的，应当聘请律师就本次增持行为是否符合《中华人民共和国证券法》《上市公司收购管理办法》等有关规定发表专项核查意见。公司应当及时披露增持计划实施结果公告和律师核查意见 （2）持股比例在50%以上的相关股东拟通过集中竞价方式继续增持上市公司拥有权益的股份且不影响该公司的上市地位的，自累计增持股份比例达到公司已发行股份的2%的当日起至公司发布公告之日的期间，不得再行增持股份

续表

规定类型	深交所	上交所
其他披露要求	等有关规定发表专项核查意见，并委托公司在增持行为完成后 3 日内披露股份增持结果公告和律师核查意见；通过集中竞价方式累计增持股份比例达到公司已发行股份的 2%的，应当披露股份增持进展公告，在事实发生之日起至公司披露股份增持进展公告日，不得再行增持公司股份 （3）上市公司发布定期报告时，增持计划尚未实施完毕或实施期限尚未届满的，应在各定期报告中披露增持计划的实施情况	（3）上市公司发布定期报告时，增持计划尚未实施完毕或实施期限尚未届满的，应当在各定期报告中披露增持计划的实施情况
董监高增持敏感期	上市公司董事、监事、高级管理人员在下列描述情况期间不得增持公司股份： （1）年度报告、半年度报告公告前 15 日内，因特殊原因推迟公告日期的，自原预约公告日前 15 日起算至公告前 1 日 （2）季度报告、业绩预告、业绩快报公告前 5 日内 （3）自可能对本公司股票及其衍生品种交易价格产生较大影响的重大事件发生之日或者进入决策程序之日至依法披露之日 （4）监管规定的其他期间	
监管依据	《深圳证券交易所上市公司自律监管指引第 10 号——股份变动管理》 《上海证券交易所上市公司自律监管指引第 8 号——股份变动管理》 《上市公司收购管理办法》	

在减持相关规定方面，2024 年 4 月 12 日，国务院发布《国务院关于加强监管防范风险推动资本市场高质量发展的若干意见》；5 月，证监会发布《上市公司董事、监事和高级管理人员所持本公司股份及其变动管理规则》《上市公司股东减持股份管理暂行办法》。

2024 年版的《上市公司董事、监事和高级管理人员所持本公司股份及其变动管理规则》相较2022年版有了大幅变动，进一步规范了董监高减持行为，明确规定董监高在自身违法和上市公司违法情形下以及重大违法强制退市风险警示期间不得减持、在集中竞价或者大宗交易减持前都须预先披露、离婚后夫妻双方需持续共同遵守相关减持限制、在就任时确定的任职时间内有减持限制，同时明确了董监高违规减持需承担的法律责任和相关处罚条例，此外，还优化了窗口期规定，将上市公司年报及半年报的窗口期调整为"公告前十五日内"，将季度报告、业绩预告、业绩快报的窗口期调整为"公告前五日内"。新版本与旧版本的部分条款对比见表4-18。

表4-18 新旧版本《上市公司董事、监事和高级管理人员所持本公司股份及其变动管理规则》部分条款变动情况表

2022年版	2024年版	修订类型
上市公司董事、监事和高级管理人员所持本公司股份在下列情形下不得转让：（一）本公司股票上市交易之日起一年内；（二）董事、监事和高级管理人员离职后半年内；（三）董事、监事和高级管理人员承诺一定期限内不转让并在该期限内的；（四）法律、法规、中国证监会和证券交易所规定的其他情形	存在下列情形之一的，上市公司董事、监事和高级管理人员所持本公司股份不得转让：（一）本公司股票上市交易之日起一年内；（二）本人离职后半年内；（三）上市公司因涉嫌证券期货违法犯罪，被中国证监会立案调查或者被司法机关立案侦查，或者被行政处罚、判处刑罚未满六个月的；（四）本人因涉嫌与本上市公司有关的证券期货违法犯罪，被中国证监会立案调查或者被司法机关立案侦查，或者被行政处罚、判处刑罚未满六个月的；（五）本人因涉及证券期货违法，被中国证监会行政处罚，尚未足额缴纳罚没款的，但法律、行政法规另有规定或者减持资金用于缴纳罚没款的除外；（六）本人因涉及与本上市公司有关的违法违规，被证券交易所公开谴责未满三个月的；（七）上市公司可能触及重大违法强制退市情形，在证券交易所规定的限制转让期限内的；（八）法律、行政法规、中国证监会和证券交易所规则以及公司章程规定的其他情形	修改

- 247 -

续表

2022 年版	2024 年版	修订类型
上市公司董事、监事和高级管理人员在任职期间，每年通过集中竞价、大宗交易、协议转让等方式转让的股份不得超过其所持本公司股份总数的百分之二十五，因司法强制执行、继承、遗赠、依法分割财产等导致股份变动的除外。上市公司董事、监事和高级管理人员所持股份不超过一千股的，可一次全部转让，不受前款转让比例的限制	上市公司董事、监事和高级管理人员在就任时确定的任职期间，每年通过集中竞价、大宗交易、协议转让等方式转让的股份，不得超过其所持本公司股份总数的百分之二十五，因司法强制执行、继承、遗赠、依法分割财产等导致股份变动的除外。上市公司董事、监事和高级管理人员所持股份不超过一千股的，可一次全部转让，不受前款转让比例的限制	修改
因上市公司公开或非公开发行股份、实施股权激励计划，或因董事、监事和高级管理人员在二级市场购买、可转债转股、行权、协议受让等各种年内新增股份，新增无限售条件股份当年可转让百分之二十五，新增有限售条件的股份计入次年可转让股份的计算基数。因上市公司进行权益分派导致董事、监事和高级管理人员所持本公司股份增加的，可同比例增加当年可转让数量。上市公司董事、监事和高级管理人员以上年末其所持有本公司发行的股份为基数，计算其中可转让股份的数量。上市公司董事、监事和高级管理人员在上述可转让股份数量范围内转让其所持有本公司股份的，还应遵守本规则第四条的规定	上市公司董事、监事和高级管理人员以上年末其所持有的本公司股份总数为基数，计算其可转让股份的数量。董事、监事和高级管理人员所持本公司股份年内增加的，新增无限售条件的股份当年可转让百分之二十五，新增有限售条件的股份计入次年可转让股份的计算基数。因上市公司年内进行权益分派导致董事、监事和高级管理人员所持本公司股份增加的，可同比例增加当年可转让数量	修改

续表

2022 年版	2024 年版	修订类型
—	上市公司董事、监事和高级管理人员计划通过证券交易所集中竞价交易或者大宗交易方式转让股份的，应当在首次卖出前十五个交易日向证券交易所报告并披露减持计划。减持计划应当包括下列内容：（一）拟减持股份的数量、来源；（二）减持时间区间、价格区间、方式和原因。减持时间区间应当符合证券交易所的规定；（三）不存在本规则第四条规定情形的说明；（四）证券交易所规定的其他内容。减持计划实施完毕后，董事、监事和高级管理人员应当在二个交易日内向证券交易所报告，并予公告；在预先披露的减持时间区间内，未实施减持或者减持计划未实施完毕的，应当在减持时间区间届满后的二个交易日内向证券交易所报告，并予公告。上市公司董事、监事和高级管理人员所持本公司股份被人民法院通过证券交易所集中竞价交易或者大宗交易方式强制执行的，董事、监事和高级管理人员应当在收到相关执行通知后二个交易日内披露。披露内容应当包括拟处置股份数量、来源、方式、时间区间等	新增
—	上市公司董事、监事和高级管理人员因离婚导致其所持本公司股份减少的，股份的过出方和过入方应当持续共同遵守本规则的有关规定。法律、行政法规、中国证监会另有规定的除外	新增

续表

2022 年版	2024 年版	修订类型
上市公司董事、监事和高级管理人员所持本公司股份发生变动的，应当自该事实发生之日起二个交易日内，向上市公司报告并由上市公司在证券交易所网站进行公告。公告内容包括：（一）上年末所持本公司股份数量；（二）上年末至本次变动前每次股份变动的日期、数量、价格；（三）本次变动前持股数量；（四）本次股份变动的日期、数量、价格；（五）变动后的持股数量；（六）证券交易所要求披露的其他事项	上市公司董事、监事和高级管理人员所持本公司股份发生变动的，应当自该事实发生之日起二个交易日内，向上市公司报告并通过上市公司在证券交易所网站进行公告。公告内容应当包括：（一）本次变动前持股数量；（二）本次股份变动的日期、数量、价格；（三）本次变动后的持股数量；（四）证券交易所要求披露的其他事项	修改
上市公司董事、监事和高级管理人员在下列期间不得买卖本公司股票：（一）上市公司年度报告、半年度报告公告前三十日内；（二）上市公司季度报告、业绩预告、业绩快报公告前十日内；（三）自可能对本公司证券及其衍生品种交易价格产生较大影响的重大事件发生之日或在决策过程中，至依法披露之日内；（四）证券交易所规定的其他期间	上市公司董事、监事和高级管理人员在下列期间不得买卖本公司股票：（一）上市公司年度报告、半年度报告公告前十五日内；（二）上市公司季度报告、业绩预告、业绩快报公告前五日内；（三）自可能对本公司证券及其衍生品种交易价格产生较大影响的重大事件发生之日起或者在决策过程中，至依法披露之日止；（四）证券交易所规定的其他期间	修改
上市公司应当制定专项制度，加强对董事、监事和高级管理人员持有本公司股份及买卖本公司股票行为的申报、披露与监督。上市公司董事会秘书负责管理公司董事、监事和高级管理人员的身份及所持本公司股份的数据和信息，统一为董事、监事和高级管理人员办理个人信息的网上申报，并定期检查董事、监事和高级管理人员买卖本公司股票的披露情况	上市公司应当制定专项制度，加强对董事、监事和高级管理人员持有本公司股份及买卖本公司股份行为的监督。上市公司董事会秘书负责管理公司董事、监事和高级管理人员的身份及所持本公司股份的数据，统一为董事、监事和高级管理人员办理个人信息的网上申报，每季度检查董事、监事和高级管理人员买卖本公司股票的披露情况	修改

《上市公司股东减持股份管理暂行办法》则是自2017年修订发布《上市公司股东、董监高减持股份的若干规定》后,证监会对上市公司股东减持相关规定的又一次重大修订结果,也是对2017年至今证监会及沪深交易所发布的减持规定的整合。与过去的《上市公司股东、董监高减持股份的若干规定》相比,《上市公司股东减持股份管理暂行办法》有以下几处突出的地方:

(1) 严格规范大股东减持。明确定义持股5%以上的股东、实际控制人为大股东;规范了大股东的身份管理,明确大股东出借未归还的股份应纳入持股比例计算中;新增大股东大宗交易减持前的预披露义务;明确大股东的一致行动人以及单个股东的持股比例应小于5%,与其一致行动人合计持股比例达到5%以上的,应遵守大股东减持的规定;明确控股股东、实际控制人在上市公司存在破发、破净、分红不达标等情形下不得通过集中竞价或者大宗交易减持。

(2) 有效防范绕道减持。要求以离婚、法人或非法人组织终止、公司分立等方式减持后,关联方需持续共同遵守减持限制;明确各方解除一致行动关系后,6个月内仍需共同遵守减持限制;明确要求协议转让后受让方须锁定6个月,丧失大股东身份的出让方则在6个月内继续遵守相关限制;要求司法强制执行、股票质押、融资融券、约定购回式证券交易违约处置、赠与等须遵守本办法,同时明确了司法强制执行被动减持的预披露时点,提升规则的可执行性;明确禁止大股东通过融券卖出或参与以本公司股票为标的物的衍生品交易,禁止限售股转融通出借、限售股股东融券卖出等行为。

(3) 细化了违规责任条款。明确对违规减持可以采取"责令购回并向上市公司上缴价差"的措施;增加监管谈话、出具警示函等监管措施,细化应予处罚的具体情形,加大对违规减持的打击追责力度。

(4) 优化了违法违规不得减持的规定。考虑到控股股东、实际控制人之外的一般大股东对上市公司违法违规通常不负有主要责任,适当调整了不得减持的要求:对一般大股东减持仅从自身违规角度予以限制,删除了原上市公司违规,一般大股东也不得减持的要求;从自身和上市公司违规两个层面对控股股东、实际控制人减持予以限制;新增大股东被中国证监会行政处罚,尚未足额缴纳罚没款的不得减持,但法律、行政法规另有规定或者减持资金用于缴纳罚没款的除外。

(5) 强化了上市公司大股东和董事会秘书对股份减持的责任。要求上市公司大股东及董监高规范理性有序实施减持，充分关注上市公司及其中小股东的利益；要求上市公司董事会秘书定期检查大股东以及董监高减持本公司股票的情况，发现违法违规的及时向证券交易所、中国证监会报告。

第三节　产业的扩张和整合

一、产业扩张和整合的方式

产业扩张是指企业通过增加生产规模、拓展业务范围或进入新市场等方式来实现市场份额扩大和企业价值提升。在当前市场竞争日益激烈的环境下，产业扩张成为企业寻求新增长点、分散经营风险的重要途径。通过扩张，企业能够利用规模经济效应降低成本，增强品牌影响力，并探索新的盈利机会。

作为企业成长战略的核心组成部分，产业扩张的内涵远不止是简单地追求市场份额增加或生产规模扩大，它更是一种战略性的布局，旨在通过多元化发展、地域扩张、产品创新等多种方式，加强企业的市场渗透力，拓宽企业盈利渠道。在全球经济一体化的今天，产业扩张意味着企业要勇敢跨越地域、行业的边界，进入新兴市场，要紧跟技术革新趋势，不断推出符合市场需求的新产品或服务。这种扩张策略不仅能够为企业带来直接的经济效益，还能分散市场风险，增强企业的抗风险能力。

产业扩张的方式有很多，常用的有以下几种：

（1）纵向扩张。企业通过控制上下游企业，形成完整的产业链条，提高对市场的影响力和控制力。

（2）横向扩张。企业通过扩大生产规模横向延伸，提高市场占有率和生产能力，增强企业竞争力。

（3）多元化扩张。通过进入新的业务领域，实现多元化发展，拓展新的市场和业务领域。

（4）兼并收购。通过收购其他企业，扩大经营规模和业务范围，提高生产能力和市场竞争力。

（5）战略合作。通过与其他企业或机构进行战略合作，采取共同研发、合资经营、技术转让等形式，共享资源和技术，提高企业的生产能力和市场影响力。

（6）连锁经营。企业通过连锁经营的方式，实现规模化经营和品牌扩张，提高市场占有率和盈利能力。

（7）多品牌战略。企业通过推出多个品牌，覆盖不同的消费群体和市场领域，提高品牌知名度和市场占有率。

（8）互联网营销。企业通过互联网营销，扩大品牌知名度和影响力，提高市场覆盖率和市场竞争力。

不同的产业扩张方式有不同的优缺点，具体选择哪种或者哪几种方式，需要企业根据自身情况和战略目标来决定，同时也要综合考虑风险和收益，遵循法律法规和行业规范，确保扩张的安全性、合法性和合理性。

产业整合是指企业通过收购、兼并、合资、战略联盟等手段，对产业链上下游或相关产业进行整合，以优化资源配置、提高运营效率和市场竞争力。产业整合有助于企业实现规模经济，提升整体效益。此外，它还能促进技术创新与产业升级，帮助企业构建更完善的生态系统，提升企业抵御市场风险的能力。

可以说，产业整合是企业提升竞争力的一大利器。在产业链日益复杂的环境下，单纯的规模扩张难以满足企业发展的需求，而通过并购重组、战略合作等形式，将产业链上下游或相关产业中的优质资源进行有效整合，实现资源共享、优势互补，无疑是提升企业竞争力的一个好办法。这不仅能够促进企业的技术创新和产业升级，还能够帮助企业构建更加稳固的供应链体系，降低交易成本，提高市场响应速度。

产业整合可分为多种类型，例如股权并购型产业整合、拆分型产业整合、战略联盟型产业整合。股权并购型产业整合是产业上的主导企业通过股权并购或控股的方式对处于产业上关键环节的企业实施控制，以构筑通畅、稳定和完整的产业链。拆分型产业整合是原来涉足多个产业链环节的企业将其中的一个或多个环节从企业中剥离出去，变企业分工为市场分工，以提高企业的核心竞争力和专业化水平。战略联盟型产业整合是主导企业与产业链上的关键企业结成战略联盟，以达到提高自身竞争力的目的。

产业整合方式有以下几种：

（1）横向整合。通过收购、兼并、重组等方式，整合同行业企业，实现资源的共享和规模效应的发挥，扩大市场势力，从而增加对市场价格的控制力。

（2）纵向整合。通过整合上下游企业，使之接受一体化或准一体化的合约，实现产业链的整合，提高对供应链的控制力，抑或通过产量控制或价格控制实现利润最大化。

（3）多元化整合。通过跨界合作等方式，拓展企业的业务范围，提高企业的经营能力和适应力。

（4）联合整合。与其他企业、组织、政府等合作，共同打造产业生态系统，实现资源共享和优势互补。

（5）资本整合。通过资本运作的方式，实现产业的整合和重组。

企业需要根据自身情况和整合目标来选择合适的产业整合方式，综合考虑政策、法律、财务、人力资源、企业文化等因素，以确保产业整合能够顺利实施。

产业整合是一项复杂的经济活动，需要做好分析产业现状、确定整合目标、制订整合计划、实施整合计划、进行整合评估和建立良好的管理机制等工作，如此方能取得成功。一是要对产业进行深入分析和研究，了解产业的现状、发展趋势、竞争格局等方面的情况，为后续的整合工作提供参考和指导。二是要根据分析和研究的结果，确定产业整合的目标，如提高产业集中度、促进产业升级、优化资源配置、提高经济效益、增强国际竞争力等。三是根据产业整合的目标，制订具体的整合计划，计划要包括时间表和预算表等在内。四是按照制订好的计划，采取适当的整合方式对产业进行整合。这一工作环节需要考虑到各种因素，包括政策、法律、财务、人力资源和企业文化等。五是在整合实施过程中，要对整合效果进行评估和监控，及时调整和完善整合计划，以确保整合目标得到实现。六是要在产业整合完成后建立起良好的管理机制，以确保企业能够稳定运营。

改革开放后，我国的一些企业借助金融资本，从产业价值链的某个环节入手整合行业资源，如今已成为行业巨头，建立了全国统一的大市场；一些资本实力雄厚的企业更是进行全方位的收购兼并，打通价值链的各个环节，形成了集研发、加工、销售、服务于一体的大型企业集团。

二、产业扩张和整合的注意事项

在推进产业扩张与整合的进程中，企业应着重关注以下几个方面：

（1）行业选择与整合空间。企业在实施产业扩张整合时，首要任务是明智地选择目标行业。并非所有行业都适合进行整合，成功的整合往往发生在那些市场容量大、规模经济或范围经济效应显著、拥有共性技术且商业运作模式高度相似的行业中，特别是集中度低、规模效益不佳、资源分散的传统制造业——这个行业因具备整合的内在动力而成为整合的热门。此外，那些目前存在整合限制但未来可能逐步开放的行业也值得密切关注。

（2）整合行动方向。作为企业的战略举措，资源整合需基于清晰的发展愿景和战略目标。企业可围绕价值链上的特定环节，采取纵向整合或横向整合或混合整合的方式。纵向整合旨在通过上下游一体化来压缩中间成本，这虽需要面对反垄断的压力和内部协调成本高昂的挑战，但在有限几个环节上仍具实操性。横向整合则侧重于在价值链的某一环节上做强做大，通过高度专业化或搭建平台来有效降低交易成本，增强企业竞争力。混合整合则是以上两者的结合体。

（3）资本运作的核心作用。资本运作是产业扩张整合的重要工具。并购、合资等是产业扩张整合常用的资本运作手段。在金融资本与产业资本的互动中，资本是驱动产业扩张整合的最终力量。国内很多龙头企业的发展历程也证明了产业资本与金融资本结合的重要性。

（4）专业化与多元化的平衡。企业在扩张整合时，需权衡专业化与多元化的战略选择。专业化旨在追求规模经济和效益，而多元化则旨在寻求新的增长点、降低风险和扩大规模。企业应结合自身条件和市场环境，通过战略分析来作出明智的决策。

（5）整合后的有效管理。整合的成功不仅在于交易本身，更在于后续的管理。文化整合是管理的核心，要注重对被并购企业文化的改造和融合，以确保共同战略愿景的实现。人力资源的整合同样关键，要重视高管的任免、股权激励计划的延续以及人才流失的防范等方面的工作。此外，公司规模和组织结构的差异也会对整合产生重大影响，需要妥善处理。

（6）风险管理的全面考虑。产业扩张整合是一项复杂且风险较高的活动，企业需要全面考虑在政策法律、整合方式选择、财务、人力资源整合、文化整合、管理整合以及环境变化等方面可能存在的风险。要通过严格遵守法律法规、选择合适的整合方式、严格控制财务风险、合理配置人力资源、建立共同的文化价值观、建立科学规范的管理体系和运营模式、密切关注产业趋势和发展变化等措施来确保整合的顺利实施。

参考文献

1. 王昶. 战略管理：理论与方法［M］. 北京：清华大学出版社，2010.
2. 董大海. 营销管理［M］. 北京：清华大学出版社，2010.
3. 林崇德，杨治良，黄希庭. 心理学大辞典［M］. 上海：上海教育出版社，2004.
4. 科特勒. 营销管理：分析、计划、执行和控制（第9版）［M］. 梅汝和，梅清豪，张桁，译. 上海：上海人民出版社，1999.
5. 何盛明. 财经大辞典［M］. 北京：中国财政经济出版社，1990.
6. 顾乃康. 企业多样化经营的战略决策［J］. 外国经济与管理，1998（10）：22-25.
7. 李兴旺. SWOT战略决策模型的改进与应用［J］. 决策借鉴，2001（2）：5-8.
8. 姜汝祥. 鱼钩与长矛［M］. 北京：中信出版社，2010.
9. 安索夫. 战略管理［M］. 邵冲，译. 北京：机械工业出版社，2010.
10. 德勤中国金融服务业卓越中心. 战略管理新思维［M］. 大连：东北财经大学出版社，2011.